민주주의의 기본 정석

민주주의의 기본 정석

민주시민교육을 위한 교재

송재영 지음

한국학술정보

서문

이 책은 대학교 때부터 시작해서 노동운동, 정당운동, 시민사회 운동을 줄곧 해온 필자가 2015년부터 경기도 군포에 있는 대야미 마을에서 민주시민교육 모임을 시작한 이래 이제까지 대학교, 센터, 마을 등 각종 영역에서 강의했던 '민주주의' 내용을 정리한 것이다. 최근 12.3 내란 사태 이후 그 열기가 언제 다시 곤두박질칠지는 모르지만, 여러 영역에서 민주주의와 헌법 등 정치에 관한 관심은 매우 높아졌다. 우리는 이번에 국내 최고 법대를 다녔고 사법고시에 합격한 이후 평생 사회정의와 민주적 질서를 강조하고 법치주의를 국민에게 훈계하던, 이른바 엘리트 법조인들이 헌법과 민주공화정을 파괴하는 자신들의 행위가 자유민주주의 수호 행위라고 억지를 쓰는 황당한 사태를 경험했다. 또한 공무원 고시 학원의 유명 강사가 내란 사태를 옹호하며, 그것이 민주주의를 바로 세우는 국민 저항권의 발동이라고 강변하는 어처구니없는 모습도 보았다. 로크의 통치론에 나오는 저항권은 정권의 최고 지배자(대통령)를 대상으로 주권자가 사용하는 개념이라는 것조차도 모르는 정치적 무지에 경악했다. 이것은 '민주주의'에 대한 무지몽

매로부터 발생하는 비극적 현상이다. 어릴 때부터 '민주주의'에 대한 학습을 제대로 받아 본 적이 없는 한국적 현상이 빚은 정치 아노미 현상이다. 아마 사법고시나 교사 임용시험, 학교 정규과목에 '민주주의'에 대한 과목이 있었다면 이러한 사태는 벌어지지 않았을 것이고 젊은 이들이 민주주의에 대한 혼란과 갈등에 빠지지 않았을 것이다. 그래서 내란 사태와 탄핵이라는 개인적 · 국가적인 소모적 갈등과 비극을 막을 수 있었을 것이다.

12.3 내란 사태는 오랫동안 한국 사회에 잠재하고 있던 민주주의에 대한 집단적 무지의 폭발 현상이다. 국민의 삶과 사회생활 속에서 '민주주의'의 일상화를 만들어야 할 국가가 그 책임을 방기하였기 때문이다. 그래서 앞으로 민주주의에 대한 공적 학습 및 실천 체계를 국가적으로 제도화하지 못한다면 이런 내란과 사태는 언제든지 반복될 수 있다는 점이다. 4.19 혁명, 5.18 광주항쟁, 6.10 항쟁, 촛불 항쟁 이후에도 이번 내란 사태의 발생과 극우적 발흥은 한국 사회에, 민주주의에 대한 인식이 심각히 왜곡되어 있다는 것을 말한다. 어릴 때부터 민주주의를 학습하고 실천하기 위한 법과 제도를 도외시한 국가와 시민사회의 잘못이다. 가장 책임 있는 정당들은 권력 쟁취에는 사활을 걸고 싸웠지만, 정작 주권자에게 권력을 돌려주는 국민주권 민주주의에는 관심이 없었다. 비록 이번에 가까스로 내란을 진압하기는 했지만 현재 한국의 객관적 민주주의 지수로 볼 때, 언제 다시 이러한 내란 사태가 반복될지 모른다. 세계 경제 7위인 한국의 민주주의 지수는 세계 30위 안팎이다. 영국의 이코노미스트지는 매년 한 나라의 민주주의 수준을 '완전한 민주주의', '결함 있는 민주주의', '민주주의와 권위주의 혼합형', '권위

주의' 4단계로 조사하여 발표한다. 그러나 세계에서 유례없이 민주화 운동의 역사는 강렬했지만, 우리의 민주주의 수준은 30위 안팎으로 아직도 '결함 있는 민주주의'를 벗어나지 못하고 있다. 대한민국의 민주주의 지수가 낮은 이유는 지수 60개 문항 중 민주주의 핵심인 정치참여와 숙의 토론이 결핍되었기 때문이다. 스웨덴 예테보리대학 산하 민주주의 다양성 연구소(V-Dem)에서도 '민주주의 보고서 2025' 보고서를 내고 민주주의 지수를 발표했다. 보고서에 따르면, 한국의 민주주의 지수는 41위에 그쳤다. 이 기관은 한국을 지난해 '자유민주주의' 나라라고 판단했으나, 올해는 그에 못 미친 '선거민주주의' 나라로 분류했다. 그런데 한국은 전체 순위는 41위지만, 유독 심의민주주의 지수(DELIBERATIVE COMPONENT INDEX)는 가장 낮은 48위였다. 심의민주주의 지수는 국가의 정책 결정에 주권자인 국민을 참여하고 숙의하는 제도적인 수준과 정도를 말한다. 즉, 대의 정치가 아니라, 실제로 정책 결정에 참여하는 각종 제도의 존재 여부에 따라 심의 지수가 평가된다. 이것은 대부분의 한국 국민이 정책 결정으로부터 소외되어 있다는 것으로 주권 위임의 대의제 정치체제를 민주주의로 착각하고 있다는 것을 말한다.

이 책은 그동안 한국 사회의 민주시민교육이 잘못되었다는 생각에서 출판하게 되었다. 한국에는 민주시민교육이 있더라도 그 속에는 '민주주의'가 없다. 민주주의에서 시민이 본질적으로 가져야 하는 '주권적 권력'에 대한 내용과 학습이 없기 때문이다. 대부분의 책이 주권적 권력을 위임받는 기관에 대한 분석이나 역할을 서술하고 있다. 주권적 권력을 이해하려면 민주주의의 기본 철학이나 원리를 알아야 한다. 민주주의와 선거를 동일시하면 시민은 정치 소비자에 불과하다. 백화점에서 상품을 선택해서 소비하듯, 시민은 출마한 후보 중에서 선호하는 후보를 선택하는 소비자에 불과하다. 우리는 선거나 투표, 다수결주의 등을 민주주의라고 배웠으나, 국가권력이 무엇이고 그것을 어떻게 사용해야 하는지에 관한 주권자 교육은 받은 적이 없다. 권력이 무엇인지, 권력 운영에 대한 철학, 원리 및 역사적 변동 과정에 대한 이해나 숙지 없이 어떻게 민주공화정의 주권자가 가능한가? 그것은 마치 권력을 모르는 전제정의 왕과 같다. 권력에서 소외된 왕은 지배 귀족의 꼭두각시나 마찬가지다. 민주공화정의 주인인 국민이 권력에서 소외되면 노예이지 주권자가 아니다. 헌법의 '주권은 국민에게 있고 권력은 국민한테서 나온다'라는 구절은 빛 좋은 개살구다. 심지어 전문의사 한 사람을 양성하는 데도 대학교 6년에다 수련의 기간까지 합하면 꼬박 10년 이상이 걸리고 인정받는 의사가 되려면 수십 년 환자를 보면서 실전 경력을 쌓아야 가능하다. 그런데 의술보다 더 어렵고 복잡한 권력에 대한 학습이나 구체적 실습(정책적 심의) 없이 국민이 주권자가 된다는 것은 사기도 이만저만한 사기가 아니다.

영국의 크릭 보고서(Crick's Report)에는 국가 주도의 체계적 시민교육에 관한 내용이 잘 나타나 있다. 1997년 총선에서 승리한 노동당 수상인 토니 블레어는 교육을 통해 민주주의와 공동체 정신을 실현하기 위해 교육개혁 백서 출간을 기획하고 지도 교수였던 버나드 크릭에게 자문을 맡도록 요청한다. Crick 보고서는 시민교육의 주요 영역으로 사회적·도덕적 책임감(social and moral responsibility), 공동체 참여(community involvement), 정치적 문해력(political literacy) 3가지를 제시하였다. Crick 교수를 중심으로 국가시민교육자문위원회가 구성되었는데, 이 위원회의 결정으로 2002년부터 중등학교에서 시민교육을 필수교과로 실시한다. 시민성에는 기본적인 민주시민으로서 소양이나 자질을 넘어 공동체 참여나 정치적 문해력을 요구한다. 정치적 문해력이란 권력의 복잡한 운동에 대한 이해력이다. 민주주의 위기 상황에서 좋은 시민(good citizen)이 아닌 활동하는 시민(active citizen)으로 전환을 요구했다. 보고서의 첫 문장은 '민주주의와 시민의식에 대한 교육이 학교생활이나 국민 생활 전체 입장에서 볼 때 아주 중요하다'로 시작한다. 따라서 시민교육은 학교 정규 과정으로 포함되어야 한다는 것이다. 여기서 시민교육을 정의하기 이전에 교육과 정치에 대한 개념을 설명한다. 교육이란 '시민이 속한 사회가 어떻게 움직이는지를 이해하는 교육'이다. 또 정치란 '다른 가치와 이해가 서로 타협하고 보편적 기준의 중재를 거치는 일반적인 과정'이다.

독일의 시민교육은 민주주의에 대한 정치 교육이다. 주권자로서 정치에 대한 이해력과 인식력을 높이는 것이다. 막대한 예산과 인원을 가진 독일연방정치교육원은 설립 규정에서 "국민의 민주시민 의식을 고양하여 성숙하고 비판적이며 적극적으로 정치 일상에 참여하도록 유도"하는 것을 목적으로 함을 밝히고 있듯이 정치적 인식력이나 문해력을 통한 시민의 정치적 행위를 추구한다. 독일 정치 교육의 목적은 나치와 같은 전체주의 정치집단의 등장과 그 확산을 저지하는 데 있다. 그러므로 국민에게 다양한 정치적 가능성을 제시하고 전체주의의 문제점을, 역사를 통해 분명하게 이해하도록 교육하고 있다. 이를 위해서는 단순히 교육만 하는 것이 아니라 국민으로 하여금 스스로 사고하고 판단하며 실천할 수 있는 정치적 역량을 발전시키는 것이다. 보이텔스바흐 합의는 독일 정치 교육의 기본 원칙이라 할 수 있다. 이 원칙은 공공영역에서 실시하는 정치 교육, 즉 학교, 연방과 주정치교육원 등에서 실시하는 정치 교육의 지침으로 받아들여지고 있다. 강제성 금지, 논쟁의 원칙, 수요자 지향성 원칙을 통해 아이들을 생활과 정치에서 지혜롭고 살아 있는 민주 시민으로 키운다. 이 책은 학교와 마을에 들어가는 지역의 시민 강사단들이 강의안과 ppt를 만들 때 도움을 주기 위해 만든 것이다. 내란 사태 이후 학교나 마을에서 민주주의와 헌법, 정치 교육의 필요성을 호소하기 시작한다. 이제 민주주의와 헌법을 제대로 가르치는 정치 교육을 불온시하는 생각을 가진 극우 세력들과 시민교육을 합의해서 추진해야 한다는 잘못된 생각은 버려야 하는 시대가 왔다. 유럽의 정당들은 극우와 극좌와는 정치적 연정을 하지 않는다는 합의가 존재한다. 토론할 때도 양극단의 주장은 사회자가 제지한다. 시민강사단들도 민주시민교육을 하려면 민주주의와 헌법, 기초 정치에 대해 숙지해야 한다. 따라서 이 책은 민주주의와 헌법, 정당정치에 대한 기본 원리와 역사에 관한 것이다. 민주주의와 헌법 등이 국민의 일상이 되었는데 이에 대해 쉽게 설명하면서 주권자로서 성장할 수 있는 시민 눈높이 수준의 책이 없다. 민주주의와 헌법, 정치적 문해력과 관련된 과목이 교사 임용시험에 없으니, 그들도 민주시민교육을 가르칠 능력이 없다. 민주시민교육은 사회단체나 시민단체의 교육과 다르다. 이곳의 교육은 그 해당 단체에 맞는 특성화 의식교육이다. 노동단체는 노동문제를, 환경단체는 환경문제를, 평화단체는 통일문제를, 여성단체는 여성 인권을 중심으로 이른바 사회 각 부문에 대한 시민성 및 전문성 교육이라 할 수 있다. 그런데 민주시민교육은 민주주의와 정치적 문해력을 최우선으로 한다. 그래야 시민사회 각 영역의 모순에 대한 이해도 쉽고 올바르기 때문이다. 따라서 이 책은 기존의 민주시민교육과 진행 순서와 내용이 다르다.

민주시민교육은 '민주주의' 학습이다. 민주주의는 권력은 국민에게 있다는 국민주권주의 학습이다. 어릴 때부터 학교에서나 심지어 사회단체에서도 한 번도 받은 적이 없거나 잘못된 지식으로 대충 전달받았던 국민주권 민주주의에 대한 것을 제대로 이해하고 학습하기 위함이다. 우리는 민주주의를 87년에 군부정권이 몰락하고 국민이 직접 대통령을 선출하는 직선제 쟁취를 민주주의라고 배웠다. 대통령을 국민이 뽑는 것을 국민주권이라고 배웠다. 그러면서 87년 체제를 한국 정치 민주화의 기준으로 규정해 버렸다. 87년 대통령 직선제가 우리 헌법에서 선언하는 국민주권주의에 맞는 민주주의가 아니라는 것이 필자의 생각이다. 민주주의의 철학과 원리, 역사를 모르면서 민주주의를 얘기하는 것은 사기에 가깝다. 이것은 마치 정신과 의사가 인간의 정신(영혼)이 무엇인지 그리고 그 영혼이 어떻게 뇌세포 속에서 형성되고 변화하는지를 모르면서 환자를 진료하는 것과 같다. 민주시민교육의 핵심은 인간 세상에서 인간의 운명을 좌우하는 '권력'의 본질과 변동에 대해 이해하는 것이다. 권력이 무엇이고 어떻게 형성되며 그것이 인간에게 어떠한 영향을 미치는지를 이해할 때 인간은 권력을 잘 사용하는 주권자가 되고 인간해방으로 나갈 수 있다.

그런데 우리 사회는 '권력'과 '정치'를 불온시하고 국민이 '권력'에 대해 아는 것을 터부시해 왔다. 권력은 정치인이나 학자 등 특수한 전문가들의 전유물로 여겼다. 국민은 마치 백화점에서 상품을 고르듯 선거 때 권력을 잡으려고 경쟁하는 정치가 중에서 고르는 소비자 격에 불과하다. 상품을 구매하면 소비는 소비자가 하는데 권력은 유권자가 선택하면 소비는 정치인이 하는 아주 이상한 놀음이다. 우리나라 헌법 제1조 2항의 "주권은 국민에게 있고, 권력은 국민으로부터 나온다"라고 하는데 주권자인 국민은 권력을 소비하지 못한다. 왜 그런지 그 이유를 아는 것이 주권자 민주시민교육이다. 그동안 시민사회에서도 민주시민교육에 대한 잘못이 크다. 권력과 정치의 원리와 운동에 대한 것은 제외하고 민주시민교육을 했으니 말이다. 그래서 권력을 독점적으로 소비하는 정치의 이야기는 빼고 시민들 간의 소통과 관계를 중심으로 시민성 교육이라면서 강의했다. 이유는 시민사회도 민주주의의 기본 원리에 대해 잘 모르거니와 또한 정부 보조금으로 수행하는 강의에 정치와 권력 이야기는 단체에 부담이 되기 때문이다. 그래서 민주시민교육에서 가장 중요한 정통 민주주의 강의가 없다. 민주주의에 대한 기본 철학이나 원리를 모르다 보니 우리 사회는 민주주의에 대한 극단적 의견이 서로 충돌한다. 각 진영에서 서로를 극우 파시즘, 좌파 독재라면서 서로를 민주주의의 적이라고 부른다. 민주주의의 기본 철학의 원리에 대한 장기간의 부존재가 우리 사회를 민주주의 아노미 상태로 만든 것이다.

이 책은 민주주의 기본철학과 원리부터 시작한다. 대의제의 주축인 선거와 정당정치를 민주주의라고 잘못 알고 있는 사실을 뜯어고치기 위해서는 민주주의의 철학과 원리를 익혀야 하기 때문이다. 우리는 선거를 통해 대표되지 않는 통치자를 뽑으면서 이것을 민주주의로 착각하고 있다. 민주주의의 성사 여부는 주권적 권력을 위임받은 한 사람의 행위에 달려 있다고 생각한다. 대통령 한 사람의 정치철학과 정치행위로 민주주의 여부가 결정된다고 오해한다. 우리는 민주주의 아닌 세상에 살면서 민주주의에서 산다고 착각한다. 민주주의 없는 민주주의 세상에 살고 있는 기막힌 현실이다. 그래서 민주주의를 제대로 이해하기 위해 200년 이상 동안 민주주의를 인류 최초로 실현하고 지금까지 유산을 남겨 준 그리스 아테네의 민주주의의 철학과 원리 및 정치제도를 통한 국민주권주의 원리부터 시작한다. 고대 폴리스 민주주의를 현대 사회에 똑같이 적용할 수는 없다고 하더라도, 그 철학과 원리는 현대도 그대로 적용해야 민주주의가 되기 때문이다. 민주주의의 핵심인 '국민주권주의'는 국민이 권력을 직접 행사할 때 가능하다는 것을 우리는 여기를 통해 이해하게 될 것이다.

2편 〈헌법과 민주공화정〉 편은 고대 아테네 이래로 그 시대 인간 투쟁의 정도와 내용에 따라 만들어진 규범인 헌법을 통해 주권적 권력을 이해하고자 함이다. 헌법은 주권적 권력의 실현태라고 할 수 있다. 헌법 자체가 곧 민주주의를 완전히 명문화한 것이라고 할 수는 없어도 헌법은 혁명을 통해 획득한 시민 권력의 양과 질만큼만 명문화한 국가공동체의 규범이다. 설사 통치자가 정치적 선심으로 헌법에 담은 좋은 구절이 유명무실해지는 이유는 바로 시민의 힘에 의해 결정되지 못했기 때문이다. 즉, 헌법으로 보장되는 시민의 인권과 정치적 권리 정도는 시민혁명의 결과로 나타나는 시민권력의 힘에 의해 현실화된다. 그런데 지금까지 헌법은 국가 체계를 규율하는 법률 정도로 인식됐다. 헌법이 가지는 정치적 · 법률적 의미가 일반 사람들에게는 이해하기 어렵다. 정치인들이 자신을 정당화할 때 일반적으로 헌법의 구절을 늘 인용하는 버릇이 있어서 그런지, 사람들은 헌법 하면 정치적인 그 무엇이라고 생각한다. 그런데 이번 내란 사태 이후 헌법이 사람들의 일상 속으로 들어왔다. 헌법이 자신하고는 상관없는 정치적인 어떤 것에서 나의 일상에 막대한 영향을 미치는 사회 최고 규범으로 인식하기 시작한 것이다. 따라서 2편에는 우리의 삶과 일상에 심각하게 관련 있는 헌법의 기본 원리와 역사를 이해하는 것은 1편의 민주주의의 원리와 연동되는 것이다.

3편의 〈대의제와 정당정치〉는 1, 2편의 연장으로 현재 시민들의 일상과 직접적으로 연관되는 정치 형태의 작동에 관한 것이다. 이것을 살펴보면서 대의제, 정당정치의 역사가 민주주의와 관련해 어떻게 변해 왔으며 어떠한 한계가 있는지 학습하게 될 것이다. 민주정(민주주의)은 정치권력이 전체 국민에게 소재하고 사용된다는 점에서 귀족정이나 대의제와는 전혀 다른 정치 형태이다. 대의제를 귀족정으로 생각하고 건국 초기 미국 정치체제를 설계한 사람은 매디슨(Madison)이다. 매디슨은 민주정(민주주의)은 위험하다고 생각하고 플라톤 국가론의 귀족정을 정치체제로 도입하면서 미국을 민주주의(민주정)가 아닌 공화정으로 규정했다. 민주정과 공화정은 뿌리부터 정치적 원리나 철학 자체가 다르게 출발했다. 따라서 권력의 주인인 시민이 대의제, 공화정, 민주정의 차이에 대해 알아야 민주주의를 이해하게 된다. 버나드 마넹(Bernard Manin)은 그의 저서 『대의 정부의 원리(The Principles of Representative Government)』에서 대의제의 선거제도를 신랄히 비판하면서 선거는 중세적 귀족성의 유일한 원천이었다고 말한다. 또한 몽테스키외는 영국 정부의 근원에 대한 유명한 구절에서 대의제가 중세적 관습과 봉건제를 낳았던 바로 그 게르마니아의 살림에서 왔다면서 '인류를 타락시키고, 인간이라는 이름을 모독하는 사악하고 부조리한 통치에서 유래되어 오늘날까지 이어져 온 것이다(Bernard Manin, 1997: 119)'라고 말한다. 지금의 대의제 의회제도의 유래는 중세 시대 왕권의 자문기구였던 신분제 의회였다는 것을 보면 대의제가 귀족적 제도라는 것을 알 수 있다.

대의제와 정당은 수레의 양 바퀴와 같다. 그래서 정당정치를 모르면 대의제를 이해할 수 없다. 대의제는 헌법과 정당정치 양 축으로 굴러간다고 해도 과언이 아니다. 즉, 대의제는 주권자가 선거를 통해 정당 정치인에게 권력(주권)을 위임하면 정치인이 헌법을 통해 합의된 규범대로 권력을 운영하는 정치 형태이기 때문이다. 권력이 위임되는 절차인 선거는 정당 간의 경쟁을 통해 이루어진다. 따라서 정당정치의 형태나 민주적 수준에 따라 위임된 시민 권력의 모습이 달라진다. 정당정치의 수준과 방식에 따라 헌법상의 공화정, 민주정 혹은 독재정의 양태로 달리 나타난다. 그래서 대의제가 민주주의가 될지 안 될지는 정당정치가 좌우한다. 그런데 정당제도는 정당 간의 경쟁으로 신성한 주권을 심술궂고 변덕스러운 수준으로 떨어뜨린다. 정치가들이 주권은 말하는데 주권의 실체가 없다. 국민이 통치한다고 하면서 실제로 그런 형태는 존재하지 않는다. 주권은 선거 때만 잠시 왔다가 사라지는 유령 같은 것이다. 주권이 위임되는 순간 이후부턴 정당이나 정치인이 주권자로 변한다. 여기서는 정파의 권력 유지가 최우선인 정당정치가 어느 정도 수준에서 민주주의에 부합하는지 살펴본다. 이 책의 순서인 〈민주주의의 철학과 원리〉, 〈헌법과 민주공화정〉, 〈대의제와 정당정치〉는 민주주의를 이해하는 순서의 정석이다. 여기에다 〈민중 투쟁과 민주주의 역사〉가 추가되면 민주주의를 이해하는 데 더욱 도움이 될 것이나 그것은 나중에 쓰기로 했다.

마지막으로 나는 민주시민교육을 위해 강의안을 만들려고 이리저리 자료를 찾고 고생하는 학교나 마을에서 강의하는 시민 강사단들에게 이 책이 많이 활용되기를 기대한다. 민주주의와 헌법, 정치가 학문적 수준에 머물면 민주주의도 법률처럼 특권화되고 그들만의 리그로 떨어진다. 결국 민주주의는 소수 정치인과 자칭 전문가가 좌우하고 주권자는 방관자가 되는 과두제 대의제로 남게 되는 것이다. 바둑을 잘 두는 프로기사가 되려면 처음에 기본 정석을 배워야 하는 것처럼, 시민도 민주주의의 정석을 배우지 않고 뛰어난 주권자가 될 수 없는 것은 같은 이치이다. 아이들과 일반시민에게 민주주의의 정석을 강의하는 시민 강사단이 학습하고 활용할 수 있는 이해하기 쉬운 학습 교재가 있어야 한다. 10년 동안의 고민 끝에 아직도 많이 부족하고 본문에 아직 어려운 내용도 많지만 앞으로 체계적이고 더 이해하기 쉽게 고쳐야 한다는 숙제를 떠안고 이 책을 마무리하였다. 존경했던 고 김수행 교수가 영국 유학 시절에 그 어렵다던 자본론을 사모님도 이해하는 내용으로 쉽게 써야 한다고 생각했다는 과거 강의 때 말씀이 새삼 떠오른다….

목차

Ⅲ 대의제와 정당정치

I

민주주의의 철학과 원리

1. 고대 아테네 최초의 민주주의

1) 민주정과 참주정의 역사

민주주의(Democracy)의 그리스어 데모크라티아(*δημοκρατία*)는 '주민'을 뜻하는 데모스(*δῆμος*)와 '지배'를 뜻하는 크라토스(*κράτος*)가 합쳐져 생긴 낱말로서 기원전 5세기 전에 걸친 고대 그리스 헤로도토스의 저술에서 처음 발견된다. 즉, 민주주의란 〈민중 · 주민의 지배〉를 의미한다. 데모스가 부족의 최소 단위인 데메(deme)로부터 나왔다는 점에서, 부족 주민이 참여하여 지배하는 정치라는 의미에 뿌리를 두고 있다. 민주주의의 유래는 이렇게 마을 주민이 직접 참여하여 통치하는 고대 아테네에서 나온 것이다. 그러나 지금의 민주주의를 간접민주주의 또는 대의제라고 부른다. 그 이유는 시민이 직접 정치하는 것이 아니라, 시민이 선거를 통해 자신의 주권을 위임한 정치가가 대신 통치하기 때문이다. 결국, 민주주의는 고대 아테네처럼 시민이 직접 정치를 하는 직접민주주의와 현대처럼 선거를 통해 선출된 대표자(행정부, 입법부)가 시민을 대신하여 정치하는 대의제(간접민주주의)로 분류된다.

우리나라에서 영어 Democracy를 민주주의보다는 민주정이라고 사용하는 것이 더 정확하다. 영어 Democracy는 플라톤이 『국가』[1]에서 정치체제를 참주정(1인 왕 권력 형태), 귀족정(소수 귀족 권력), 민주정(시민 전체의 권력 형태) 세 종류로 분류하면서 유래했기 때문이다. 그리스 아테네에서 자신들의 정체를 민주주의라고 스스로 불렀던 이유는 당시 왕이 통치하는 〈참주정〉과 시민이 나라를 운영하는 〈민주정〉이 상호 대립하는 오랜 갈등에서 비롯된다. 그때에도 사병이나 재력 있는 사람이 권력을 독점하고 도시를 통치했는데 이것을 참주 정치라고 불렀다. 그러다가 폭정에 빠진 참주 정치를 반대하는 시민들은 집단행동을 통해 다시 민주정을 세웠다. 민주시민들은 그 민주정을 기반으로 오랫동안 그리스 아테네의 경제와 문명을 번영시키면서, 인류 최고의 문명이라는 아테네 문명을 창조한다. 따라서 고대 아테네의 민주정(민주주의)은 어느 특출난 영웅의 결단으로 발전한 것이 아니라, 민주주의에 대한 시민들 스스로의 끊임없는 투쟁과 연대를 통해 만들어졌다는 사실을 이해하는 것이 중요하다.

고대 그리스 지역에는 기원전 800년쯤부터는 각종 폴리스가 등장했다. 이들이 처음 택한 정치 방식은 귀족이 중심이 되는 귀족정이었다. 당시는 재산이 많고 적음에 따라 4개 계급으로 나누어져 있었다. 그러나 계급 간의 불평등에 대한 평민들의 불만이 거세자, 솔론은 정치개혁을 통해 토지 재분배까지는 수용하지 않았지만, 가난한 자들의 부채를

1 『국가』 또는 『정체』(政體, 그리스어: πολιτεία 폴리테이아 The Republic)는 철학과 정치학에 관한 플라톤의 주저이며, 기원전 380년경 소크라테스가 주인공인 대화체로 작성했다. 이 저서는 철학과 정치 이론에서 광범위한 영향력이 있으며, 플라톤 저작 가운데 가장 잘 알려진 책이기도 하다.

탕감해 주었으며 부채로 인해 시민들이 노예로 전락하지 않는 규정도 만들었다. 아테네의 식민 활동이 활발해짐에 따라, 전쟁에 참여하는 평민들의 권한이 확대된다. 그들은 참주정이나 귀족정을 반대하고 자신들의 참여를 강하게 요구하였고, 폴리스의 정치는 점차 평민의 참여가 확대되는 민주정으로 옮겨간다. 스파르타 도시 같은 곳에서는 귀족정이 강화되기도 했지만, 아테네를 중심으로 민주정이 전 그리스 지역으로 확산되면서 이후 아테네에는 민주정과 참주정이 번갈아 나타난다. 아테네인들은 참주정이 나타날 때면, 잠시 후퇴했다가 다시 힘을 모아서는 민주정을 복귀시키면서 민주정을 점차 확대 발전시켜 왔다.

〈기원전 5세기경 그리스 지역의 도시국가들〉

아테네는 상공업을 중심으로 폴리스를 운영해 갔으며, 활발한 식민 활동을 통해 평민들이 무장할 정도로 발전하게 된다. 기원전 594년, 민

주정의 도입자인 솔론은 재산 소유의 정도에 따라 일부 평민을 정치에 참가시킨다. 하지만 토지 분배에 대한 평민들의 불만이 계속되자, 이러한 정세를 틈타 페이시스트라토스가 정권을 장악하고 참주정을 다시 실시한다. 그는 권력을 잡기 위해 빈민들을 이용해 귀족들을 내쫓았다. 나중엔 본인이 참주가 되어 권력을 마구 휘두르자, 기원전 510년경 민주정을 원하는 시민들에 의해 페이시스트라토스는 쫓겨나게 된다. 기원전 502년에 민주정을 바라는 시민들의 힘을 얻어 등장한 클레이스테네스는 솔론의 정치개혁 수준 이상의 민주정치를 추진한다. 그에 이르러 민회와 법정에 모든 시민이 참여하고 결정하는 고대 아테네 민주주의에 대한 체계적 초석이 만들어진다.

그러나 아테네 민주주의의 초석을 놓았던 클레이스테네스의 민주정치는 에피알테스로 연결되어 급진적 민주주의로 변하자, 귀족들은 에피알테스를 죽이고 과두정 형태의 귀족 회의인 아레오파고스의 권력을 강화한다. 그러나 민주정이 후퇴하고 귀족정이 부활하자, 이를 반대하는 시민들의 움직임이 다시 강력해진다. 이러한 민주정 부활의 움직임을 등에 업고 아테네 민주주의를 더욱 체계적으로 추진한 사람이 페리클레스(B.C.461~429)이다. 그는 아테네 제국을 세웠고 동시에 가장 가난한 계급의 사람들도 민주적 정치활동에 능동적으로 참여할 수 있도록 고무시켰다. 그는 정치체제를 개혁하여 시민이면 누구나 민주주의를 누릴 수 있도록 장려했다. 461년 페리클레스의 제안으로 아테네인들은 최소 기준만 되면 대중 법정이나 의회에 추첨을 통해 누구나 참석하게 되었다. 민회가 소집되는 당일에 모인 수천 명의 남성 시민들은 그날의 아테네 정치력의 핵심이 되었다. 하지만 민회가 무소불위의 정치력을 행사한 것은 아니었다. 민회의 권한을 제약하는 장치는 10개 부족민에서 각 50명씩 추첨을 통해 선출된 500인회 평의회였다. 민회에서 논의되기 위해서는 먼저 의회에서 검토하여 승인을 받음으로써, 민회의 방만함과 논의의 비효율성을 통제하였다(폴 우드러프, 100).

페리클레스의 가장 큰 업적으로는 민주주의의 확대를 꼽을 수 있다. 페리클레스의 지도력 아래 민회와 민중 법정에 참가하는 시민들은 직접 결정할 권력을 가졌고 숙의 후 모든 의사결정을 내렸으며, 대다수 공직은 역량이 있는 시민을 대상으로 추첨으로 선출되었다. 또 가난한 시민들도 의사결정 과정에 참여케 하려고 공무 수행에 대가를 받는 범위를 확대하기도 했다. 그는 아테네 최고 행정직인 9명의 '아르콘'(집정관) 자리를 최하층 계급에도 허용했다. 아테네의 국가 이념인 '법 앞에서의 평등', '발언의 평등'에 이어 '권력에서의 평등'까지 이루어지면서 아테네의 민주주의가 페리클레스 시대에 완성되었다. 펠로폰네소스 전쟁(B.C.431~404) 도중 아테네가 시칠리아에 있는 시라쿠사 원정에 실패하자, 아테네에 대항하여 반기를 드는 많은 도시국가가 발생한다. 전쟁 패배의 틈을 타서 411년 과두정 지배자들이 권력을 다시 차지하기 시작한다. 그러나 민주주의자들이 곧 그들을 다시 축출했고, 참주정과 귀족정에 관한 계략을 도모하던 안티폰은 처형된다. 참주정을 도모한 세력들은 시민들에 의해 척결되었지만, 펠로폰네소스 전쟁에서 아테네의 패색이 짙어지기 시작하면서 다시 아테네의 민주정은 위기에 직면한다. 결국, 404년 스파르타 군대는 아테네를 포위하여 모든 도로를 차단했고, 도시를 기아에 허덕이게 만들면서 마침내 아테네로부터 무조건 항복을 받아낸다. 아테네를 점령한 스파르타인들은 자신들에게 우호적인 30명을 선출하여 그들에게 아테네의 임시정부 역할을 맡기면서 30인 참주 정치를 시작하게 된다.

아테네의 민주정을 무너뜨린 식민 정부인 30명 참주는 민회나 500인 평의회, 대중 법정을 폐쇄했다. 참주들은 자신들을 지지하는 자들을 의회와 기타 주요 공직에 임명했다. 그들은 부유한 시민 중에서 자신들을 지지하는 3천 명을 뽑아 그들에게만 투표권과 공직의 권리를 부여했다. 우리나라 5공화국 시절 대통령 선거권을 가진 통일주체국민회의와 같은 것이다. 30인 참주의 공포 정치는 마각을 드러냈다. 그들은 아테네에 주둔할 병력을 스파르타에 요청했고, 스파르타 주둔군의 보호 아래 자신들과 반대 의견을 가진 자들을 축출했다. 과거의 추악한 참주들처럼 그들도 자신들의 적을 죽이거나 위협함으로써 권력을 유지하려 했다. 그들은 민주정을 얘기하는 사람들을 골라서 전통적인 법을 위배하면서까지 빈번하게 사형을 내렸다.

그러나 이러한 30인 참주의 폭정도 오래가지 못했다. 스파르타와의 전쟁에서 져, 추방되었던 민주주의 옹호자들이 다시 돌아와 30인 참주 세력에 대항하여 전투를 벌였기 때문이다. 그래서 스파르타 지원을 받아 30인 참주정을 사수하려는 세력들과 민회와 대중 법정을 복원하려는 민주정의 세력들 간의 격렬한 전투가 한동안 지속되었다. 그런데 아테네 시민들은 축출되었다가 외지에서 다시 힘을 모아 돌아온 민주정 세력들을 열렬히 지지했다. 그들의 마음속에는 민주정은 소중한 보물과 같다는 생각을 간직하고 있었기 때문이다. 민주정 옹호자들과 시민들은 힘을 합쳐 30인 참주들을 습격해서 참주들의 지도자들을 제거했다. 참주들은 스파르타로 도망갔으며, 아테네는 다시 민주정의 시대가 도래한다. 이러한 민주정에 대한 아테네 시민들의 열망에 놀란 스파르타도 어쩔 수 없이 403년 9월 아테네에 주둔시켰던 군대를 철수한다. 민주주의 세력과 참주정 세력 사이에 일반사면 조약이 체결되었고, 아테네인들은 이 조약을 통해 얻은 타협과 조화를 자랑스러워했다(폴 우드러프, 100-101).

▶ 델로스 동맹의 수장 페리클레스가 그리스가 페르시아의 침략자들을 격퇴한 것에 대해 신에게 감사를 표시하기 위해 파르테논 신전을 건설했다. 기원전 447년부터 기원전 438년까지 9년에 걸쳐서 건설되었다. 완공된 후, 파르테논 신전은 후에 아테네 제국이 될 델로스 동맹의 금고 역할을 수행하였다.

자유 대 참주정

"공적인 논의를 위해 제안하고자 하는 좋은 의견을

누가 가지고 있는가?를 물어보는 것, 이것이 바로 자유다.

그리고 올바르게 대답하는 자는 명성을 얻지만,
대답하지 않고자 하는 자는 침묵 속에 머물지니,
도시에 무엇이 과연 이보다 더 공정할 수 있겠는가?
게다가 사람들 스스로가 국가를 다스릴 때,
그들은 자신들의 힘을 키워가는 젊은 시민들을 기뻐하나,
왕으로 군림하는 자는 그들을 적으로만 여기기에,
그는 그들 중 가장 훌륭하며 지혜롭다고 여겨지는 자들 모두를
죽이고 말지니, 이는 그들의 힘을 두려워하기 때문이라.
마치 봄 녘의 들판에서 곡물을 추수하듯,
만약 누군가 젊은이들을 꺾어버린다면
어찌 하나의 도시가 힘을 계속하여 키워나갈 수 있으랴?
만약 모든 노력이 오로지 참주를 더욱 부유하게 만들기만 한다면
아이들을 위하여 도대체 왜 부와 살림을 얻으려 하는가?
왜 우리의 젊은 딸들을 정숙하게 집에만 머무르게 하는가?
참주들에게 바치기 위해서인가?
폭력에 못 이겨 나의 딸들을 시집보내느니, 나로서는 차라리 죽음을 택하리니"

(폴 우드러프, 『최초의 민주주의』, p.116)

이렇듯 아테네 수백 년 동안은 민주정과 참주정 대립의 역사이다. 수천 년 부족국가 시대를 거쳐 온 아테네의 민주정은 기원전 5세기경 솔론의 정치개혁을 시작으로 발전하기 시작하여 마케도니아의 알렉산더에 의해 패망할 때까지 무려 200년 이상 지속되었다. 이 기간에 민주정을 무너뜨리는 참주정이 나타날 때면, 시민들은 즉시 참주정과 싸우고는 민주정을 다시 복원시켰다. 그 이후에도 아테네 민주정의 제도

가 로마정의 민회(군민회, 평민회), 호민관 등과 같은 많은 민주적 제도로 이어지면서 로마의 융성과 시민들의 위상을 발전시키는 데 기여한다. 따라서 아테네 민주정치는 로마까지 연결되어 로마정의 민주적 체계 형성에 중요한 기능을 한다. 아테네인들에게 민주정은 자신들의 행복과 직결되는 삶 그 자체였다. 이들은 법을 만들거나 정책을 결정하는 최종 결정권을 참주나 귀족에게 맡기는 것보다는, 자신들이 가지고 있을 때 자신과 공동체를 행복하게 만들 수 있다는 것을 알았기 때문이다. 따라서 로마까지 연결되는 수백 년 이상 동안 민주정의 역사가 있었기 때문에, 아테네인과 로마인들은 인류 전 역사에서 가장 뛰어나고 아름다운 문화를 창조할 수 있었다. 그래서 근 · 현대사의 인류 문명은 고대 아테네의 정신세계와 문화에 경의를 표하고 모방하고 있다.

따라서 아테네의 민주정은 단순히 정치체제가 아니라, 인류의 본질적인 삶에 대한 성찰을 던져준다. 개인과 민주적 공동체는 별개면서도 하나로 통일될 때, 개인과 공동체 모두 진화하면서 번영할 수 있다는 역사적 진리를 가르쳐 준다. 개인주의적 사고 구조에 갇힌 현대인은 진정 행복할 수 없다는 진리를 가르쳐 준다. 민주정이 약해지고, 혼란이 생기면 지도자를 자처하며 나타나는 참주들의 억압과 전횡을 경험한 아테네인들은 참주정의 출현을 항상 경계했다. 참주정 정치체제는 흔히 민주주의의 탈을 쓰고 발생한다. 이것은 질병과 마찬가지로 여러 징후를 통해 파악된다. 이 징후들은 특별한 종류의 정치적 영향력의 행사로 나타났으며, 고대 아테네인들은 이를 무엇보다도 두려워했다. 그들은 참주정을 자신들의 자유에 치명상을 입힐 흑사병이 진행 중이라고 생각했다(폴 우드러프, 2012: 120).

그래서 당시의 민주정과 참주정 대립의 역사적 과정을 이해하는 것은 민주주의를 이해하는 데 중요하다. 아테네인들은 다음과 같은 징후를 참주가 나타나는 징후라고 생각했는데, 2천5백 년이 지난 지금도 이러한 징후들이 유용하다 할 수 있으며, 일상생활에서 우리 자신 안에 있는 참주의 모습이라고 할 수 있다.

① 참주가 정치적 지위를 잃을까 두려워하며, 이 두려움이 그의 정치적 결정에 영향을 미친다.
② 참주가 종종 말로만 법을 따라야 한다고 주장하며, 실제 통치하면서 자신을 법 위에 세우려 한다.
③ 참주가 비판을 수용하지 못한다.
④ 참주가 자신의 정치적 행위에 대한 책임을 추궁받지 않으려 한다.
⑤ 참주가 자신의 비위를 맞추려 하지 않는 자로부터는 어떤 조언이나 충고도 들으려 하지 않는다.
⑥ 참주가 자신과 의견을 같이하지 않는 자가 정치적 활동에 참여하는 것을 막고자 한다.

(폴 우드러프, 120)

〈아테네의 민주정의 역사〉

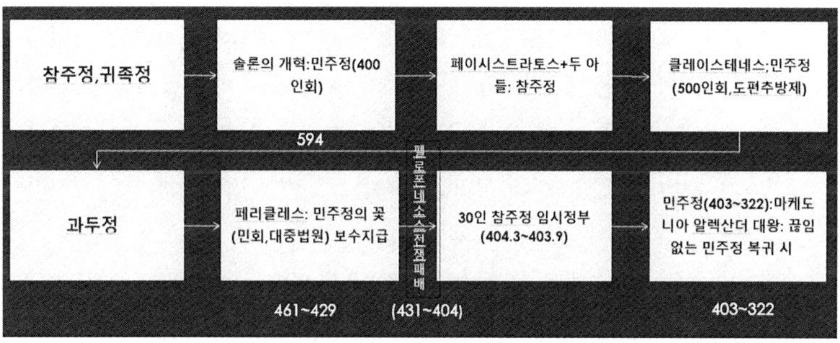

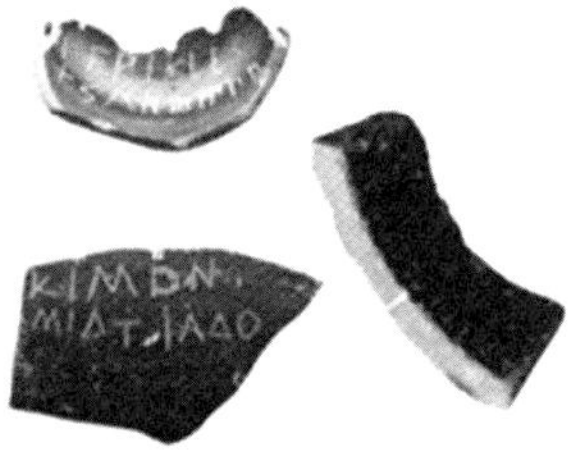

▲ 고대 아테네에서는 독재 가능성이 있는 사람의 이름을 도자기 조각에 적어 투표하는 '도편추방법'을 실시했어요. 여기서 뽑힌 사람은 10년간 추방되었대요. /Giovanni Dall'Orto/위키미디어

☑ 요점 학습

◎ 민주주의(Democracy)는 (주민, 민중)이란 뜻의 Deme와 (지배)란 뜻의 Kratia의 합성어이다. 즉 참주 1인이나 소수 인원이 통치하는 것이 아닌, 모든 시민이 참여해서 토론, 숙의를 통해 스스로 통치한다는 의미이다. 1인의 통치 체제를 참주정, 소수 귀족에 의한 통치를 귀족정, 모든 시민에 의한 통치를 민주정(민주주의)이라고 한다.

◎ 고대 아테네의 민주주의는 참주정을 반대하는 시민들 스스로의 끊임없는 투쟁 속에서 만들어진 것이다. 민주주의는 어떤 특출한 영웅이 나타나 만드는 것이 아니라는 교훈을 준다. 인류 최고의 문명이라는 아테네 문명을 창조한 것이 바로 민주주의 시대였다는 점은 인간의 잠재력과 창의력은 민주주의를 통해 최대로 발양된다는 중요한 교훈을 준다.

◎ 중요한 문제들은 모든 시민이 참여하는 시민총회(민회: comitia)에서 논의되고 결정되었다. 이른 아침부터 개회하여 보통 연 40회(그 밖에 임시회도 있었다) 열렸는데 가난한 사람도 참여하도록 참여 보수를 지급했다. 시민이 민회에 모여 입법·사법·재정 등 모든 나랏일을 처리했다. 현대 민주주의의 국민주권 사상은 '법 앞에서의 평등', '발언의 평등'에 이어 '권력에서의 평등'이라는 아테네의 민주주의에서 유래한 것이다.

◎ 참주정 정치체제는 흔히 민주주의의 탈을 쓰고 발생한다. 세계 곳곳에서 나타나는 권력을 독점하고 사유화하려는 참주의 경향을 아테네인들은 흑사병과 같은 질병이라고 비유했다. 타인이 비판을 수용하지 못하며, 자신을 법 위의 존재로 생각하며, 경쟁자를 제거하려는 습성을 가지는 참주를 경계하는 것이 민주시민의 중요한 역할이다.

☑ 숙의 토론

1. 많은 사람이 토론하고 의견을 모으는 민주주의 방식은 시간이 걸리고 비효율적인 데 반해, 강력한 지도자는 시간을 절약하면서 일을 효율적이고 능률적으로 할 수 있다는 의견에 대해 어떻게 생각하나요?

2. 대화하고 숙의하는 민주적 공동체 활동의 경험을 통해 개인이 내면적으로 가진 잠재력과 창의력이 발굴되고 개발된다는 의미에 대해 생각해 봅시다.

3. 우리나라 헌법의 핵심 가치인 〈국민주권〉이 무엇이라고 생각하며, 그것이 실현되는 민주공화정이 되기 위한 방안은?

2) 아테네 민주주의 철학의 원리

◇ 민주주의 철학

▶ 이솝 이야기: 개구리들은 제우스에게 왕을 달라고 요구했다. 제우스는 통나무 하나를 던져주었다. 개구리들은 제우스에게 다시 왕을 요청했다. 제우스는 개구리들에게 물뱀을 보냈다. 물뱀은 연못을 돌아다니며 개구리들을 모조리 잡아먹었다.

'개구리와 뱀' 이솝 우화는 강력한 왕을 원하는 개구리들이 뱀에게 다 잡아먹힌다는 이야기이다. 이것은 고대 아테네에서 수백 년 동안 대립했던 민주정과 참주정의 이야기를 상징한다. 그야말로 법과 자치에 관한 정치적인 상징을 통해 민주주의를 아주 쉽게 이해하게 해준다. 공동체의 질서를 유지하려고 물리력을 독점한 지배자의 권력이 결국은 시민에게는 해가 된다는 것을 상징으로 말해 준다. 여기서 통나무는 법과 자치를 상징한다. 종이가 없던 시대에는 자체 규칙이나 법을 나무에나 적어 놓고 서로 지켰다. 또한 통나무는 공론장을 의미한다. 개구리들이 통나무 위나 주위에 모이게 되면 자연히 집안이나 동네 문제에 대한 정보가 교환되고 소통하고 논의하게 되면서 공동체의 일을 구성원 스스로가 지혜와 결속을 통해 해결해 나갈 수 있는 자치력이 성장하기 때문이다. 자치력의 성장이 바로 민주주의이며 자신들의 운명을 지켜주는 가장 큰 무기가 된다는 것을 알게 해준다. 자신들이 논의해서 만든 그 법을 기준으로 자발적 참여 속에 안건을 논의하고 결정했다. 이것이 바로 '자치'(self-governance)이고 민주주의라고 할 수 있다. 그런데 사람들은 갈등이 생기고 복잡한 문제가 생기면, 서로 논의를 통한 합의보다는 힘센 한 사람이 한꺼번에 정리해 주길 바라기도 한다. 지배자들은 그러한 심리를 이용하여 측근을 통해 비이성적인 집단여론을 조작, 선동하게 되는데, 사람들은 법과 자치를 버리고 자신에게 해되는 지배자의 선동과 조작에 넘어가 운명을 맡긴다. 이렇게 나타나는 것이 참주정이었고, 이솝 이야기의 뱀이다.

고대 그리스인들은 자신들에게 해를 끼치는 참주정을 막고 법치와 자치가 실현되는 민주정이 자신들의 평등과 행복을 위한다는 것을 본능적으로 터득했다. 참주정에서는 토지는 귀족 가문에서나 소유하였고, 평민들이 1년에 내는 소작료는 너무 높아 가족을 부양하기 힘들었다. 오히려 부자는 고리대금을 통하여 더욱 부자가 되지만, 가난한 자는 이자율이 너무 높아 빚을 못 갚아 노예가 되는 상황이었다. 이러한 불공정하고 불합리한 제도를 귀족들만으로 구성된 민회에서 전부 결정하고 법으로 선포했다. 그러자 시민들은 불공정하고 불합리한 법을 만드는 민회에 귀족뿐만 아니라, 시민들도 참여하면 악법을 변경할 수 있다고 생각했다. 아테네인들이 참주정에 저항하고 민주정을 위해 싸운 이유는, 그들 스스로 참여하고 결정할 때만 자신들의 삶과 행복을 위한 법과 정책을 만들 수 있다는 생각 때문이었다. 이것은 예나 지금이나 똑같다. 시민의 복리와 행복을 위한 법을 정치인이 알아서 만들어 줄 것으로 생각하는 순간 민주주의도 시민의 행복도 불가능하다고 생각해야 한다. 시민이 정치에 참여해서 결정하는 다양한 방안을 고민하고 요구하는 것이 민주시민의 의무이며 책임이다.

신화에 따르면 초기 아테네는 군주제 사회였다. 하지만 역사 기록을 보면, 아테네 최초의 정치체제는 귀족정이다. 신화 속에서는 왕이 보던 업무를, 역사 속에서는 귀족들 가운데 1년 단위로 선출되는 아르콘이 처리했다. 그들은 주로 토지를 소유했던 귀족 가문 출신이었다. 그러나 귀족의 특권 정치는 농민에 대한 가렴주구에 기반했다. 가난한 농민들은 이러한 귀족들의 횡포와 착취에 맞서 노예 상태에서 벗어나기 위해 민주정을 위해 싸웠다. 귀족정이 한창일 때는 당시 부자들은 가난한 자들에게 토지를 임대하고, 그 대가로 경작물의 6분의 5를 받아 갔다. 이러한 과도한 부담은 그 부녀자들과 아이들까지도 부자들 밑에서 일하게 했다. 암만 일해도 먹고살기가 힘든 가난한 사람들은 "제 몸을 담보로 돈을 빌려 채권자들의 처분에 자신을 맡겨 더러는 고향에서 노예가 되고 더러는 외국에 노예로 팔려 갔다"(Plutarchos, 2006: 99).

부자들은 토지를 독점하고 가난한 자들을 자신들의 예속하에 두었다. 하지만 예속이 계속되자 평민들은 부자들에게 저항하기 시작했는데, 이것이 민주정의 출발이었다. 기원전 5세기경 부자와 가난한 자의 갈등이 격해지자, 아테네인들은 중재와 해결을 당시 공동체에 대한 합

▶ 아나톨리아 지방에서 발견된 솔론 모자이크. 그리스 7대 현인 중 한 명으로, 그리스 민주주의의 아버지라 불린다. [photo 위키피디아]

내심 솔론을 못마땅하게 생각하던 크로이소스가 질문 하나를 던졌다. "세상에서 제일 행복한 사람이 누구라고 생각하는가?" 솔론은 주저하지 않고 답했다. "아테네의 텔루스(Tellus)라는 인물이다. 텔루스는 부유하지도 가난하지도 않은 평범한 인물이다. 그러나 자식들을 전부 품격 있고 훌륭하게 키웠다. 이후 손자들이 태어나는 것도 보고, 노년에는 아테네 군인으로 전쟁터에 나가 싸우다 전사했다. 슬픔과 더불어, 가족과 주변 모두의 존경이 텔루스 인생 마지막까지 이어졌다.

리적 생각을 가진 솔론에게 일임한다. 이것이 아테네 민주정의 출발이다. 이에 솔론은 우선 몸을 담보로 돈을 빌리는 행위를 금지하였으며, 부채를 삭감해 주었다. 아울러 부자들의 전횡을 제어할 수 있도록 소작료를 내리고 시민에게 공평하고 그들이 참여하는 여러 법 제도를 만들었다.

아리스토텔레스는 고대 아테네의 정치 변동과 정치발전의 문제를 부자와 가난한 자들 간의 대립과 반목의 관점에서 파악하였다. 그는 『아테네 정치제도사』에서 아테네 정치제도의 변화 과정은 부자와 가난한 자들 간의 갈등 관계에 그 원동력이 있다고 분석하였다. 아테네 민주주의의 발전에 초석을 놓은 사람은 솔론(Solon)이었는데, 그는 부자들의 착취와 강압에서 벗어나려는 가난한 사람들의 불길과도 같은 본성과 의지를 잘 알고 있었다. 그는 억압에 맹종하는 노예가 아닌 인간의 존엄과 행복을 갈망하는 수많은 가난한 사람들의 지지를 업으면 개혁을 추진할 수 있다고 판단했다. 그의 개혁은 지배자로서 군사력을 바탕으로 이른바 인적 청산이 아니라, 잘살고자 하는 가난한 자들을 정치의 주체로 참여시키는 것이었다. 솔론의 개혁은 통치적 개혁이 아니라 참여를 통한 결정권을 시민 모두에게 공평하게 돌아가게 하는 것이었다. 세계적 문명의 부흥과 민주주의의 초석을 다진 솔론 개혁의 비밀은 시민 모두가 참여하고 결정하는 시민주권 민주주의(Democracy)를 구축하는 것이었다.

솔론은 가난한 농민의 채무를 탕감하고 채무 노예를 금하고 토지 소유의 상한을 결정하는 긴급조치를 취하였다. 정치개혁은 귀족의 권한 남용에 제한을 가하는 것이었는데, 첫째, 400인회를 창설하여 중산층의 정치참여를 허용했고, 둘째, 하층계급에 민회 참여권을 주었고, 셋째, 전체 남자 시민의 선거에 의한 최고 법정을 설치하는 한편 배심원 제도를 수립하였다. 정치개혁이 귀족정치를 근본적으로 청산한 것은 아니었으나, 귀족계급이 독점한 정치적 지배권을 축소하고, 국가적 정책 결정에서 시민의 발언권을 상대적으로 확대하였다. 그는 재산 소유 정도에 따라 시민을 4계급으로 나누어 정치적 위상을 규정하였다. 말린 곡물로 환산하였을 때 연간 500메딤노스(μέδιμνος) 이상의 소득을 올리는 부유층은 펜타코시오메딤니, 최소 300메딤노스 이상의 소득을 올리는 히페이스, 최소 150메딤노스 이상의 소득을 올리는 제우기테, 그리고 그 이하의 소득을 얻는 테테스라고 불렀다. 솔론은 민회에서 연설과 행정 기구인 400인회의 참여를 히페이스 이상으로 제한하였다. 이러한 사회 구분은 가족적 유대관계를 완화하고 씨족 집단의 사회적 지배력을 약화하는 것을 목적으로 한 것이었으나, 재산 소유와 연결되었다는 점에서 금권정치라 할 수 있다. 결론적으로 솔론의 개혁은 사회적 갈등과 계급적 대립을 근본적으로 해소하는 정책에는 한계가 있었다. 한마디로 솔론의 개혁은 민주주의로 이행하는 과도기적 조치였다고 할 수 있다.

◇ 페리클레스 연설문의 민주주의 철학

우리의 통치 체제는 이웃의 제도들을 모방하지 않았습니다.
우리가 다른 누구를 흉내 낸 것이 아니라 다른 이웃에게 모델이 되었습니다. 우리의 정체는 민주주의라고 불립니다. 왜냐하면, **권력이 소수의 손에 있는 것이 아니라, 전체 시민의 손에 있기 때문입니다.** 이바지할 수 있는 한 누구도 빈곤하다는 이유로 정치적으로 무시되지 않습니다. 제 일에만 전념하는 사람들도 정치 일반에는 아주 잘 알고 있습니다. 우리는 정치에 관심이 없는 사람을 자기 일에만 신경 쓰는 사람이라고 하지 않고, 아테네에서 전혀 하는 일이 없는 무용지물인 사람입니다. 우리는 정책에 대한 결정을 우리 자신이 스스로 내리거나 적절한 토의에 넘깁니다. 가장 나쁜 것은 결과에 대해 충분히 논의하지 않고 행동에 뛰어드는 것입니다.

이것은 당시 페리클레스라는 장군의 장례식 연설 중의 일부인데, 이 구절만 잘 이해해도 최초 민주주의에 대한 기본 원리와 개념에 대해 잘 이해할 수 있다. 그리고 현대 대의제와 어느 부분에서 무엇이 다른지도 알 수 있다. 페리클레스는 아테네의 정체를 민주주의라고 부른다고 말했다는 점에서 핵심 구절에 대한 분석을 통해 고대 민주주의의 본질적 개념과 제도를 이해하는 것이 중요하다.

권력이 소수의 손에 있는 것이 아니라, 전체 시민의 손에 있습니다.

권력이 전체 시민에게 있다는 뜻을 '국민주권'이라고 표현한다. 이러한 국민주권 사상은 프랑스 인권선언이나 우리나라 헌법에도 있는 것으로, 근대 이후 민주주의를 표방한 모든 나라의 헌법에 포함된 인류적 개념이다. 민주주의의 핵심 사상은 바로 국민주권 사상이다. 이 사상은 항상 역사상 인간 존엄과 평등을 주창하는 민주주의의 혁명 과정의 맨 앞에 부각되었으며, 역사적 시민혁명의 의미를 상징하는 핵심이다. '권력은 전체 시민에게 있다'라는 고대 아테네의 사상은 근대 시민혁명의 사상적 뿌리를 제공한 장 자크 루소(J. J. Rousseau)가 저술한 유명한 사회계약론(Social Contracts)에서 '주권'의 개념으로 나타난다.

그는 주권이란 양도 혹은 위임될 수도 없다고 말한다. 주권은 국가의 최고 결정권을 말하는데, 왕이나 지배 귀족 가문이 최고 결정권자인 중세 시대에 국민에게 최종 결정권이 있다는 '국민주권' 사상은 급진적인 혁명사상이었다. 그런데 그에 의하면 국민주권은 당사자가 직접 행해야 한다. 다른 사람에게 대신 자신의 주권을 행사해 달라고 위탁할 수 없다. 왜냐하면, 자유의지에 따라 결정되는 자유와 행복 같은 인간의 운명은 타인이 대신 만들어 주거나 책임질 수 없기 때문이다. 일반의지로서 총체적 개념인 주권을 분리하는 것도 불가능하다. 이러한 루소의 국민주권 사상은 왕과 귀족이 지배하는 봉건적인 신분제 사회에서 절대권력자인 시민이 존엄하고 위대하다는 생각을 확산시켰다. 과거에는 주권을 독점한 왕이 신성하고 위대했다면, 이제는 주권을 가진 존엄한 존재인 시민이야말로 자유와 행복을 누릴 수 있는 신성하고 위대한 존재이기 때문이다. 따라서 국민주권의 영향을 받은 시민혁명 이후 귀족과 평민, 농노라는 신분제 사회는 없어지고, 자유와 평등을 향한 근대 시민사회가 형성되기 시작하는 것이다. 그런데 이러한 '국민주권' 사상이 2천5백 년 전 고대 아테네 시민들에게 존재했다는 사실. 고대 아테네의 정치적 평등권은 인간 평등과 존엄성이라는 명확한 사상적 원칙에 기반하고 있었다. 현대에도 헌법에는 '모든 권력은 국민으로부터 나온다'라고 명시하면서도 실제도 시민에게 정치적 평등권은 존재하지 않는 것과는 달리, 고대 아테네인들은 권력의 공평성(정치적 평등권)에 대한 분명한 철학과 원칙 아래에 살았다.

따라서 아테네에서는 이러한 국민주권의 사상에 의해, 나라의 모든 일은 특정한 소수가 아니라, 시민 전체가 결정하도록 했다. 참주와 귀족들의 세력을 누르고 시민 자신이 직접 나랏일을 토론하고 결정하는 정치제도를 설계하고 운영하였다. 그들은 이것을 위해 민회(에클레시아)라는 기관을 두었으며, 시민이면 여기에 누구나 참여해서 결정하는 정치적 평등권을 부여했다. 권력이 전체 시민의 손에 있다는 것과 정치적 평등권은 같은 말이다. 민회에는 시민 3만 명 누구나 참여할 권리가 있으며, 이들은 여기에서 법을 제정하고, 정책을 결정하는 등 나라의 중대사를 숙의와 표결을 통해 결정했다. 루소는 이것을 '일반의지'라고 표현하는데, 그는 공동체 최선의 결정은 전체 시민의 논쟁을 통해서만 가능하다고 보았다. 거꾸로 말하면 소수의 집단에 의한 결정은 전체 공동체의 이익과 배치되는 경우가 많다는 의미이다. 민회는 권력은 전체 시민에게 있다는 '국민주권' 사상이 실현되는 공적인 공간이다. 이들은 민회 이외에도 재판에서도 소수가 심판하는 것이 아니라, 시민 다수가 참여하여 결정하는 대중적 시민배심원제를 두었다. 한 사람의 삶과 죽음, 운명을 심판하는 권한은 하나의 거대한 권력이다. 특정한 한 사람이 권력(심판) 행사를 독점하는 것 자체는 국민주권에 어긋나는 것으로 민주주의라고 할 수 없다. 또한 그들은 한 사람이 타인 행위의 시시비비를 가리는 것은 합리적이고 객관적인 판단과 배치될 가능성이 크다고 생각했다. 오히려 위험할 뿐만 아니라, 심판자가 권력이 되어 부패의 온상이 된다고 생각했다. 그래서 아테네에서는 이중적 추첨제를 통해 누구나 참여하지만, 특권적 권력으로 작용하지 못하도록 제도적 장치를 마련했다. 재판의 배심원은 6천 명에서 추첨을 통해 선정하는

데, 이 6천 명은 10개 부족에서 추첨을 통해 선정된 6백 명씩이 모인 풀이다. 이 중에서 201명, 301명, 501명, 1001명 등의 시민배심원단을 추첨으로 선정한다. 배심원단에게 뇌물을 쓰지 못하게 하루 전에 결정한다. 결국 법정에서도 모든 권력은 시민 전체에게 존재했다. 최종 권력자인 주권자 누구도 인정이나 위임해 주지 않았는데도 사법부가 막강한 권력을 가지고 주권을 임의로 행사하는 현대 대의제와는 전혀 달랐다.

▶ 재판에서는 사건의 소송 당사자에게 한 차례의 연설 기회를 주었다. 연설 시간은 클레프시드라로 불린 물시계에 의해 제한되었고, 연설의 순서는 먼저 원고에게 주어진 뒤 피고가 반론하는 형식이었다. 공공 재판의 경우엔 원고와 피고 각자에게 연설 시간으로 세 시간을 주었고 채권 변제와 같은 개인 간 소송에서는 그보다 적은 시간을 허용하였다. 재판은 배심원의 투표로 결정되었다.

우리는 정치에 관심이 없는 사람을 자기 일에만 신경 쓰는 사람이라고 하지 않고, 아테네에서 전혀 하는 일이 없는 사람입니다.

우리는 아테네인들의 삶 속에서 정치와 생활이 일치되어 있음을 알 수 있다. '나랏일은 나라님이나 귀족들이 하는 것이고, 백성은 일만 열심히 하면 돼'라는 생각은 특권층이 백성들을 지배하기 위해 만든 논리이다. 이러한 논리는 수천 년 동안 사람들의 머릿속으로 내려오면서, 이젠 고정관념이 되어 버렸다. 그래서 정치는 법조인, 교수, 재력가들이 하는 것이고, 시민하고는 무관하다는 생각이 굳어져 버린 것이다. 그러나 아테네인들은 정치를 기득권층한테만 맡길 경우, 정치를 장악한 그들이 자신들만을 위해 권력을 남용한다는 것을 알고는, 시민들 자신들이 정책 결정권을 가져야 한다고 생각했다. 그래서 민주정이 확산한다는 것은 시민들 자신의 정치가 확산된다는 것을 의미했다. 시민들이 정치참여를 통해 나랏일을 논의하고 아테네를 번영시킬 수 있었으며, 동시에 자신의 존재감을 확인하고 자아실현이 가능하다고 생각했다. 공동체의 일은 곧 개인에게 중요한 일이었다. 그들이 공동체의 현안을 숙의하고 결정하는 공동체 생활과 사생활은 조화를 이루었다. 그래서 당시 공동체에는 관심이 없고, 개인의 생활에만 신경을 쓰는 사람이 있으면, 사람들은 그러한 사람을 무용지물로 저평가했다. 영어로 멍청이라는 뜻의 idiot라는 뜻은 '정치에 관심이 없고 자기 일에만 신경 쓰는 사람'을 가리키는 것으로 아테네어 이디오테스(*ἰδιώτης*, idiōtēs)에서 유래되었다. 당시 아테네는 직접민주주의 정치체제로서 전쟁, 재정, 복지 등 모든 정치적 결정권은 민회에 참여한 시민에게 있었다. 이런 단어의 유래를 볼 때 당시 아테네인들에게 시민의 국가 공동체에 무관심은 있을 수 없는 일이었다. 시민이 자기 일에만 신경 쓰면 자신도 망하고 공동체도 망한다고 인식했다는 것을 알 수 있다.

그러나 현대인에게 공동체의 현안은 전혀 중요하지 않다. 사람들은 오직 개인의 소득과 성공, 가정일에만 신경을 쓰기도 바쁘다. 공동체가 닥친 심각한 문제에 대해서는 무관심하다. 그 이유는 본인이 아무런 결정권이 없으므로 공동체의 문제에 관심을 가져도 아무 소용이 없다고 체념했거나 어릴 때부터 개인주의와 물질주의 가치관에 온통 찌들어 있기 때문이다. 요새 초등생 아이들에게 인생의 행복이 무엇이라고 생각하느냐고 물으면 아이 대부분은 돈을 많이 버는 것이라고 대답한다. 가정에서도, 학교에서도 돈에 의해 높고 낮음에 따라 인생이 결정되는 것을 보면서 인생의 목표와 가치관이 정립되었기 때문이다. 이렇게 돈과 직책으로 인생이 평가되는 치열한 생존경쟁의 사회에서, 타인을 배려하고 공동체에 신경을 쓰는 행위는 개인에겐 생존경쟁의 전쟁터에서 손해가 되는 어리석은 행위에 불과하기 때문이다. 그래서 현대인은 정력과 시간을 내어 공동체 문제나 정치 현안에 관심을 두지 않는다. 재미도 없을 뿐만 아니라 자기만 손해라고 생각한다. 돈이 행복인데 돈을 포기하는 것은 이해할 수 없는 행위이다. 따라서 무슨 공적인 행사에 참여하는 것 자체도 어렵다. 현대인은 오직 자기 경력 쌓기와 사생활 이외에는 관심이 없다. 우리 사회는 사회에 관심이 없고 자신만의 성공을 위해 노력해서 출세하는 사람들을 높게 평가한다. 그러나 아테네인들은 개인의 사적 생활과 공적 생활을 함께했다. 개인의 사적 생활의 만족감과 자존감은 공적 생활과 연계될 때 가능하다고 생각했기 때문이다. 시민의 결정권이 높아지는 민주주의가 될수록, 시민의 행복과 공동체의 번영이 같이 온다는 것을 알았다. 그래서 그들에게 민회나 법정에 참여하는 일은 손해나 희생이 아니라, 자기 계발과 자아실현의 장이다. 인간은 본질적으로 공동체에서 소통하고 숙의하면서 공동 작업, 공동 실천을 통해 자아가 변하고 성숙하기 때문이다. 아테네인들은 자기에게만 관심 두고, 타인과 공동체가 어떻게 돌아가는지는 무관심한 현대인과는 달랐다. 개인주의와 물질주의가 잠시는 개인의 안락에는 좋은 것 같지만, 결국 공동체를 약화하고 무한 경쟁의 사회로 빠뜨리기 때문에 결국 개인에게 폐해로 다가온다. 그래서 권력과 재력을 가진 특권층이 개인주의와 돈에 집착할지라도, 일반 시민들은 공동체 및 시민사회와 '연합'해야 한다. 그래야 개인도 좋고 전체 시민, 공동체에도 좋다고 생각하는 것이 바로 민주시민의 정신이다. 가진 자에게 없는 자가, 강한 자에게 약한 자가 대적할 수 있는 자산은 의사소통을 통한 연대와 협력이다.

누구도 빈곤하다는 이유로 정치적으로 무시당하지 않습니다.

현대 대의제 정치는 재력이 있고, 높은 지위에 있는 사람들이 플레이어가 된다. 가난한 사람들은 참여해서 발언하고 싶어도 정치적 발언을 할 수 있는 공론장은 찾아볼 수 없다. 간혹 SNS에 반응 댓글을 달아도, 정치적으로 조직된 패거리의 수많은 댓글에 그냥 묻혀 버린다. 시민은 존재감 없는 투명 주권자에 불과하다. 사회적 약자나 빈곤한 사람에게 정치적 평등권은 존재하지 않기 때문이다. 반면 아테네인들은 가난하다고 정치적으로 발언권이 없다면, 부자들만이 정치를 독점하게 된다고 생각했다. 정치를 독점한 부자들이 축재를 위해 무소불위의 권력을 사용한다는 것도 알고 있었다. 그래서 재산과 상관없이 모든 시민에게 똑같은 발언권과 투표권을 주었다. 부자나 가난한 자가 민회에 모여 서로 이해관계를 조정하면서 부의 형평성을 위한 조화를 찾아내야 공동체가 유지되고 번영한다는 것을 알았다.

▶ 그리스 아테네의 아크로폴리스 언덕 아래에 있는 아고라 광장은 고대 아테네 민주정치의 상징이다. 아테네 시민은 이곳에서 1년에 40여 차례 민회를 열어 나랏일을 함께 의논하고 결정했다. [토픽 이미지]

그래서 발명한 것이 민회 제도이다. 민회는 모든 시민이 참여해서 발언하고 투표할 권리를 동등하게 보장하는 최고 의결기관이다. 재산 소유나 계급, 가문과 상관없이 동등한 발언권이 존재했다. 이전에는 전쟁 개시, 토지나 자원의 분배 문제, 먹고사는 주요 정책에 대한 최종 결정을 왕이나 귀족 회의가 했다면, 이젠 시민 모두가 민회에 모여 결정했다. 법정도 대중적 재판제도를 시행했다. 6천 명의 배심원단 풀에서 무작위 추첨을 통해 수백 명 단위의 시민배심원단을 구성했기 때문에 정치적 결정권처럼 재판 결정권도 시민 모두에게 있었다. 즉, 가난과 정치적 권리는 별개였다. 민회나 법정을 보면, 아테네 정치는 가난한 사람은 정치적 발언의 기회가 없는 현대 정치체제와는 다르다는 것을 알 수 있다.

정책에 대한 결정을 우리 자신이 스스로 내리거나 적절한 토의에 회부합니다. 가장 나쁜 것은 결과에 대해 충분히 논의하지 않고 행동에 뛰어드는 것입니다.

정책 결정은 시민이 민회에서 토론을 통해 결정했다. 행정부나 국회의 일부 사람들이 정책을 결정하는 현대 대의제 방식과는 다르다. 아테네인들은 시민이 결정하는 것이 민주주의라고 생각했다. 그들은 정치적 결정권자의 중요성을 인식했다. 어느 한 사람이 결정하면 따라가는 것이 참주 정치라면, 소수가 결정하면 따라가는 것은 과두정이라 생각했다. 아테네인들이 충분한 논의를 강조한 이유는, 논의의 과정을 통해 사람들이 공감대를 형성하고 서로 이해하며 조정하면서 단합된 힘이 창조된다고 생각했기 때문이다. 민주주의는 논의하는 것에서 출발한다. 일부가 정책을 만든다고 법이 지켜지는 것이 아니라는 것을 우리는 현대 사회에서 온갖 탈법이 난무하는 것을 보고 알 수 있다. 그러나 현대에는 될 수 있으면 논의를 생략하려고 한다. 민주주의에 대해 무지할수록 상급자의 지시에 순종한다. 구성원들은 그냥 업무를 수행하는 실무자일 뿐이다. 논의를 중요시하는 이유는 설사 구성원들이 정보가 어둡고 경험이 적어 논의에 서툴다 하여도, 그러한 과정을 통해 점차 뛰어난 판단자로서 성장할 수 있기 때문이다. 논의하다 보면, 서로 배려하고 이해하고 조정하는 능력이 생긴다. 판단하고 조정할 수 있는 능력은 학습을 통해 얻어질 수 있는 것이 아니라, 직접 논의에 참여하고 결정해 봐야 향상되기 때문이다. 즉, 논의와 숙의는 인간의 정신과 이성을 진화시키는 원동력인 것이다. 인간은 매일 새롭게 생각하면서 생명을 연장하고 미래를 기대한다. 인류의 진화 과정이다. 그런데 겉으로는 AI가 발전하여 진화하는 것처럼 보이지만 '숙의의 종말'로 인해 인간의 정신은 거꾸로 퇴보하면서 심각한 인류 생존의 위기에 직면하고 있다. 인간의 정신과 영혼은 퇴보하는데 기계만 첨단화되면 인간은 기계의 노예가 되기 때문이다. 따라서 AI의 발전을 원하는 만큼 인간 정신의 진화도 함께 진전되어야 한다는 점에서 민주주의가 인간 진화에서 절대적이라는 것은 분명해진다.

☑ 요점 학습

◎ '개구리와 뱀'이라는 이솝 우화는 고대 아테네에서 수백 년 동안 대립했던 민주정과 참주정의 갈등을 상징한다. 강력한 지도자를 바라는 백성들이 결국은 강한 권력에 의해 희생당한다는 것은 예나 지금이나 마찬가지이다. 공동체를 살리고 행복하게 해주는 힘은 외부의 영웅에서 오는 것이 아니라, 구성원 모두의 결속과 연대에 의해 가능하다는 것을 말한다. 즉, 시민 스스로 모여 토론하고 숙의하고 대안을 만들 때 가능 강력한 힘이 된다는 민주주의 원리를 일깨워 준다.

◎ 주권은 국민에게 있고 권력은 국민으로부터 나온다는 국민주권 사상은 아테네 민주주의에서 근원을 찾을 수 있다. 왜냐하면 아테네 민주주의는 시민에게 권력을 부여하고 시민이 최종 정치적 결정권을 가졌기 때문이다. 모든 시민의 정치적 평등권을 실현한 아테네 민주주의 사상이 근대 시민혁명의 사상적 뿌리를 제공한 장 자크 루소(J.J. Rousseau)가 저술한 사회계약론(Social Contracts)에서 '주권'의 개념으로 나타나기 시작한다.

◎ 현대인은 오직 자신의 스펙 쌓기와 사생활 이외에는 관심이 없기 때문이다. 우리 사회는 공동체에는 무관심하고 자신만의 성공을 위해 노력해서 출세하는 사람들을 높게 평가한다. 그러나 아테네에서는 공동체의 일에는 무관심하고 사생활에만 신경 쓰는 사람은 낮게 평가했다. 개인의 행복과 공동체의 행복은 동전의 양면이라는 것을 이해하는 것이 아테네 민주주의의 교훈이다.

◎ AI가 인간의 뇌세포를 대체하는 시대로 가고 있다. 그런데 인간의 뇌도 계속 진화하지 못하면 인간은 AI를 통제하지 못하고 노예가 될 수도 있다는 우려가 커지고 있다. 인간 정신의 진화는 오직 공동의 토론과 숙의 과정과 구체적 실천을 통한 평가와 성찰 속에서 가능하다. AI가 인간의 모든 능력 이상으로 발전되더라도, 함께 토론, 숙의하고 공동 실천에 따른 평가와 성찰에 따른 자원과 권력의 민주적 배분을 통해 인간 행복지수를 높이고 공평히 하는 기능은 따라 할 수 없다. 따라서 민주주의는 AI를 통제할 수 있는 인류만이 만들어 온 귀중한 역사적 유산이며 진화의 산물이다.

숙의 토론

1. '개구리와 뱀' 이솝 우화에서 제우스가 던져준 뱀과 통나무가 의미하는 것이 무엇인지 생각해 봅시다.

2. 통나무가 사람들이 모여 담론을 형성하는 공론장이라고 할 때, 시민주권이 실현되는 민주주의가 성사되기 위해서는 공론장이 왜 필요한가에 대해 이야기해 봅시다.

3. 인공지능(AI)이 인간이 하는 육체적 및 정신적 기능을 전부 대체할 수 있는 인간 이상으로 발전한다고 한다. 그런데도 AI가 대체할 수 없는 인간의 기능이 있다면 무엇이라고 생각하나요?
(지구의 종말이 가까워져 오자, 우성 인간을 지구와 유사한 행성으로 탈출시킬 때 식량 씨앗을 포함한 생존품 이외에 필수적으로 습득해서 가야 하는 것은 무엇이라고 생각하나요?): 영화 〈보이저스〉 참조.

3) 아테네 민주정의 정치체제

● 민회(Assembly)

민회는 보통 프닉스에 선착순으로 도착한 6,000명의 20세 이상의 성인 남성으로 구성되었으나, 언제나 그와 같은 수를 유지했던 것은 아니다. 만약 참여자의 수가 부족한 경우에는 민회의 의장이 공공장소에다 빨간색 끈을 달라고 명했다. 그러면 시민들은 민회의 일을 처리하기 위해 모였다. 민회에 참여하는 것은 의무였지만, 기원전 4세기부터는 민회에 참석하면 시민에게 보수가 지급되었다. 민회장이 가득 차면 더는 오지 않아도 된다는 표시로 빨간색 끈을 거꾸로 달았다. 아테네인들은 파레시아(parrhesia)[2]라고 알려진 민회에서의 발언권을 귀중한 특권으로 여겼다(폴 우드러프, 68).

원시적인 왕정에서 왕은 민회의 결의를 무시할 수도 있었으나, 권리를 가진 사람(에클레토이)들의 총회가 존재하면서 왕의 절대권은 제한되었다. 귀족정치 · 과두정치의 민회에서는 출생 · 부(富)에 따라 출석자는 제한되었지만, 민주정치 기간에는 가장 권위 있는 최고 · 최종 의결기관으로, 완전한 시민권을 가진 남자는 모두 출석할 수 있었다. 그러나 페리클레스 때부터는 민회 출석자에게 일당을 지급함으로써, 민회를 안정적으로 발전시키고자 노력하였다. 그곳에서는 추천으로 선출되는 이외의 관리를 임면하고, 화평 및 그 밖의 모든 행정 처리, 입법 ·

---

2 고대 그리스 단어 '파레시아'는 '모든'을 뜻하는 'pan'과 '말'을 의미하는 'rhesis'가 결합해서 만들어졌다. 그러니까 남김없이 모두 다 이야기하는 것을 뜻한다.

고대 그리스 아테네의 민주주의 체계: 민주주의의 참고 모형

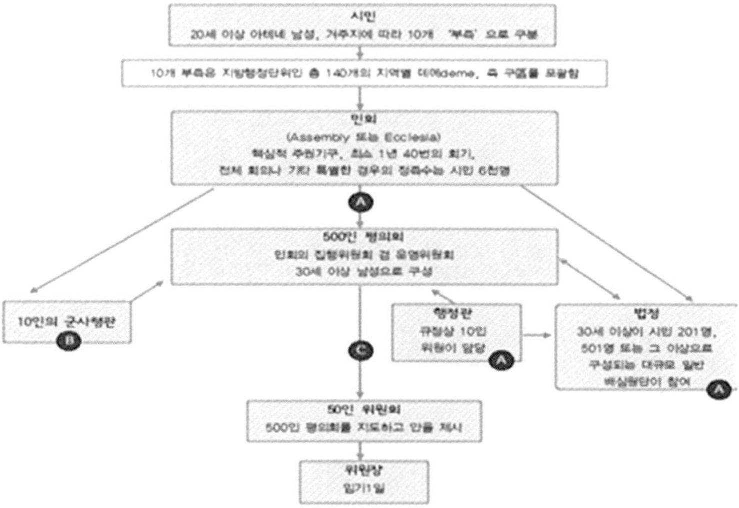

사법 · 재정, 기타 거의 모든 국사 처리를 맡았다. 처리 사항이 매우 많았기에 의안을 평의회(評議會)에서 사전에 정리한 뒤 민회에 올리도록 하였지만, 민회는 수정안을 제출할 수는 있었다. 결정은 다수결로서, 거수 혹은 항아리 속에 투표용 조가비를 넣는 방법이었다. 아테네의 민회는 처음에는 아고라에서, 다음에는 푸니쿠스 언덕에서, 기원전 4세기 이후에는 디오니소스 극장에서 개최되었는데, 이른 아침부터 개회하여 보통 연 40회(그 밖에 임시회도 있었다) 이상 열렸다.

● 500인 평의회

아테네의 500인회는 오늘날의 입법부 의회가 하는 일과 같은 일을 했다. 의원은 선거가 아닌 10개 부족에서 평판이 좋은 시민 중에서 각 50인씩 추첨을 통해 결정되었다. 500인회는 수천 명이 모이는 민회에서 논의할 정책이나 법률안을 사전 심의하는 역할을 했다. 이들이 시민을 대표하는 것은 아니었지만, 민회의 충실한 보조와 지원 역할을 했다. 500인회는 민회의 운영위원회로서 민회의 대중 토론과 결정이 원활하게 운영될 수 있도록 하는 동시에 주요 사안에 대해서 사전에 조정하고 합의하는 정치적 역할을 했다. 이것을 보면, 아테네 민주주의는 시민 전체가 결정하는 자유롭고 평등한 민회라는 광장정치와 소수에

▶ 기원전 5세기 화병에 그려진 아테네 여성들의 모습

의한 조정과 협의라는 심의기관인 500인회가 조화롭게 병존했다는 것을 알 수 있다.

즉, 평의회는 민회를 주관하여 운영하는 등 민회의 업무를 지원하고 민회에서 결정된 사항을 집행하는 행정 기구였다. 아테네의 시민 자격이 있고 30세 이상이면 누구나 평의회의 의원이 될 수 있었다. 평의원은 아테네 전 지역에서 매년 추첨이나 순서를 정해 차례대로 돌아가면서 임무를 맡는 윤번제로 선출하였다. 평의원의 임기는 1년이고 연임은 제한하였는데, 이는 가능한 한 모든 시민에게 골고루 정치활동의 기회를 보장하기 위해서였다. 따라서 아테네 시민이라면 일생에 한 번 정도는 평의원으로 활동할 수 있었다. 500인 평의회도 적은 인원이 아니기 때문에 50인 위원회를 두고 조직적 체계로 정치를 효율적으로 운영하였다. 민회에 의한 국정 결정 방식이 갖는 산만함과 비효율성을 차단했다. 50인 위원회는 각 부족에서 추천한 50명이 돌아가면서 맡으면서 공정성을 기했다. 그리고 의장도 임기가 하루인 것은 의장으로 권력이 집중되면서 기득권 패거리가 생기는 것을 막으려는 것이었다.

● 법정

현대는 재판할 때 판사 한 사람이 결정하지만, 아테네는 수백 명에 의한 대중법원이었다. 수백 명으로 구성된 대규모 집단배심원[3]이 공정

---

3 재판에서는 사건의 소송 당사자에게 한 차례의 연설 기회를 주었다. 연설 시간은 클레프시드라로 불린 물시계에 의해 제한되었고, 연설의 순서는 먼저 원고에게 주어진 뒤 피고가 반론하는 형식이었다. 공공 재판의 경우엔 원고와 피고 각자에게 연설 시간으로 세 시간을 주었고 채권 변제와 같은 개인 간 소송에서는 더 적은 시간을 허용하였다.

하고 객관적으로 판단할 수 있다고 생각했다. 특히 한 사람에게 사람의 인생을 좌지우지하는 전권을 주는 것은 위험할 뿐만 아니라, 특권을 가진 권력자를 만든다고 생각하였다. 아테네의 열 개의 부족에서 추첨으로 각 600명씩 선정되어 구성된 총 6,000여 명의 배심원 풀에서 다시 추첨을 통해 수백 명 규모의 배심원단이 구성되었다. 그들은 모두 재판에 앞서 법에 따르겠다는 맹세를 했다. 규모가 큰 배심원단은 언제나 재판 당일에 구성되었다. 누가 배심원단에 속할지는 재판 당일 전까지 아무도 몰랐기에 사전에 뇌물 등으로 배심원을 매수하기란 불가능했다. 전문적으로 법률을 다루거나 전공한 이들이 따로 존재하지 않았고, 시민 누구나 타인을 기소하거나 스스로를 변호할 수 있었다. 재판에는 개인 사이에 일어난 다툼을 다루는 디케와 공공의 사안으로 인해 열리는 그라페 파라노몬 두 종류가 있었다. 사적인 소송의 배심원단은 일반적으로, 200인으로 구성되었고, 소송 금액이 1,000드라크마를 초과하면 401명의 배심원이 심의했다. 공공 사안에 대한 배심원은 최소 501명으로 구성되었는데 클레이스테네스의 개혁 이후 600명 이상으로 배심원 수가 늘었다.

이러한 대중 법정 제도로 인한 누구나 자유롭게 고발할 수 있는 권한이 민주주의의 중요한 원칙으로 받아들여지게 되었다. 시민 누구나 정치지도자들을 고발할 수 있었고, 그로 인하여 그들은 대중 법정에서 자신들의 행위에 책임을 져야 했다. 반면 사소하거나 부적절한 고발에 대한 처벌은 상당히 무거웠다. 예를 들어 만약 고발한 자가 재판에서 이긴다고 하더라도 배심원들이 고발 사안을 중요하게 생각하지 않아 그들의 표가 5분의 1을 넘지 않는 경우, 그는 1,000드라크마에 해당하는 벌금을 물어야 했다. 따라서 대중 법정 제도는 정치지도자들에 대한 책임을 언제든지 자유롭게 물을 수 있는 제도라는 점에서 정치인들에게 매우 엄격한 제도였다. 정치를 통해 개인적 이익을 추구할 경우, 정치인은 수백 명 앞에서 그들이 일일이 묻는 심리에 답변하고 재판을 받기 때문에, 권력을 이용한 축재는 쉽지 않았다.

● 행정관

고대에도 도시의 각종 행정사무를 맡아보는 행정관이 존재했다. 세금을 걷고 지출하는 회계업무, 청소나 오수물 처리, 치안 등 10여 개 분야에서 월급을 받고 일하는 지금의 공무원 같은 행정관들이 있었다. 참주정이나 귀족정 때에는 시민 위에 군림하고 온갖 부정부패를 일삼던 사람이 권력층의 배경을 가지고 행정관이 되었다. 500인회의 구성원을 포함하여 아테나이의 연간 공무원 수는 약 1,100명이었다. 공무원들은 대부분 추첨을 통해 선발되었고 선거를 통해 임명되는 공무원은 약 100명 정도였다. 추첨이건 선거이건 양쪽 모두 의무 사항은 아니었다. 공무원들을 일반 시민 가운데 선발하였기 때문에 전문 인력이 특정한 업무를 맡는 예는 없었다. 업무의 전문성을 인정받는 예외적인 지위는 군대의 사령관인 스트라테고이와 회계 정도였다. 공무의 연임은 금지되었는데 예를 들면 한 번 500인회의 임원으로 활동한 사람은 평생 다시 추첨에서 제외되었다.

그러나 민주주의라고 할지라도 의회는 선출된 정치인들의 영향력을 존중하였다. 선출직 공무원은 권위를 갖고 의회에서 연설하여 자신의 영향력을 발휘할 수 있었다. 아테네 민주주의에서는 제비뽑기를 통한 추첨을 보다 민주주의적인 방식으로 생각했다. 선거는 재산이나 혈통 등에 의해 영향을 받기 마련이기 때문이었다. 민회의 일상적 감시하에 있는 500인 평의회에서는 행정관을 일상적으로 통제하고 감시하면서 민주정의 충실한 실무자가 되도록 했다. 현대에도 마찬가지지만, 그 나라 민주주의의 성숙도는 공무원 세계가 얼마나 투명하고 청렴한지를 보면 알 수 있듯이, 민주주의와 공무원의 청렴도는 비례한다고 할 수 있다.

4) 아테네인들의 공동체와 민주주의

(1) 법치주의와 자치

연못의 개구리들은 자신들을 지켜줄 지도자가 없는 사회에서 살아가는 것이 불만이었다. 그래서 제우스한테 왕을 보내 달라고 간청했다. 그러자 제우스는 연못에다 나뭇조각 하나를 던져주었다. 나뭇조각이 그냥 둥둥 떠 있기만 하자, 개구리들은 통나무에 올라타고 모욕하며 논다. "별것 아니네. 뭐 이런 것을 왕이라고 보냈어?" 실망한 개구리들이 제우스한테 따지면서 진짜 힘센 왕을 보내 달라고 애원한다. 신은 마지못해 물뱀 한 마리를 떨어뜨린다. 멋지고 힘센 물뱀이 나타나자 개구리들은 기뻐한다. 다른 짐승들은 연못에 얼씬도 못한다. 출출해진 뱀이 개구리를 전부 잡아먹는다.

⇕

제우스는 연못에다 나뭇조각 하나를 던져주었다. 그러자 개구리들은 외부 침입자를 감시하기 위해 통나무 위에 감시자의 순번과 규율을 적어 놓는다. 그리고 감시자 이외 나머지 개구리들은 통나무 위에서 햇볕을 쬐고 먹이도 함께 나누고 함께 논의도 한다. 통나무는 흩어져 있던 개구리들을 모이게 하는 공론장이 된다. 외부 침입자가 나타나, 감시자가 신호하면 통나무 밑으로 숨어서 침입자로부터 보호를 받는다.

⇕

나뭇조각은 법과 자치를, 동시에 공론장을 상징합니다. 서로 규율을 정해 자치를 한 개구리는 살고, 공론과 자치를 귀찮아하고 대신 자신들을 지도해 줄 강력한 지도자만 원하는 개구리들은 죽습니다.

제우스가 개구리에게 던져준 나뭇조각은 법과 자치를 상징한다. 옛

날에는 종이가 없어 나무에다 서로 합의한 규범을 적어 놓았기 때문에 나무는 스스로 정한 법규를 의미한다. 시민 스스로가 만드는 법이 자치의 기본이다. 자신이 만든 법이기 때문에 누구의 강요도 없이 법을 가장 잘 지킬 수 있다. 제우스가 던져준 나뭇조각은 연못에 따로따로 흩어져 놀던 개구리들을 모이게 하였다. 모이고 싶어도 모일 수 없었는데 계기가 생긴 것이다. 개구리들이 모이니, 서로 이런저런 얘기를 하게 되고 공론이 형성된다. 사람들도 마찬가지이다. 얘기를 하다 보면, 가정의 아이들 얘기부터 시작해서 동네일 심지어 나랏일까지 얘기하게 되는 것은 당연하다. 사람들이 모여 논의하여 자치적으로 결정하는 곳이 바로 공론장이다. 즉, 공론장은 자치가 가능한 곳이다. 공론장이 형성되면 그 공동체가 질서 있게 운영될 수 있는 규칙(규범) 같은 것을 만들고 자율적 운영의 틀을 만드는 것은 인간의 본능이다. 그런데 시민의 주권을 타인에게 양도한 이후부터 사회에 공론장을 볼 수 없다. 상가와 유흥시설은 도시 한복판에 있지만, 사람이 모여서 공적 사안에 대해 이야기할 가장 중요한 공간은 도시에서 사라져 버렸다. 따라서 앞으로 도시 한가운데 시민공론장이 크게 자리 잡는 때와 시민이 주권자가 되는 때는 일치하게 될 것이다. 대부분의 단체장이나 정치가들은 시민이 모여서 토론하고 담론을 형성하면서 지역이나 나라의 현안에 참여하면서 사회 및 정치의식이 높아지는 것을 달갑지 않게 생각한다. 공동체가 운영되는 규칙이 바로 법이다. 법은 여러 사람이 모여 생활할 때 생기는 여러 문제를 해결하기 위한 자체 규칙이다. 돈을 빌리고 갚지 않을 때 발생하는 문제를 해결하는 법이 없으면, 빌려준 사람은 폭력으로 해결하려고 하므로 공동체는 파괴된다. 그런데 한 사람의 권력자가 아닌, 모든 사람이 머리를 맞대고 법을 만들 때 모든 사람이 그 법을 지키려고 할 것이다. 몇 사람이 만든 법을 보면 가진 자에게는 유리하고 없는 자에게는 불리한 경우가 많기 때문이다. 그런 법을 일방적으로 만들어 놓고 지키라고 하면 그 법에 대한 불만은 계속될 것이지만 시민 모두가 토론과 숙의를 통해 스스로 만든 법은 모두가 지키려고 할 것이다. 이것이 바로 스스로 법을 만들고 스스로 그 법을 지킬 때 공동체는 번영하고 구성원 모두가 행복할 수 있는 '자치'라 할 수 있다. 개구리와 뱀 이야기는 타인에게 의존하지 않고 스스로 규칙(법)을 만들고 공동체를 운영할 때, 즉 자치(self-government)할 때 인간은 생존하고 번영할 수 있다는 것을 비유한다. 그런데 현대인에게 '자치'는 생경한 용어가 되어 버렸다. 생업과 사생활에 바쁘지만, 함께 모일 수 있는 나뭇조각이 없어 모두가 뿔뿔이 흩어져 있고, 초라하고 고독한 '1인 생활전사'가 우리의 모습이다. 그래서 개인은 있지만, 유대감과 친밀감을 제공하는 공동체는 존재하지 않는다. 아이들도 공동체의 경험이 없어 그것이 무엇인지 잘 모른다. 학교생활이 공동체이지만, 그들은 고작 한두 명의 친한 친구만이 사회적 관계의 대부분이라, 규칙을 만들고 자치를 할 공동체 자체를 이해하지 못하는 안타까운 상황이다. 아이들에게 위 이솝 우화는 공동체와 민주정(민주주의)을 쉽게 이해하고 자기 생각의 폭을 넓히고 인격을 성장시키는 데 매우 좋은 소재가 될 것이다.

"시민의 주권을 타인에게 양도한 이후부터 사회에 공론장을 볼 수 없다. 상가와 유흥시설은 도시 한복판에 있지만, 사람이 모여서 공적 사안에 대해 이야기할 가장 중요한 공간은 도시에서 사라져 버렸다. 따

라서 앞으로 도시 한가운데 시민공론장이 크게 자리 잡는 때와 시민이 주권자가 되는 때는 일치하게 될 것이다. 대부분의 단체장이나 정치가들은 시민이 모여서 토론하고 담론을 형성하면서 지역이나 나라의 현안에 참여하면서 사회 및 정치의식이 높아지는 것을 달갑지 않게 생각한다."

▶ 시민들의 숙의하는 공론장이 도시 한가운데 성스러운 파르테논 신전과 함께 자리 잡고 있다. [아테네 폴리스(구글)]

(2) 공동체 구성 능력

아테네인들은 인간은 신으로부터 공동체 구성 능력을 물려받았다고 생각했다. 그래서 그들은 공동체 형성 능력은 모든 인간의 본성이라는 제우스 - 프로메테우스 신화를 믿었다. 인간은 본능적으로 공동체를 만들고 자치를 할 수 있도록 태어났다. 민주주의는 공동체를 자치적으로 합리적 · 공적 운영을 할 수 있는 정치적 능력을 말한다고 할 때, 그들에게 민주주의는 인간 본성의 발로이다. 그래서 그들은 타인이 자신을 대신해서 법을 만들고, 결정하는 것을 인정할 수 없었다. 왜냐하면, 민주주의는 인간의 본성이라는 점에서, 자신의 본성을 타인이 대신할 수 없기 때문이다.

프로메테우스는 우리의 선조들이 멸종하는 것을 막고자 천상에 몰래 숨어 들어가 신들로부터 불과 기술의 능력을 훔쳐내어 우리에게 주었지. 그로 인해 우리는 집을 짓고 옷을 만들며 무기를 제작할 수 있게 되었다네. 하지만 프로메테우스는 공동체를 구성하는 능력을 깜빡했다네. 공동체를 구성하는 능력을 갖추지 못한 우리는 서로 싸우게 되었고 그 결과 우리 손으로 스스로 멸종을 초래하게 되었다네.

그러자 제우스가 우리 인간 종족이 모조리 죽어 버리지나 않을까 걱정하며 헤르메스를 시켜 인간에게 경의와 정의를 나누어 주었다네. 경의와 정의는 도시에 질서를 세우고 우정을 통해 공공의 유대감을 형성케 하기 때문이라네. 헤르메스는 제우스에게 어떤 방식으로 인간에게 정의와 경의를 나누어 주어야 할지를 물었다네. "그것을 전문적인 지식의 방식으로 몇 사람에게만 배분할까요? 의술이나 전문적 기술은 한 사람에게 주면 나머지 사람들을 돌볼 수 있으니까요."

그러자 제우스는 다음과 같이 말했다. "모든 이에게, 그래서 모든 이가 그것을 나누어 가질 수 있도록 배분하여라. 만약 다른 전문적인 지식과 마찬가지로 오직 소수의 사람만이 그것을 나누어 가진다면, 어떠한 도시로 성립할 수 없기 때문이니라."

(플라톤의 『프로타고라스』)

이 신화에서는 '불과 기술'이 사회경제를 발전시키고 물질적 풍요로움을 상징한다면, '경의'(reverence)와 '정의'(justice)는 정신의 풍요로움과 공동체의 번영을 상징한다. '경의와 정의'는 바로 민주주의를 상징한다. 인류는 불과 기술을 통해 산업과 과학을 발전시키고 경제적 성취를 이루어 왔다. 만약 불과 기술이 없었다면 인간은 원시와 야만 시대를 벗어나지 못했을 것이다. 그러나, 불과 기술이 있더라도 경의와 정의가 없었다면 인간은 불과 기술로 창출된 물품을 서로 더 많이 차지하겠다고 허구한 날 전쟁했을 것이고 결국 인류는 종말을 맞이했을 것이다.

인간이 멸망하는 지구를 탈출하기 위해 첨단 과학 기술을 이용해 다른 행성에 가더라도 똑같다. 사람들의 무리가 지구에서 탈출해 지구와 비슷한 행성에 가더라도, 과학 기술과 식량 씨앗은 가져가지만, 인류가 수천 년 동안 부딪쳐 살면서 인류의 생존과 진화의 규범인 민주주의를 습득하지 못하고 간다면, 그곳에서 인간은 서로를 죽이는 전쟁서부터 다시 시작해야 한다. 공동체를 민주적으로 유지하고 발전하기 위한 시민적 덕성(경의와 정의)이 없는 한, 기술과 과학이 공동체의 평화와 번영을 가져다주지 않는다. 따라서 아이들에게 민주주의를 습득하고 체득하게 하는 것은 가장 기본이고 꼭 필요하다. 그런데 가정, 학교, 언론에서 아이들한테 돈 많이 벌고 좋은 직업 가지라는 말은 귀가 따갑도록 반복하지만, 공동체와 공적 사안에 관심 갖고 이견과 갈등을 조정하고 숙의 토론하는 '민주주의'에 대해서 침묵하는 것은 개인에게도 국가적으로도 불행한 것이다.

경의와 정의는 동물의 세계에는 없는 오직 인간에게만 존재한다.

'경의'는 타인을 존중하고 배려하는 겸손한 심성이다. 비록 가난하고 직책이 낮더라도, 인간은 모두 평등하고 존엄한 존재로 생각하는 것이 바로 경의이다. 공적 사안을 한 사람이 결정하는 것은, 모두가 존엄한 인간 본성과는 어긋난다. 따라서 인간은 존엄하고 훌륭한 존재이므로 인간 전체가 논의하고 결정하면 할수록 그 결론과 사회는 좋은 방향으로 간다. 이것은 지배자 한 사람이나 소수가 결정하는 것보다 시민 전체가 결정할 때 최대의 이익과 최대의 행복을 가져다줄 수 있다는 논리이기도 하다. 민주주의야말로 전체에게 최대 이익과 최대 행복을 생산한다. 이기적이고 살벌한 경쟁 사회에서 사람들에게서 '경의'의 본성을 금방 찾아볼 수는 없다. 그러나 척박하고 살벌한 경쟁으로 인해 마음 깊은 곳에 감추어져 있는 '경의'라는 심성은 진솔하게 소통하고 친밀하게 연대하고 실천하는 공동체 속에서 자연스럽게 나타나는 것을 보게 된다. 연대하는 공동체 속에는 악마의 모습은 사라지고 천사의 심성이 표면으로 나타나는 것을 경험해 봤을 것이다. 이것은 단지 종교 공동체에만 있는 것이 아니다. 따라서 소수의 지배자나 정치가가 통치하고 법을 만드는 정치제도는 인간 본성과는 어긋나기 때문에 인간의 행복과 평화를 위한 지속가능성도 미래성도 보장할 수 없다. 아테네인들에게 경의는 시민적 덕성(virtue)을 말한다. 시민적 덕성은 올바로 판단하고 행동하면서 바람직한 공동체를 만들기 위해 자아실현과 공공선을 결합하는 지혜롭고 조화로운 민주 시민의 품성이다.

▶ 프로메테우스는 신들 사이에서는 주로 예언자로 활약했고, 인간들에게는 생각하는 능력과 각종 기술문명을 전수해 주었다. 〈결박당하는 프로메테우스〉는 제우스가 인간을 멸족시키려 한다는 것을 미리 알고, 인간에게 생존에 꼭 필요한 '불'을 훔쳐 전해 준 죄로 벌을 받는 이야기이다. [출처: 구글]

'정의'도 마찬가지이다. 정의는 세상 돌아가는 일에 대한 옳고 그름을 분별하는 능력을 말한다. 그런데 부자와 힘센 소수에 의해 결정되는 것이 옳다고 일방적으로 강요되는 경우가 많다. 가난하고 지위가 낮은 사람의 의견은 쉽게 배척된다. 그런데 공동체의 정의는 모든 구성원이 논의하고 합의해 나가는 민주적 과정에서 나온다. '정의'는 '경의'와 함께 민주주의의 필수 요소이다. 사람은 이기적 속성과 이타적 속성 두 개의 본능을 가지고 태어난다. 인간은 육체적 동물이기 때문에 그러한 생존의 필요를 충족하기 위해서는 이기적 측면이 존재한다. 또한 인간은 이성과 영혼을 소유한 정신적 동물이므로 이타적 본능도 동시에 가지고 태어난다. 인간은 혼자는 외부 세계의 거대한 위협으로부터 생존할 수 없기 때문에 유인원 때부터 오랜 군집 생활을 해왔다. 식량을 구하고 재배하기 위해서도 서로 힘을 합치고 공동생활을 해야 했고, 그러한 공동체 생활 속에서 위안과 행복을 느끼면서 진화해 온 동물이므로 협동과 연대는 인간의 정신적 본능이다.

따라서 인간에게는 타인의 아픔과 고통을 자신의 아픔과 고통으로 느끼는 '공동체 자아'(communal self)가 본능적으로 형성되었다. 바로 이러한 타인에 대한 공감과 배려를 가능하게 하는 공동체적 자아가 사물의 옳고 그름을 판단하는 '정의'이다. 공동체 자아는 자유롭고 주체적이면서도, 타자에 대한 배려와 책임 의식을 내면화한 특징을 보인다. 자신에 대한 자각과 사랑을 전제로, 타인의 존엄성과 가치를 공감하는 사람이다. 소극적 차원에서는 타인의 감정에 공감하는 능력이 높고, 적극적 차원에서는 타인의 고통에 참여하려는 사고를 하며, 동시에 전체를 아우르는 평화를 지향하는 특성을 보인다. 반대로 공동체적 자아에 이르지 못한 사람은 타인의 감정 그리고 현실에 공감하지 못한다. 니체의 지적대로 악과 억압의 구조에 매몰된 인간 말종(Der letze Mensche)의 지배자들, 그리고 무지와 노동으로 자신과 타인을 바라볼 생각조차 하기 힘든 경우, 또는 '늘 불만을 품고, 쓸데없이 자신의 불운이나 세상의 각박함을 한탄할 뿐 전혀 사태를 개선하려 들지 않는 사람'(Thoreau, 2004: 31)이 공동체적 자아에 이르지 못한 경우이다.[4]

따라서 '정의'는 인간 본능으로 가진 공동체적 자아를 통해 인식되는 것이다. 즉, 인간은 옳고 그름을 판단할 수 있는 본성을 가지고 태어난다. 그런데 아이들은 가정이나 학교, 사회에서 이러한 '정의'의 본성과는 상반되는 문화 속에서 자란다. '남보다 성적이 좋아라, 좋은 대학에 가라, 좋은 직장에 가라, 좋은 배우자를 만나라, 돈 많이 버는 게 최고다'라는 무한 경쟁 속에 살면서 이기적 가치관이 강하게 지배하면서 정의 본능이 죽게 된다. 자본주의의 물질만능주의적 생활철학이 인간의 삶과 정신을 온통 지배하면서, 본능인 공동체적 자아는 자취를 감추거나 아주 간혹 조금씩 혹은 소수 몇 사람에게만 나타난다. 그래서 현대 사회에서는 이기주의적 모습이 마치 인간의 모든 본능인 것처럼 보이는 것이다. 그런데 이러한 이기주의적 본능만 가진 사람들이 사는 사회는 옳고 그름이 아니라, 서로 더 많이 가지려고 아귀다툼하면서 전쟁이나 쿠데타 같은 무력행사가 끊이질 않는다. 결국 서로 죽이는 충돌로 인해 문명과 공동체는 망하고 인류는 멸종한다. 위의 플라톤의 프로타고라스 이야기는 인류에게 불과 기술만 있고 경의와 정의가 없으면 세상은 존재할 수 없다는 것을 교훈으로 말해 준다. 그래서 인간의 멸종을 막기 위해 제우스가 인간 본성에 심어준 것이 경의와 정의인 것이다.

그런데 경의와 정의는 뛰어난 몇 사람만이 소유해서는 가치가 발휘되지 못한다. 헤르메스는 멸망하는 인간들을 살리기 위해 제우스에

---

4 이종수(2015), 『공동체』, 박영사, p.6.

게 어떤 방식으로 인간에게 정의와 경의를 나누어 주어야 할지를 물었다. "그것을 전문적인 지식의 방식으로 몇 사람에게만 배분할까요? 의술이나 전문적 기술은 한 사람에게 주면 나머지 사람들을 돌볼 수 있으니까요." 그러자 제우스는 "모든 이가 그것을 나누어 가질 수 있도록 배분하여라"라고 말한다. 이유는 경의와 정의는 의술이나 전문적 지식과 달리 소수의 사람만이 가진다고 해서 다른 사람에게 전수될 수 있는 것이 아니기 때문이다. 이것은 뛰어난 소수의 전문적 의사가 많은 사람의 병을 고치고 이롭게 하는 것처럼 탁월한 소수의 정치가가 모든 사람에게 이로운 좋은 민주적 공동체를 만들 수 없다는 것을 의미한다. 경의와 정의는 의술처럼 한 사람의 전문인이 많은 사람에게 펼치는 기술이 아니다. 공동체는 뛰어난 기술을 가진 한 사람이 있다고 운영되지 않기 때문에 구성원 모두가 경의와 정의라는 공동체 운영 기술을 터득해야 민주적이고 자치적인 공동체가 가능하다. 몇 사람이 아니라 구성원 모두가 시민적 덕성을 가져야만 서로 적이 되거나 죽이지 않는 민주적 공동체가 가능하다는 것을 의미한다. 경의와 정의는 처음에는 서툴지만, 많은 학습과 훈련을 통해서만 탁월하고 뛰어나게 변한다. 아테네인들은 공동체에 대한 운영 능력인 경의와 정의는 철학자가 가르칠 수 있는 것이 아니라, 함께 생활하고 논의하는 공동체적 삶을 통해 자연스럽게 터득된다고 생각했다. 즉, 공동체가 바로 민주주의의 학교요, 과정인 것이다.

고대 서구인들이 생각하는 인간에게 행복을 주는 공동체와 민주주의를 가능하게 하는 경의와 정의의 사상과 유사한 것을 동양에서도 엿볼 수 있다. 유교 사상의 중요한 부분을 차지하고 있다고 할 수 있는 맹자의 "인의예지(仁義禮智)"는 인간이 갖추어야 할 네 가지 덕목으로 고대 아테네의 경의, 정의라는 시민적 덕목과 유사하다. 이 말은 맹자가 독창적으로 주창한 인성론으로서 '사단설' 또는 '성선설(性善說)'이라고도 한다. 성선설이란 사람의 본성은 '선(善)'이라고 보는 학설인데, 맹자에 따르면 사람의 본성은 의지적인 자기 단련에 의해 덕성으로 높일 수 있는 단서를 천부적으로 가지고 있다는 것이다. 측은(惻隱) · 수오(羞惡) · 사양(辭讓) · 시비(是非)의 마음이 4단(四端)이며, 그것은 각각 인(仁) · 의(義) · 예(禮) · 지(智)의 근원을 이룬다.

인(仁): 측은지심(사람을 불쌍히 여기고 사랑하는 마음)
의(義): 수오지심(불의를 부끄러워하고 악을 미워하는 마음)
예(禮): 사양지심(타인을 존중하고 배려하는 마음)
지(智): 시비지심(옳고 그름을 분별하는 능력)

맹자의 "인의예지(仁義禮智)" 사상은 아테네의 경의, 정의와 마찬가지로 사람이 상호 배려와 지원하는 공동체에 살면서 그 공동체를 유지 발전시키는 데 필요한 인간의 본성에 해당한다. 인간은 나면서부터 네 가지 덕목을 본능적으로 가지고 있다. 좋은 모임(결사체)이나 공동체를 통해 잘 훈련하고 학습하면 이러한 본성이 개인의 도덕적 성장을 돕고 사회적 조화를 이루는 데 중요한 역할을 한다. 인은 사랑과 동정심을, 의는 정의와 도덕적 올바름을, 예는 예의와 겸손을, 지는 지혜와 판단력을 의미하며, 이 네 가지 덕목은 서로 보완하며 인간의 완전한 도덕적 성장을 끌어내기도 하지만 공동체 유지와 발전의 중요한 가치이다. 이렇듯 서양이나 동양이나 시민적 덕성을 인간의 본능적 요소로서 중요시한 이유는 인간은 상호 존중하고 올바름과 정의에 입각한 민주주의가 정착해야 서로 번영하며 공동체의 발전이 가능하기 때문이다. 고대 동양에서는 민주주의라는 개념은 사용하지는 않았지만, 경의와 정의에 해당하는 '예'와 '의'보다 확대된 '인'과 '지'까지 포함된 네 가지 개인적 덕성을 강조했다는 것은 공동체의 유지 및 발전과 관계가 있다는 점에서 서양의 민주주의의 기본 철학보다 오히려 폭넓은 측면을 가지고 있다.

서양의 '경의'와 '정의'나 동양의 '인의예지'는 인간이라면 본능적으로 타고나지만, 타락하고 탐욕스러운 사회의 영향을 받아 이러한 본성은 억제당하는 것이 현실이다. 이러한 본능은 개인적 수양으로는 발현이 어렵고, 좋은 사람들 간의 관계(결사체)나 공동체들 속에서 서로 존중하면서 진심으로 소통하고 토론하고 성찰할 때 발현되고 육성되는 것이다. 바로 민주주의는 이러한 시민적 덕성이 길러지는 공동체이며 학교이다. 사람들이 소통하면서 상호 존중 속에 토론과 숙의 과정이라는 민주주의를 통해 자기 발전과 공공선이 동시에 가능하게 되는 것이다. 따라서 민주주의에 대한 기본철학과 원리를 비롯하여 공동체 자치적인 능력을 습득하고 실천하는 시민이 되면, 인간의 내면에 숨어 있는 시민적 덕성이라는 본능을 일깨우면서 개인의 발전이 전체의 발전으로 이어지는 참다운 민주주의로 발전하게 되는 것이다.

☑ 요점 학습

◎ 자치할 수 있으려면 공론장이 있어야 한다. 공론장이 형성되면 그 공동체가 질서 있게 운영될 수 있는 규칙(규범)을 만드는 것은 인간의 본능이다. 그런데 시민의 주권을 타인에게 양도한 이후부터 사회에 공론장을 볼 수 없다. 상가와 유흥시설은 도시 한복판에 있지만, 가장 중요한 사람이 모여서 공적 사안에 관해 이야기할 장소는 사라져 버렸다. 도시 한가운데 시민공론장을 만드는 때와 시민이 주권자가 되는 때는 일치하게 될 것이다. 다양한 형태의 시민공론장 만들기 운동을 전개하는 것이 필요하다.

◎ 자치(self-government)할 때 인간은 생존하고 번영할 수 있다는 것을 말한다. 그런데 현대인에게 '자치'는 생경한 용어가 되어 버렸다. 생업과 사생활에 바쁘지만, 모임이 없어 뿔뿔이 흩어져 있고, 초라하고 고독한 '1인 생활 전사'가 우리의 모습이다. 개인은 있지만, 공동체는 존재하지 않는다. 공동체의 경험이 없는 아이들은 그것이 무엇인지 잘 모른다. 함께 대화하고 경청하면서 서로를 발전시키는 좋은 모임(결사체)이나 공동체를

만드는 것부터 시작하는 것이 민주정(민주주의)을 만들어 나가는 과정이다.

◎ 경의와 정의는 동물의 세계에는 없는 오직 인간에게만 존재한다. '경의'는 타인을 존중하고 배려하는 겸손한 심성이고, 정의는 세상사의 옳고 그름을 판단하는 품성이다. 그런데 모두가 경의와 정의를 본능적으로 가지고 있으므로 전체가 논의하고 결정하면 할수록 그 결론과 사회는 좋은 방향으로 간다. 이것은 지배자 한 사람이나 소수가 결정하는 것보다 시민 전체가 결정할 때 최대의 이익과 최대의 행복을 가져다줄 수 있다는 논리이기도 하다. 즉, 민주주의야말로 전체에게 최대 이익과 최대 행복을 가져다준다.

(플라톤의 『프로타고라스』)

☑ 숙의 토론

1. 인간은 원래 군집 생활을 통해 진화해 오면서 그 속에서 자아가 형성되고 행복을 느끼면서 자기 발전을 이룬 공동체의 관계적 동물이다. 그런데 현대 인간은 원자화되어 우울증이 일상화된 고독하고 외로운 존재로 변하였다. 그 이유에 대해 생각해 봅시다.

2. 상가와 유흥시설은 도시 한복판에 있지만, 사람이 모여서 공적 사안을 이야기할 공론 장소는 사라져 버렸다. 도시의 중심 공간에 인간이 자연스럽게 모여 대화하고 공적 토론하는 공론장을 만드는 방안에 대해 생각해 봅시다.

3. 사람 안에 있는 선하고 겸손하며 올바름을 추구하는 경의와 정의(인의예지)의 본성이 살면서 사라지고 있는 이유와 이러한 심성을 발전시키는 방안은 무엇이라고 생각하나요?

2. 대역 민주주의 구별하기

아테네인들은 참주정을 경계한 것처럼, 대역 민주주의도 경계했다. 대역 민주주의라는 것은 민주주의처럼 보이지만 가짜인 선거제, 다수결주의, 대표 선출제를 말한다. 권력을 시민 모두가 공유하고 함께 결정하는 것이 아니라 소수가 독점하는 방식이기 때문에 민주주의처럼은 보이지만 진짜 민주주의가 아니다. 선거는 소수에게 권력을 몰아 주는 정치제도이므로 민주정이 아닌 과두정의 방식이다. 이기면 권력을 잡고 상대를 제압할 수 있기 때문에 선거는 치열한 생존게임이다. 그리고 이기면 대박이고 떨어지면 망하고 마는 죽느냐 사느냐의 전쟁이다. 그래서 고대 아테네인들은 선거제도는 민주주의와 상반된다고 생각하고 극히 예외적인 부분을 제외하고는 사용하지 않았다. 선거에는 재산과 배경 있는 사람만이 출마하기 때문에 그 자체가 불공정하고 비민주적이라고 생각했다.

사실상 선거로 선택할 수 있는 대상은 기존 사회에서 또 다른 권력자 중에서 선택해야 하는 정치적인 기묘한 기술에 불과하다(Bernard Manin, 1997: 120). 정당에서는 사회 기득권자, 재력가들이 공천을 받기 쉬우므로 선거 때 시민의 선택권은 매우 제한적이다. 백화점이나 시장에서 자신의 기호와 능력에 따라 상품을 고르는 자유와는 다르다. 선거는 원천적으로 귀족주의적 속성을 가지고 있다. 마넹은 선거에서 정부의 공직을 가질 동등한 기회를 모든 시민이 가질 수 없으며, 선거로 뽑힌 사람들은 일반 시민보다 더욱 우월하다고 여겨지는 사람이나 보다 높은 사회 계급의 구성원으로 국한될 것이라고 주장한다. 대의 정부는 어떤 측면에서는 더 대중적이고 민주적일 수 있다. 하지만 비록 모든 시민이 투표권을 가졌다 할지라도, 선출된 사람이 그들을 선출한 사람과 유사하지 않다는 의미에서 귀족정적인 차원을 지닌다고 할 수 있다(Bernard Manin, 1997: 171)면서 대의제의 선거제도가 시민의 평등한 공직 참여와 정치참여를 배제하는 반민주성을 내포하고 있다고 주장한다. 선거에서 당선된 1인이나 소수가 권한을 독점, 과점하기 때문에 추첨으로 시민 모두가 행정관과 국회의원이 되는 고대 아테네 시민주권의 민주주의 원리와는 상반된다.

18세기 장 자크 루소는 민주주의의 모범이라는 영국 의회의 선거제도를 보면서 신랄하게 비판했다.

> "주권은 양도될 수 없는 것과 같은 이유로 대표될 수 없다. 주권은 본질적으로 일반의지에 있으며, 의지는 결코 대표되지 않는다. 영국 인민은 자신이 자유롭다고 생각한다. 크게 착각하는 것이다. 그들은 오직 선거 때만 자유롭고 선출이 끝나면 다시 쇠사슬의 노예이다. 자유를 가지는 짧은 기간에 그것을 사용하는 것을 보면, 그들이 자유를 상실하는 것은 당연하다."[5]

---

5 『사회계약론』, 장 자크 루소, 김영욱 역, pp.117-118.

이와 같이 선거제도는 마치 민주주의의 꽃인 것처럼 보이지만, 민주주의와 어긋나는 많은 문제점을 가지고 있다. 루소는 주권이라는 것은 가장 강력한 개인의 자유의지인 동시에 모든 시민 자유의지의 총화[6]이기 때문에 타인에게 양도될 수 있는 성질의 것이 아님을 규명했다. 그래서 그는 사회계약론에서 주권인 일반의지(general will)는 분할할 수 없기 때문에 오직 주권자 전체의 논의와 숙의를 통해 표출이 가능하다는 것이다. 그래서 총화인 일반의지를 개별 정치가들에게 분할해서 위임하는 선거제도는 국민주권의 정신인 민주주의를 곡해하는 것이 된다. 즉, 주권은 분할할 수 없으므로, 선거로 위임하거나 양도할 수 없다는 것이다. 그래서 고대 아테네인들은 대역 민주주의인 선거제 대신 추첨제를 선호했다. 추첨제는 주권을 분할하는 대신 모든 시민에게 공직이나 의사결정의 기회를 부여해 주권 총화의 의미를 살리려는 것이다. 모든 시민을 대상으로 추첨하기 때문에, 누구나 행정관이나 재판정의 배심원단이 될 가능성이 있다. 심의기관에 해당하는 500인 평의회의 위원은 각 부족에서 50명씩 추첨을 통해 선정된다. 추첨이 된 사람의 임기를 짧게 하고, 연임을 금지함으로써, 모든 사람에게 행정관이나 재판관이 될 기회를 주었다. 추첨제는 '지배한 자가, 다시 지배를 당한다'라는 민주주의의 원칙에 맞으면서, 권력을 소수가 아니라, 모든 시민이 함께 사용하는 주권의 본질인 일반의지의 의미를 살렸다.

다수결주의도 대역 민주주의이다. 다수결주의는 다수의 결정이 소수의 결정보다 항상 공공선에 부합한다는 것에서 출발한다. 다수결주

6 공공선을 지향하는 주권인 일반의지는 특수 의지의 총합인 전체의지와 다르다.

의는 다수는 소수보다 옳은 정의이기 때문에 소수를 무시해도 된다는 철학이다. 투표 결과가 51% 대 49%일 경우 51%는 항상 정의일까? 51%의 결정대로 하면 사회의 정의가 실현될까? 그러나 51%가 49%보다 더 옳고 진리라는 객관적인 근거는 어디에도 없다. 51%의 지지로 선출된 통치자나 정치 세력이 얼마든지 잘못 판단할 수 있으며, 49%의 지지를 받는 세력이 더 올바른 정책 판단을 할 수 있기 때문이다. 따라서 다수결주의는 '권력이 소수의 손에 있는 것이 아니라, 전체 시민의 손에 있습니다'라는 페리클레스의 말과는 모순된다. 특히 역사적으로 보면, 다수결주의의 결정이라는 핑계로 소수의 특권층이 다수 시민을 지배하는 것이 다수결주의의 실상이었다.

▶ "다수결 원리로 작동하는 민주주의가 잠재적으로 가장 억압적인 정치 형태가 될 수도 있다. '다수의 전횡'이나 대중에 영합하는 포퓰리즘이 극성을 부릴 가능성이 높기 때문이다." [J. S. Mill]

따라서 고대 아테네에서는 다수결주의보다는 공론을 통한 만장일치를 선호했다. 투표는 누가 다수이고 누가 소수인가를 판가름하는 제도가 아니라, 충분한 숙의와 공론이 우선이고 결론이 나지 않을 때, 최종적인 판단 방식에 불과하다. 대부분은 충분히 숙의하면 자연스럽게 하나의 의견으로 조정되고 모이기 때문에 투표 전에 상호 의견을 수정하고 조정한다. 투표는 충분한 숙의 후에도 결론이 나지 않을 때 의사를 최종적으로 확인하는 절차에 불과하다. 그런데 국가의 공직 선거를 보면, 후보자나 정당에 대한 충분한 토의와 숙의 없이 언론에서의 인지도나 지지율을 보고, 학연이나 지연에 따라 선거가 감정적으로 결정된다. 그래서 선거 이후에는 자신이 선출한 후보에 대해 실망하는 경우가 많다. 따라서 소수의 의견이라도 충분히 발표되고, 충분히 논의되는 과정이 필요하다. 설사 다수와 소수를 가릴 수밖에 없는 경우에는 소수의 의견이 반영될 수 있는 제도적 장치가 있어야 민주주의라고 할 수 있다.

대표 선출제도 대역 민주주의의 하나이다. 우리는 사람만 모이면 그곳에서 대표를 선출하고 그 한 사람에게 모든 권한을 위임하는 것에 익숙하다. 함께 충분히 같이 논의하고 결정할 수 있는 것도, 한 사람을 선출하고는 나머지는 모두 침묵한다. 권력은 모든 국민에게 있다는 민주주의의 원칙은 사라진다. 원활한 운영의 구심을 형성하기 위해 대표를 선출하고 집행부를 구성하는 것은 필요하지만, 대표에게 모든 권한을 위임하고 나머지가 침묵하는 것은 비민주적 풍토가 만연하면서 스스로 조직이나 공동체를 망하게 하는 길이다. 대표 선출제가 관례화된 이유는 소수의 특권층이 권력을 장악하기에 유용한 제도이기 때문이다. 즉, 사적 재산을 지키는 구조인 개인회사나 재벌 조직을 모방한 것이 대표 선출제이다. 이윤만을 창출하고 부를 독점하는 개인 1인 대표 운영 방식을 모두가 동등한 권리를 가지는 시민 공동체에 그대로 적용하는 것 자체가 문제이다. 그래서 민주정을 세운 아테네인들은 대표 선출을 되도록 회피하였다. 대표를 선출하더라도 권한을 주지 않았다. 그리고 작은 권한이라도 남용을 제지하기 위해 임기를 짧게 하고 연임을 제한하였다. 그래서 중요한 정책 결정을 하는 시민 대표단을 구성하는데 있어, 선거가 아니라 추첨 방식을 쓴 것이다. 추첨은 일정한 조건을 갖춘 시민들 전부를 대상으로 이루어졌으며, 아테네의 열 개 부족에서 평등하게 시행되었다. 이렇게 구성된 시민 대표단은 뇌물로 매수하기에는 감당하기 힘들 만큼 규모가 커졌고, 그 커진 규모 덕분에 오히려 시민 전체를 공정히 대표할 수 있었다(폴 우드러프, 2012: 42). 비록 대표를 선출하더라도 일정 자격만 되면 모두가 번갈아서 할 수 있는 추첨 윤번제 방식을 통해 1인이나 소수에게 권력이 집중되는 것을 막고 모두가 발전할 기회를 제공하였다.

정치인을 선출하는 대표 선출제는 공직 선거이다. 대통령 선거의 비민주성은 모든 시민의 권한을 선출된 한 사람한테 모두 몰아준다는 데 있다. 재산 처분을 변호사한테 위임할 때도, 위임 범위와 기간을 정한다. 만약 재위임하려면 재계약을 해야 한다. 그런데 선거는 한 번 선거로 모든 권한을 위임하면 위임 기간이 끝나도 다시 위임 여부를 선거로 묻지 않는다. 헌법 개정 때 참여하지도 않은 아이들이 18세가 되면 자동으로 그 헌법에 찬성하고 자신의 주권 위임을 기정사실로 받아들인다. 부모의 계약을 자식이 의무적으로 승계한다는 점에서 위법이다.

선거는 현대판 세습제도라 할 수 있다. 재산의 경우 위임 처분과 본인 처분이 모두 가능하지만, 주권은 불가능하다. 재산보다 더 귀중한 주권을 재위임 동의 없이 타인에게 영원히 맡기는(위임) 대의제는 법리적 · 철학적으로 부당하다. 따라서 주권재민을 올바로 실현하는 민주주의라면, 고대 아테네인들처럼 모든 시민이 참여할 수 있는 추첨제 방식을 적극적으로 이용해야 한다. 그리고 소수가 결정하는 것이 아니라 민회(공론장)에서 시민 모두가 함께 결정하는 제도가 존재해야 과두정이 아닌 민주정이라고 할 수 있다. 따라서 다수결주의, 선거제, 대표 선출제를 운용 원리로 하는 대의제는 바로 대역 민주주의가 된다. 우리가 어려서부터 배우고 알고 있는 대의제는 민주주의의 가면을 쓴 대역 민주주의에 불과하다. 그래서 대의제가 안고 있는 비민주성을 민주적으로 변화시키기 위하여 시민 모두가 참여하고 숙의, 결정하는 제도가 도입되어야 한다. 국민발안제, 국민소환제, 정책 투표제를 기본으로 시민의회나 시민공론장을 통해 시민의 일상적인 참여와 정책 결정이 가능해야 한다. 이런 실질적인 방안 없이 국민주권을 외치는 것은 민주주의를 기만하고 국민을 속이는 것이다. 지방자치의 자치와 분권 정책도 시민에게는 정책 및 예산 결정권을 주는 제도를 만들지 않고, 단체장에게만 중앙의 권한을 좀 더 이양하는 방식은 민주주의의 발전에 큰 도움이 되지 않는다.

3. 아테네 민주정의 작동 원칙

1) 기본 원리

〈아테네 최초 민주정의 주요 원칙〉

권력이 한 사람에게 집중되는 것을 견제했다.(임기 1일, 1회, 연임금지)
소수에게 권력을 주는 선거 자체를 부정하고 추첨제로 모든 시민 참여와 권리 부여
공직자에 대한 엄격한 견제 장치(도편추방, 민회 결정 복종)
에우뛰나이: 공직 떠나기 전 공적 평가서 심사단에게 제출, 강력한 조사
법원 판결의 대중적 배심원제
대중토론과 대의기능의 결합 (500인,50인); 법률안은 500인평의회, 정책은 민회

우리는 아테네 최초의 민주주의를 보면서, 그것이 가지는 기본 원리와 철학을 이해하는 것이 중요하다. 아테네의 각종 제도는 이러한 기본 원리와 정신을 표현하고 있다. 따라서 현대인이 대의제를 민주주의로 좀 더 발전시키기 위해서는 이러한 원리와 정신을 터득하는 것이 필요하다.

● 권력이 한 사람이나 소수에 집중되는 것을 견제했다.

아테네인들은 한 사람에게 권력이 집중되는 것은 민주주의를 파괴하는 것으로 생각했다. 그래서 장의 임기는 매우 짧았고, 연임도 제한했다. 50인 위원회 위원장이나 민회 의장의 임기는 단 하루였다. 민회가 있을 때마다 의장은 돌아가면서 맡았다. 요새의 국회에 해당하는 500인 평의회나 대중 법정 배심원단의 임기도 단 한 번이었다. 그래서 모든 시민이 한 번 이상씩은 평의원(국회의원)이나 배심원단을 해보았다. 이렇게 한 이유는 권력이 소수에게 집중되면 부패하고 타락하여, 결국 시민이 고통을 당한다는 사실을 잘 알고 있기 때문이다. 따라서 공직자에게 오랫동안 권한을 주지 않도록 제도를 만들고 감시하고 요구하는 것이 민주시민의 자세이다.

● 선거 방식이 아닌 추첨제로 선정했다.

선거에서 후보자는 옛날이나 지금이나 학력과 재력 있고, 연줄이 강할수록 유리하다. 가난한 사람은 선거에 나가는 것 자체가 어렵다. 선거에서 돈으로 사람들을 많이 모으고, 조직을 만들어야 선거에 유리하다. 특히 현대는 미디어 선거전이라 특히 지상파 방송에 홍보해야 하는데 광고비가 어마어마해 돈이 없으면 선거에 나가는 자체가 불가능하다. 선거제도는 공평하지 않은 제도이다. 선거에서는 공동체에 유익한 훌륭하고 헌신적인 사람 대신, 돈 많고 조직이 강한 사람이 뽑히기 때문이다. 마치 겉으로는 선거제도가 공평한 민주적 제도인 것처럼 보이지만, 실상은 불공평하고 위험한 제도이다. 그래서 아테네인들은 선거제도 대신 모든 사람이 골고루 참여하고 공직을 맡을 수 있는 추첨제 방식을 사용했다. 추첨제는 누구든지 추첨을 통해 공직을 맡을 수 있으므로 실질적 · 정치적 평등이 가능하고, 가난한 사람이 정치에서 배제되지 않기 때문으로 사회적 갈등을 최소화하고 공공선이 가능하다.

● 에우튀나이: 공직자에 대한 엄격한 심사제도

그렇다고 아테네에 선거제도가 없었던 것은 아니다. 고도의 경험이 필요하거나 재정이나 회계 등 전문 업무를 맡을 사람은 선거로 선출했다. 경험이 필요한 전쟁을 수행하는 장군은 선거로 뽑고 장병에 대한 통솔 권한을 맡겼다. 그러나 그 권력을 악용하여 개인적 치부할 가능성이 많은 공직자는 퇴임 후에 엄격한 심사를 받았다. 임기 동안의 업무에 대한 자기 평가보고서를 작성하면 그것을 토대로 매우 엄격한 심사를 받았다. 약간의 의혹이 있어도 민회나 법정에 고발당하여 혹독한 재판을 받기 때문에, 개인적 부정 · 비리는 쉽지 않았다. 공직자에 대한 평가와 심사를 아주 엄격히 해서 권력자의 권력 남용을 방지했다.

● 대중 법정 제도

요새는 판사 한 사람이 재판의 전권을 가진다. 그런데 아테네에서는 수백 명의 배심원단이 재판했다. 이유는 돈으로 매수하기 때문에, 한 사람이 재판하면 가난한 사람한테는 불리하다는 것과 한 사람보다는 수백 명의 판단이 더 정확하다는 믿음 때문이다. 대중 법정 제도의 정신은 권력은 소수의 손에 있지 않고 모든 사람에게 있다는 국민주권

사상과 일치한다. 사람이 사람을 심판할 때 특정한 사람한테 권한을 주는 것은 경의와 정의라는 아테네 공동체 정신과 어긋난다. 이들은 이렇게 법 앞에 평등을 원칙적으로 실현했다. 현대에서 말하는 법 앞의 평등은 모든 사람이 재판을 받을 권리를 의미하지만, 아테네 민주주의는 이것을 훨씬 뛰어넘어 시민이 스스로 재판하고 스스로 재판받는 것을 의미한다.

● 대중 토론과 대의 기능을 병행했습니다.

사람들은 많은 사람이 모여 토론하면, 결론은 없고 중구난방으로 배가 산으로 가는 경우가 많다고 주장한다. 국민주권은 좋은데, 실제 많은 사람이 모여 논의하는 자체가 불가능하다고 말하기도 한다. 그러면서 아테네의 직접민주주의는 소규모 폴리스에서나 가능하다고 주장한다. 또한 법률이나 정책을 몇천 명, 몇만 명이 모여 대중 토론 방식으로 결정하는 것은 위험하다고 말한다. 그러나 이것은 아테네 민주주의를 모르고 하는 말이다. 아테네에서 법률을 제정할 때, 민회에 회부하기 전에 500인 평의회에서 먼저 안을 올려서 심의를 거쳤다. 평의회에서는 충분히 검토와 심의를 거쳐 안건을 민회에 상정했다. 또한, 평의회에는 준비된 안건을 사전에 10개 부족에 알림으로써, 사전에 안건에 대한 진지하고 충분한 숙의가 가능하도록 준비했다. 따라서 충분한 숙의가 불가능하므로, 직접민주주의에서는 공적 법률과 정책을 만들기가 어렵다는 주장은 잘못된 것이다. 500인 평의회나 50인 위원회 같은 사전심의기관이 총괄과 대의적 기능을 수행하면서, 민회 광장의 대중적 논의가 원활하고 효율적으로 진행되었기 때문이다.

2) 시민교육

▶ 파이데이아는 고대 그리스의 도시국가(polis)가 공동체를 유지하기 위해 정체(政體)를 고민했으며, 교육을 통해 바람직한 정체의 모습을 공유하고 공동체 의식을 강화했음을 보여준다. 그리고 그 과정에서 교육의 주체와 대상이 귀족에서 일반 시민으로 확대되었고, 교육의 내용이 신(또는 자연)에서 인간으로 변화되었음을 확인하게 된다. [베르너 예거(Werner Jaeger, 1888~1961)의 『파이데이아』에서]

아테네인들은 자신들이 귀중히 여기는 민주주의와 시민교육은 불가분의 관계에 있다고 생각했다. 민주주의는 그냥 생기는 것이 아니라, 어릴 때부터 시민교육을 통해 덕성과 경의를 습득해야 가능하다고 생각했다. 아테네에서 시민을 위한 교양 교육을 의미하는 '파이데이아'는 더 나은 시민을 양성하는, 혹은 우리가 흔히 말하듯 더 나은 인간을 양육하는 교육이다. 아테네인들에게 '더 나은'이란 말은 '큰 아레테를 가진'이란 의미였다. 여기서 아레테는 '탁월함' 또는 '덕'을 의미했다. 아테네인들은 좋은 교육을 통해 젊은이들이 숙고하는 법을 배우고 서로를 공경하며 정의에 따라 결정을 내릴 수 있게 될 것이라고 믿었다(폴 우드러프, 322). 더 나은 민주시민이 되기 위해선 정의와 경의의 전문가인 도제가 되어야 한다는 것이다.

그들은 도제 교육을 받은 기술자처럼 시민교육을 잘 받으면 공동체 운영의 전문가가 될 수 있다고 믿었다. 그런데 민주주의에서는 일방적인 교육이 아닌 시민 스스로가 도시 공동체에 필요한 덕을 서로에게 가르칠 수 있다고 믿었다. 시민의 민주적 덕성은 공동체에서 함께 논의하고 생활하면서 습득될 수 있다는 것이다. 경의와 정의는 한 사람의 철학자가 아닌, 공동체 생활 자체를 통해 점차 습득해 나간다고 생각했다. 민주시민으로서 지혜를 터득하는 시민교육은 아테네인이면 꼭 필요한 것으로 자연스럽게 신으로부터 받은 경의와 정의를 보다 성숙하게 습득해 나가는 필수적인 것이다. 플라톤의 『프로타고라스』에서 프로타고라스는 인간 기원에 대한 신화를 전한다. 그 신화에 따르면, 신 중의 신인 제우스가 인간에게 정의와 경의라는 탁월함을 주었는데, 그 결과 인간들은 서로를 파괴하지 않고 살아남을 수 있게 되었다. 프로타고라스는 인간의 삶과 생존은 사회에 의존적이며, 다시 사회는 정의와 경의에 의존적이라고 믿었다. 거꾸로 말하면 정의와 경의 없이는 사회는 존재할 수 없다. 따라서 이 정치적이자 윤리적인 탁월함을 배우는 시민교육은 신이 우리에게 준 일종의 생존을 위한 도구다(폴 우드러프, 326).

그들에 의하면 도시 공동체가 존재하지 않으면 정의와 경의는 배울 수 없다. 즉, 공동체에서 사람과 사람으로부터 이것을 연마하지 못할 때 인간은 민주시민으로 성장할 수 없다는 것이다. 민주주의의 기본 정신인 정의와 경의에 대한 습득은 학자가 아니라, 공동체 속의 시민으로부터 가능하다. 이것은 현대 민주주의에는 왜 시민 정신이 빈약한지를 잘 설명해 준다. 물질만능주의와 개인주의가 만연한 현대 사회에서 사람들은 정의와 경의를 배울 수 없기 때문이다. 민주주의의 덕성인 정의와 경의를 습득하지 못했다는 것은, 민주주의가 위기에 처해 있다는 것을 의미한다. 그들은 시민교육에서 극장에서 공연되는 시인들의 작품이 굉장히 중요하다고 생각했다. 왜냐하면, 연극과 시에는 민주주의의 가치인 경의, 정의, 숙의가 녹아 있기 때문이다. 연극의 비극을 통하여 경의, 정의, 숙의가 사람들의 가슴속으로 저절로 스며들어 간다. 극의 합창단은 언제나 그 탁월함을 찬양했으며, 극의 내용은 주로 참주들이 그것들을 상실할 때마다 파국을 맞게 된다는 것이었다(폴 우드러프, 330). 당시 아테네인들은 축제와 시인들의 시를 통해 모든 사람을 교육하고자 했으며, 또한 민주주의를 떠받치는 이념들을 강조했다. 가난한 자와 부자는 극장에서 민주주의 시인의 연극 작품을 연습하면서 하나가 될 수 있었다. 당시 모든 계층의 엄청난 수의 시민들이 연극 제작에 관여했다. 민주정 혁명의 지도자였던 클레오크리토스가 참주정의 귀족 군대를 향하여 "우리는 모두 동료 무용수들"이라고 외쳤을 때, 그는 당시 사람들이 공통으로 가졌던 민주주의의 성격에 호소하고 있었다. 부자나 가난한 자나 그들은 서로 친밀한 관계였으며 오랫동안 아테네의 문화 속에서 정의와 경의에 대한 찬양을 함께 연습하고 무대에 올렸다. 그들의 이러한 경험은 내전 이후 아테네인들이 다시 하나로 뭉칠 수 있게 해준 큰 원동력이 되었다(폴 우드러프, 332).

탁월함은 고대 그리스어로 '아레테'(arete)다. 아레테는 흔히 '덕'으로 번역되나, 고대 그리스인들이 염원한 인간의 최선을 총체적으로 담은 단어다.

☑ 요점 학습

◎ 우리는 선거를 민주주의의 꽃으로 배웠지만 사실 선거는 민주적이지 못한 부분도 많다. 후보자는 일반 시민보다 특수한 계급(법조인이나 재력가 등)의 전유물이다. 고대 아테네인들은 선거제는 민주주의와 상반된다고 생각하고 극히 예외적인 부분을 제외하고는 사용하지 않았다. 따라서 선거제가 민주주의와 부합하려면 시민에게 공정한 기회를 주는 추첨제 등과 같이 제도적 보완을 많이 해야 가능하다.

◎ 다수결주의도 대역 민주주의이다. 다수결주의는 다수의 결정이 소수의 결정보다 항상 공공선에 부합한다는 것에서 출발한다. 다수결주의는 '권력이 소수의 손에 있는 것이 아니라, 전체 시민의 손에 있습니다'라는 페리클레스의 말과는 모순된다. 특히 역사적으로 보면, 투표의 다수결주의를 이용해 소수의 특권층이 다수 시민을 지배하는 것이 역사였다는 점에서 소수의 발언권을 보장하는 제도적 개혁이 필요하다.

◎ 고대 아테네인들은 선거 대신 추첨제를 선호했다. 모든 시민에게 공직이나 의사결정의 기회를 부여해 주권의 본질을 살리려는 것이다. 모든 시민을 대상으로 추첨하기 때문에, 누구나 평의원, 행정관, 배심원단이 된다. 한 번 추첨이 된 사람의 임기를 짧게 하고, 연임을 금지함으로써, 모든 사람에게 행정관이나 재판관이 될 기회를 준다. 추첨제는 '지배한 자가, 다시 지배를 당한다'라는 민주주의의 원칙에 부합한다.

☑ 숙의 토론

1. 민주주의에서 선거제와 추첨제에 대해 논의해 본 후 각각의 장단점에 관해 이야기해 봅시다.

2. 선거에서 51% 지지를 받은 후보가 49%의 지지를 받은 후보(혹은 35%, 32%, 31%에서 35% 후보의 당선)를 이긴 후 모든 권한을 행사하는 것의 불합리성 및 이러한 다수결주의의 보완 방안에 대해 이야기해 봅시다.

4. 민주주의의 모델들

1) 자유민주주의

'자유민주주의'라는 용어는 복잡하고 골치 아픈 정치적 언어로 들린다. 지금 한국에선 자유민주주의라는 용어에 대한 해석이 정반대로 나뉘어서 사람들이 혼란스럽다. 군사 반란이나 내란을 일으킨 자들이 단골로 하는 말이 자유민주주의이다. 또한 이러한 사람들을 지지하는 국민이 말하는 것도 바로 자유민주주의이다. 내란범들이 자유민주주의를 외치니 국민은 헷갈리기만 하다. 이번에 윤석열이 12월 3일에 비상계엄을 선포하면서 가장 강조했던 말이 바로 자유민주주의이다. 군사정권 때도 민주주의를 압살할 때 그 이유는 자유민주주의를 지키기 위한 것이라고 말했다. 이에 대해 야당들은 민주주의를 지키기 위해 투쟁한다고 했다. 자유민주주의와 민주주의는 유사한 것 같은데 어찌 된 영문인지 두 개념이 상반되는 것처럼 들리니 국민은 혼란스러운 것이다. 따라서 이번 내란 사태를 겪은 국민에게 이제 자유민주주의라는 개념은 단순히 정치 용어가 아닌 주권자로서 당연히 알아야 할 일상어가 되어버렸다. 왜냐하면 그 개념을 정확히 또 올바르게 이해해야 비틀어지고 왜곡되는 한국 정치에 휘둘리지 않고 올바른 주권자로서 지위를 확보하고 역할을 잘할 수 있기 때문이다. 그래서 그동안 왜곡되어 온 자유민주주의 개념을 제대로 이해하는 길은 민주주의의 철학과 원리를 더 올바로 이해하는 길이기도 하다.

① 자유주의의 철학

서구에서 자유민주주의는 17세기 자유주의로부터 나왔다. 자유주의 전통의 최초 주창자를 꼽으라면 사회계약론의 시조인 홉스와 로크이다. 자유주의는 17세기 유럽의 절대 왕정과 종교적 지배라는 구체제에 맞서 인간의 자유와 이성의 가치를 중요시하는 의미를 핵심으로 한다(맥퍼슨, 1966). 이것을 요약하면 종교의 지배로부터 정체를 해방하고 정치의 간섭으로부터 시민사회(개인 생활, 가족 및 직업 생활)를 해방시키는 것이었다(헬드, 2010, 『민주주의의 모델들』, p.123). 그래서 사회계약론의 자유주의 교의에 의하면, 개인은 '자유롭고 평등하며, 출생과 함께 타고난 양도할 수 없는 권리, 즉 자연권'을 가진다고 상정한다. 그래서 자유와 평등을 옹호하기 위해 사적 소유, 시장 경제, 입헌국가가 공통으로 주창된다. 그러나 자유주의자들의 자유는 재산을 소유한 남자들인 신중간계급(부르주아지)이 시장에서 마음대로 돈을 벌 수 있게 하는 자유였지, 인간 모두의 행복과 해방을 위한 자유는 아니었다. 이것이 바로 자유주의가 갖는 역사적 의미임과 동시에 역사적 한계인 것이다.

자유주의 이론은 로크의 사회계약론을 통해 완성된다. 로크가 필요로 하는 정부는 재산을 소유한 남성이 '자유'롭게 시장 경제에서 활동할 수 있도록 통치권을 행사하는 정부다. 그에 의하면 사람들 간에 가장 분쟁이 심한 소유권(재산권)을 조정하는 것이 정부의 가장 큰 역할이다. 이러한 자유를 위해 사람들은 계약을 맺고 주권(적 권력)을 통치자에게 양도한다는 것이다. 그래서 부르주아지가 재산을 증식시키는 자유를 지키기 위한 자유주의 정부가 탄생한다. 결국, 정부는 자기 이익과 쾌락을 위한 이기적 활동을 가장 잘 판단하는 시민계급(부르주아지)의 권리와 자유를 보호하기 위해 존재한다(헬드, 2010, p.135). 이러한 물질(돈)을 최고의 가치로 여기는 이기적 인간을 최대로 방어하는 것이 자유주의 정부의 목적이다.

우리는 자유주의의 시조 철학으로 공리주의를 말한다. 보호 민주주의[7]는 벤담과 밀의 공리주의인 일반이론으로서 사회적 선을 위한 유일한 합리적인 기준은 최대 다수의 최대 행복이며 행복은 고통을 뺀 개인적 쾌락의 양에 의해 결정된다는 정의에 따랐다(Macpherson, 1992: 56). 이 일반이론에 의하면 '돈은 고통과 쾌락의 양을 특정하는 도구이다. 이들에 있어서 자유민주주의와 대의제 정부는 최대의 사회적 선인 개인의 쾌락을 스스로 최대로 획득해 나가는 자유를 보장해 주는 정치적 장치에 해당한다. 벤담과 제임스 밀 등의 효용주의자들은 일반적으로 자유민주주의의 국가는 개인들이 자의적 정치 간섭의 위협에서 벗

7 근대 국가 이후 자유민주주의의 발전 과정은 '보호 민주주의'(protective democracy)와 '발전 민주주의'(developmental democracy)로 나뉜다. 보호 민주주의의 정부 활동의 원칙은 권력 남용으로부터 시민적 권리와 경제 활동의 자유를 보장하는 것이다. 이는 밀(James Mill), 베버를 거쳐 엘리트 민주주의와 신자유주의로 이어진다. 발전(계발) 민주주의는 시민의 기본권 보호 수준에서 개인의 정치 생활의 참여를 강조하며 실질적인 정치적 평등과 적극적 자유로서 인간의 개인성을 자유롭게 계발시키는 것이다.

어나 자신의 이익을 추구하고 경제적 거래에 자유롭게 참여하며 시장에서 노동과 상품을 교환하고 사적으로 자산을 전유하는 데에 필요한 조건을 보장해 준다는 것이다(Held, 2010: 156). 이러한 효용주의론은 애덤 스미스의 보이지 않는 손의 시장 경제와 직결된다. 자본가들에게 자유로운 행동만 보장된다면 시장 경제는 수요와 공급의 법칙에 따라 보이지 않는 손에 의해 최고의 경제적 효율성을 보장받을 수 있다는 것이다. 공리주의와 자유시장주의는 시민계급으로 성장하는 부르주아들이 마음대로 사적 재산을 축적할 수 있는 이데올로기로서 기능하는 동전의 양면에 해당하였다.

② 자유민주주의의 발전

따라서 자유주의가 시장에서 개인의 이기적 이익을 최대한으로 추구하는 세계를 옹호하는 것이라면 자유민주주의는 이것을 위해 주권을 양도하면서 생긴 통치자의 막강한 권력에 대한 통제의 필요성에서 발전한다. 이것은 마치 주인을 지키라고 사납게(통치권) 훈련된 개가 주인을 물지 못하게 하는 방식에 대한 것이다. 그래서 로크와 몽테스키외의 권력분립 사상은 위임된 통치자의 권력으로부터 자유를 지키기 위한 것이다. 한마디로 시민계급(부르주아지)은 자신들 사유재산을 보호해 달라고 권력(주권)을 통치자에게 위임은 해줬으나, 막강한 권력을 믿을 수 없었던 그들(시민계급)이 고안해 낸 것이 바로 권력을 쪼개서 서로 싸우게(견제) 만드는 것이었다. 몽테스키외는 『법의 정신』에서 자유는 국가 내에 권력의 제도화된 분립과 균형을 신중하게 창출하는 기반 위에서만 가능하다고 주장했다. 즉 개인적 자유는 영웅적 개인이나 시민적 기율보다는 견제와 균형의 체계에 달려 있다는 것이다(헬드, 2010: 141).

현대 자유민주주의 원조인 제임스 밀(J. Mill)의 보호 민주주의는 개인은 최고의 물질적 행복을 추구하기 위해 권력과 결탁을 통해 계급적 갈등과 증오의 사회 상태로부터 출발한다. 따라서 이러한 자유민주주의는 개인 최대의 이익과 쾌락 추구[8]를 목적으로 돈을 벌기 위해 경쟁하고 분투하는 시장 경제를 토대로 한다는 점에서, 애초부터 거기에는 인간의 정의나 민주주의의 개념은 존재하지 않았다. 개인이 자신의 부를 무한정으로 극대화하기 위해서는 자연히 권력을 필요로 하게 된다. 쾌락의 극대화가 가능하려면 부와 권력과 결합은 필연적이다. 우리는 여기서 왜 자본주의 사회가 자유라는 우산 아래 부와 권력이 쉽게 결탁이 되고 부패하고 타락하는지를 이해하게 된다. 여기에 공공선이나 공익적 공동체는 존재하지 않는다. 물론 개인주의와 이기주의는 다르다. 개인주의는 개인성의 발달과 자아실현을 위해 필요한 인간 진화 과정이다. 그러나 자유를 지키고 자가발전을 위한 개인주의가 오직 자신만 위하고 타인과 공동체를 경쟁의 대상으로만 삼는 이기주의로 빠지면 개인주의는 개인과 공동체 모두에게 해가 된다. 국가권력이나 거대 자본의 무시무시한 힘으로부터 개인의 자유와 행복을 보호하고 증진하는 데 개인의 힘만으론 어렵기 때문이다. 그래서 개인 개인이 돈을 많이 벌고 쾌락을 얻으면 전체, 공동체가 자연히 행복하다는 공리주의

8 벤담과 밀의 일반이론인 공리주의는 사회적 선을 위한 유일한 합리적인 기준은 최대 다수의 최대 행복이며 행복은 고통을 뺀 개인적 쾌락의 양에 의해 결정된다는 정의에 따랐다(Macpherson, 1992: 56). 이 일반이론에 의하면 '돈은 고통과 쾌락의 양을 특정하는 도구'이다.

나 효용주의 논리는 틀린 생각이다. 따라서 개인의 이익과 행복이 최우선이고 이것을 위해 국가권력이 존재해야 한다는 자유민주주의 사상은 공익과 공공선의 존재를 부정하는 개인주의적 사상이라고 할 수 있다. 따라서 자유민주주의 사상은 개인의 자유와 이성을 부정했던 신분제 사회 중세를 극복하는 근대 시민혁명의 긍정성과 인간의 협력과 연대를 통한 공동체의 공공선 무시의 부정성이라는 이중의 정치 · 철학적 의미를 지닌다.

그런데 이러한 개인의 이익이나 자유가 공공선이나 공동체의 공익보다 우선하는 자유민주주의가 1917년 소련에서 사회주의혁명이 발생하고 대공황으로 자본주의 체제가 붕괴 직전에 몰리자, 자유민주주의는 반공주의 전선의 선봉에 서게 된다. 나치가 제2차 세계대전을 일으키고 군국주의가 득세하자 자유민주주의는 반파시즘 전선에 앞장선다. 사회주의와 파시즘이라는 전체주의에 대항하는 이데올로기로 자유민주주의는 역사적 역할을 하였다고 할 수 있다. 이 당시 자유민주주의가 반공주의에 대항한 것은 개인에 대한 말살과 획일적 통제 사회로 가는 전체주의에 저항하기 위한 것이었다. 그런데 사회주의와 파시즘이 무너지고 해체되자, 이제는 새로운 권위주의 권력자들이 공동체의 공공선을 무너뜨리는 데 자유민주주의를 악용하는 현상이 나타난다. 권력을 탈취하거나 영구 유지하기 위해 자유와 민주주의를 억압하는 데 자유민주주의를 내세우는 거짓 정치 사술이 등장한다. 과거 군부정권 때나 이번 12.3 내란 사태 때 윤석열 일당이 내세운 거짓 자유민주주의 가면 뒤에는 바로 애초 자유민주주의가 반대하던 파시즘과 전체주의의 모습이다.

역사적으로 보면 자유민주주의도 여러 가지 모습을 보인다. 대의정부론을 저술한 자유민주주의의 대부인 밀(J. S. Mill)은 권력에 의해 침해받지 말아야 할 인간의 존엄성과 자유를 강조하면서 '자신의 이해관계가 걸린 일을 관리하고 통제하는 데 참여할 기회를 얻지 못한다면, 자신이 필요로 하고 원하는 것을 발견하거나 검증을 거친 판단에 도달하기 어려울 것이기 때문이다(헬드, p.167)'라고 말할 정도로 정치참여가 인간 정신의 지적 · 실천적 · 도덕적 탁월함을 계발하는 것에 중요함을 강조하였다. 비록 밀의 이러한 주장이 실질적인 정치참여 대의제로 이어지지는 못했지만, 자유민주주의자들은 자유의 개념을 초기 개인의 사적 혹은 시장에서의 경제 활동 자유의 수준을 넘어서서 공적 영역의 적극적 자유로 확장해 나간다. 그런데 현대 한국의 잘못된 자유민주주의자는 사적 재산권을 방어하기 위해 공권력을 사용했던 초기 자유주의처럼 자신들의 기득권자들을 방어하기 위해 권위주의 혹은 극우화 되면서 그나마 자유민주주의가 가진 역사성과 진보성을 타락시키고 있다. 오히려 자유주의자가 애지중지했던 사적 자유를 공권력으로 태연하게 침해하면서 말이다. 이것은 마치 시장만능주의와 신파시즘의 결합으로 나타나는 신자유주의 행태를 닮았다. 이것은 현대 유럽의 자유민주주의가 인간 존중과 사회 보편적 가치를 중요시하면서 정치적 개방성과 포용성을 갖는 것으로 계속 진화해 온 것과는 매우 다른 양상이다. 유럽의 자유민주주의 세력이 극우적 정치 세력과는 정치 연합에 절대 반대하면서 오히려 사회민주주의 정당과 대연정에 쉽게 합의하는 이유도 이런 경향과 관련 있다. 따라서 우리는 자유민주주의가 가진 역사적 진보성과 동시에 그것이 태생이 시민 자산가 계급의 정치 이념으로서 사적 자유만 강조하고 공적 자유의 개념엔 취약한 점, 특히 우리나라의 경우 기득권 반공 세력이 자유민주주의를 자신들의 기득권과 권력 유지를 위해 악용하면서 주권자인 국민을 억압하고 민주주의를 후퇴시켰다는 점을 이해하는 것이 필요하다. 그래야 국민주권주의에 맞는 민주공화정을 제대로 지키면서 민주주의를 더 성숙시키는 헌법 개정으로 나갈 수 있는 것이다.

299년 전인 1723년 6월 5일 스코틀랜드 수도 에든버러에 인접한 조그마한 항구 커콜디에서 한 사내아이가 유복자로 태어났다. 경제학을 탄생시킨 애덤 스미스다. 스미스는 자유로운 경제 활동이 모든 인간의 행복을 보장한다고 말했지만, 자본가의 이기심과 탐욕에는 제동을 걸어야 한다고 생각했다. 그는 "다수의 하인을 유지하면 가난해지나 다수의 제조공을 고용하면 부자가 된다"라며 기업인의 활동을 사회의 풍요와 연결했지만, "고용주들은 노동임금을 현재의 수준 이상으로 인상시키지 않기 위해 언제나 어디서나 일종의 암묵적이지만 끊임없이 통일된 단결을 맺고 있다"라는 사실도 파악했다. [출처: 위키리크스 한국(http://www.wikileaks-kr.org)]

▶ 영국 에든버러에 세워진 애덤 스미스 동상

2) 사회민주주의

유럽정치 역사에서 자유민주주의가 개인의 자유와 사적 재산권 보호에 치중하면서 개인의 기본권과 국가 불개입의 시장 경제를 중시한다면, 사회민주주의는 개인의 자유와 사적 재산권에만 매몰되지 않고 시장 경제에 대한 국가의 적정한 개입을 통해 공공선과 분배에도 비중을 두는 정치 이념이라 할 수 있다. 사회민주주의(Social democracy)는 사민주의라고도 불리며 사회주의가 주장하는 자본주의 경제체제에 대한 폭력적 계급혁명을 부정하면서 선거를 통한 집권(연정)으로 온건한 사회주의 정책을 추진한다. 사회민주주의는 독일의 정치인 에두아르트 베른슈타인이 마르크스주의에 대한 수정주의에서 출발하였다. 사회민주주의 전통은 유럽에서 시작되었으며, 유럽 주류 사회주의이기 때문에 유럽식 사회주의(European socialism)나 유럽 사회주의(Euro socialism)라고도 칭한다. 사회민주주의는 마르크스주의를 이론적 배경으로 하되, 그 안에 내포된 혁명적 사회주의를 배격하고, 대의제 정당정치를 바탕으로 수정주의적 마르크스주의로 변형되었다. 서유럽 초기의 전후 사회민주주의 정당은 소비에트 연방의 레닌주의 정치 · 경제 모델을 거부하고, 사회주의로의 대안적인 길이나 자본주의와 사회주의 사이의 타협을 약속했다(대표적으로 자본가 및 정부와 노동자가 계급 타협을 한 스웨덴의 살트셰바덴 협약[9]이 이

9 1938년 12월 20일에 스웨덴 노동조합연맹(Landsorganisationen, LO)과 스웨덴 사용자연합(Svenska arbetsgivareföreningen, SAF) 사이에 체결된 협약 당시 극심했던 스웨덴의 노사 대립을 완화시키며 이후 스웨덴 노사관계의 기초를 이루게 되었다고 평가받고 있다. 살트셰바덴 협약으로 노동과 자본의 관계를 평화적이고 협력적으로 이끌어 냄으로써 훗날 스웨덴 경제발전의

에 해당한다).

이 시기에 사회민주주의자들은 사유재산의 인정을 토대로 하는 혼합 경제를 받아들였는데, 공공의 소유로 하는 것은 필수적인 공익 설비와 공공서비스 등 소수에 불과했다. 결과적으로, 사회민주주의는 케인스 경제학, 국가 개입주의, 복지 국가와 연계하게 되었으며, 동시에 자본주의 체제를 질적으로 다른 사회주의 체제로 급격히 교체한다는 이전의 목표를 포기하게 되었다. 20세기 초 에두아르트 베른슈타인[10]은 노동자들의 소득이 높아지면서 중산층화, 보수화되는 것을 지적하면서 계급혁명론을 비판하였다. 제2차 세계대전 이후 유럽 대부분의 사회민주주의자들은 마르크스주의와의 이념적 관계를 포기하고 집권을 통해 사회 정책 개혁을 통한 복지 국가 실현이 진정한 사회주의의 길이라고 주장했다. 그러나 유럽 정당정치가 포괄정당화[11] 되면서 현재 유럽의 자유주의 정당이나 사민주의 정당 간의 이념적 차이는 없어지는 상호 중도화 경향을 보인다.

그는 사회주의는 프롤레타리아 혁명이라는 폭력적 혁명이 아닌 자본주의에서 선거를 통한 점진적인 적용이 가능하다고 보았으며 이를

기초가 되었다. 살트셰바덴 협약은 합의 민주주의의 예시로써 인용된다.

10 그는 당시 유행하던 신칸트주의의 영향을 받아 전통적인 과학적 사회주의의 핵심인, 유물론과 계급투쟁, 그리고 자본주의 부정 등을 비판하였다. 『사회주의의 전제와 사민당의 과제』라는 저서에서 마르크스의 사상을 수정해야 한다고 보았다.

11 포괄정당(catch-all party) 또는 빅 텐트(big tent)는 특정 계급이나 이념에 한하지 않고 다양한 계층이나 이념을 가진 사람들의 정당을 의미한다. 이러한 정당들은 주로 중도주의 정당으로 분류되는 경우도 많으나 항상 그런 것은 아니다.

▶ 에두아르트 베른슈타인(Eduard Bernstein)

통하여 시장 경제 내에서 평화적으로 사회주의를 실현할 수 있다고 생각하였다. 이에 대한 논거로서 보통 선거권의 확장을 통하여 각 계층의 정치적 참여가 확대되고 의견 개진이 가능하다고 보았기 때문이었다. 정치적 평등이 점진적으로 실현되면 사회취약계층의 의견 개진으로 경제적 평등도 점진적으로 실현되리라 생각하였다.

| 유럽의 사회민주주의

독일의 사회민주주의

독일의 기본법(헌법)에는 사회민주주의를 추구한다고 명시되어 있으므로 대표적인 사회민주주의 국가로 꼽힌다. 이와 더불어 경제적으로는 복지를 좀 더 중시하는 사회적 시장 경제를 지향한다. 다만 독일의 사회민주주의는 독일의 재통일 이전의 동독과 대립했던 서독의 반공적 색채가 가미되어 있기 때문에 혁명적 사회주의와 거리를 둔 채 선을 긋고 있다.

프랑스의 사회민주주의

대표적으로 사회당이 사회민주주의 정당으로 꼽힌다. 사회당은 대통령으로 프랑수아 미테랑과 프랑수아 올랑드를 당선시킨 전적이 있다. 그러나 좌파의 분열이 심한 프랑스 정치의 특성상, 이들이 정권을 잡은 적은 많지 않으며, 2017년 프랑스 대통령 선거 이후 사회당이 몰락하여 대선에서 5위를 하는 최악의 성적을 거두었다.

영국의 사회민주주의

영국은 기존 자유당-보수당 체제를 사민주의 정당인 노동당이 깨고 올라온 역사가 있다. 이들은 과거 렘지 맥도널드, 클레멘트 애틀리, 하워드 윌슨 등의 총리를 배출한 적도 있다. 정치적으로는 사회민주주의, 민주사회주의를 표방하고 있다. 90년대엔 당시 세계 추세였던 신자유주의 물결 속에서 토니 블레어 총리에 의해 국유화 정강 폐지 등 '제3의 길' 노선[12]도 걸었으나 2010년대 노동당 대표에 제러미 코빈이 당선되며 다시 좌경화되었다. 하지만 코빈이 2019년 총선에서 패배 후 사퇴하며 키어 스타머가 2020년 신임 대표로 선출, 다시 중도화되고 있는 모습을 보여주고 있다. 2024년 영국 총선에서 재적 650석 중 411석을 석권하면서 제1당에 등극하여 총리를 배출하면서 19년 만에 총선에서 승리했다. 보수당 정권은 브렉시트라 하여 유럽연합(EU)에서 탈퇴했지만, 지금 키어 스타머 노동당 총리는 회원국은 아니지만 유럽연합과 긴밀한 관계를 추구하고 있다.

---

12 영국의 사회학자 기든스(Anthony Giddens)가 이론적으로 체계화하였으며 노동당 당수로서 총리가 된 토니 블레어가 자신의 정치노선으로 채택함으로써 널리 알려졌다. 기든스는 제3의 길을 연대, 사회정의, 자유시장 중심의 우파를 뛰어넘는 좌우 통합적 새로운 정치 이념으로 정의했다.

북유럽의 사회민주주의

북유럽 여러 국가에서는 사민주의 정당이 자주 집권해 왔다. 대표적으로 스웨덴 사회민주노동당, 노르웨이 노동당, 핀란드 사회민주당, 덴마크 사회민주당, 사회민주동맹 등이 사민주의 정당이다. 아이슬란드를 제외한 다른 국가들에서는 사민주의 정당이 적어도 반세기 이상 집권해 왔으며, 이를 바탕으로 여러 복지정책이 등장하였다. 복지정책에 따라서 북유럽 국가들은 대부분 국민소득과 행복지수가 최상위권으로 올라갔다. 하지만 2000년대 이후 덴마크 인민당, 스웨덴 민주당 같은 우파정당의 성장에는 사민주의 정당에 대한 권력 피로감이라는 이유도 있지 않냐는 비판도 존재한다.

| 아메리카의 사회민주주의

미국의 사회민주주의

미국은 20세기 초까지만 해도 사회주의 혹은 사회민주주의 운동이 활발한 나라였으나, 냉전 시기에 접어들면서 공산주의 국가들과의 갈등으로 반공주의적 사회 분위기가 매카시즘 광풍으로 이어졌고, 이로 인해 비(非)공산주의 계열 좌익 세력마저 공산주의자로 몰려서 탄압당했다. 냉전 시기가 끝나고, 빌 클린턴 대통령 이후, 미국 민주당은 기존의 사회자유주의 성향에서 더 진보주의적 성향을 나타내며 중도 좌익 스펙트럼으로 변해 가고 있으나, 여전히 사회민주주의를 표방하는 정치인들은 소수이다. 그러나 2016년 민주당 경선에서 사민주의자로 분류되는 버니 샌더스가 돌풍을 끌자, 이들은 미국 좌파의 주류 중 하나로 자리를 잡게 되었다.

캐나다의 사회민주주의

캐나다는 영국의 영향을 받아 자유주의와 사회자유주의를 표방하는 자유당과, 보수주의를 표방하는 보수당이 양당 구도를 이루고 있었다. 그러나 21세기 들어 개혁적인 움직임이 커짐에 따라 사민주의를 추구하는 신민주당이 급부상하였고, 2011년 총선에서 보수당에 이은 2위를 하는 돌풍을 일으켰다. 그러나 신민주당은 2015년 쥐스탱 트뤼도의 영향을 받아 다시 3당으로 주저앉았다.

대한민국의 사회민주주의

대한민국은 1950~1990년 동안 보수 정부가 사회주의자 대부분을 억압하여, 사실상 사회민주주의 정당이 존재하지 못했다. 그러나 1987년 한겨레민주당을 시작으로 대한민국의 사회민주주의는 규모가 커졌고, 곧 민주사회주의자 및 마르크스주의자와 연합하여 민노당을 설립하기에 이른다. 이후 한겨레, 경향신문, 오마이뉴스 등의 사회민주주의를 옹호하는 언론이 생겨났고, 사회민주주의를 간접적으로 지지하는 시민사회단체의 수가 증가하면서 1997년, 첫 진보정당인 국민승리21이 창당된다. 2020년 기준으로 사회민주주의 정당 중에는 민노당의 후신으로서 사회민주주의를 적극 표방하는 정의당이 존재한다. 그 외에도 진보당의 일부 파벌이 사회민주주의를 주장하고 있다.

3) 공화주의

자유주의가 사적 자유와 이익을 중시한다면 공화주의는 모두의 이익과 권리를 보장하기 위하여 공적 이익과 공동체의 안녕(安寧)을 중시하는 철학이다. 공화주의는 고대 로마 공화정의 스토아학파에 의해 발전이 되었으며, 공화제(Republic)는 주권이 국민에게 있는 정체이다. 보통 군주가 없는 국가체제를 가리키는데, 공화국이라는 말 자체는 '공공의 일'을 뜻하는 라틴어 "Res publica"를 어원으로 하는 것으로 키케로는 이 표현을 '국민의 것'을 일컫는 '레스 포풀리'(res populi)로 풀이하여 오늘날 국민주권주의를 의미하기도 한다. 공화제를 주장하고 실현하려는 정치적인 태도나 이념을 공화주의(共和主義)라고 하며, 공화제를 채택하는 국가를 공화국(共和國)이라 한다. 이렇게 보면 정치적 평등하에 모든 시민의 자유와 행복을 추구하는 민주주의와 유사하다. 이렇게 공화주의와 민주주의는 역사적으로 권력은 국민으로부터 나온다는 국민주권 사상을 기초로 시대적 상황에 따라 서로 따로 혹은 같이 발전해 왔다.

공화국에서 전제정을 부정하며 시민은 정치의 자주적 주체이므로, 공화국은 이러한 공민적 덕(virtue)이 없으면 존재할 수 없다는 정치이념으로 인식된다. 즉, 전제정치에서 벗어나 시민적 덕성을 소유한 다수에 의한 공공적 정치형태를 공화정이라 할 때 "최고 권력이 투표권이 있는 시민들에게 있으며, 그들과 법치를 책임지는 대표자 및 선출직 공무원에 의해 행사되는 정부"라는 현대 서구의 대의제 정당정치의 모습이 공화정의 개념과 부합한다. 『국가』에서 이상국가론을 주창했던 플라톤의 이데아 사상과 인간을 정치적 동물로 보았던 고대 그리스의 정치사상 및 스토아학파의 정치철학이 르네상스기 공화정을 거치고 근현대 시민혁명의 공화성을 자각적으로 계승하고자 하였던 일련의 사상적 총칭이다. 13세기 이탈리아 도시 공화정이 전개된 처음 1세기 동안 공화정 지지자들은 민주주의라는 용어 자체를 몰랐다. 아리스토텔레스의 『정치학』이 13세기 중반에 재등장한 뒤에야 민주주의는 유럽정치 언어의 일부가 되었으며 경멸적 의미를 띠었다. 르네상스 공화주의는 민주정치의 형태라기보다는 귀족주의적 또는 귀족적 공화정의 형태이다. 그런데도 이탈리아 도시 공화정은 고전 시대 이후의 정치사상에서 자기 결정과 인민주권을 지향하는 논의와 주장이 계발된 최초의 사례로 기록된다(헬드, p.75). 그들에게 영감을 제공한 것은 로마공화정이었다. 상류층인 그들에게 전체 시민이 권력을 운영하는 그리스 민주정보다 로마처럼 귀족이 정치를 주도하는 통치 모델이 매력적이었다. 그들에게 로마는 자유를 시민적 영광 및 군사적 힘과도 연계시킨 통치 모델을 제시했다. 이러한 로마의 모델은 공화주의자들에게 권력을 운영하는 자신들이 공적인 수행자이며 공동선을 추구하는 통치자로서 자임하기에 딱 좋았기 때문이었다. 동시에 전체 인민들에게 이른바 덕성(virtue)인 '정신적 겸손함, 공명정대함, 고결함' 등을 요구할 수 있다는 점에서 공화주의는 엘리트 과두 통치자들에게 전제정을 부정하고 새로운 이상적 정치로 과시하는 데 좋은 모델이 되었다.

로마 공화국은 민주주의였을까요, 아니면 공화국이었을까? 왜 자신들을 공화국이라고 불렀을까? 로마 레스 푸블리카는 실제로 그리스 디모크라티아보다 1년 앞서 있었다. 로마 공화국은 타르퀸이 폐위된 기원전 509년에 설립되었다. 당시 로마 사람들은 왕권을 경멸했기 때문에 오늘날 우리가 말하는 집행 권한을 가지고 있지만 임기 제한과 권력 남용에 대한 보호 장치를 갖춘 체제를 만들었다. 레스 푸블리카는 그들이 원하는 시스템을 가장 잘 반영한 것이라고 생각하여 선택한 이름일 뿐이다. 이 모델은 그 이후로 수백 개의 국가에서 사용된 것과 동일한 모델이지만, 일부 세부 사항은 변경되었다. 로마가 공화국을 수립한 다음 해인 기원전 508년부터 아테네 폴리스와 그 동맹국들의 통치 체제로 공식화된 그리스 디모크라티아(민주정)와는 다르다. 두 시스템은 전혀 관련이 없지만 약 170년 동안 동시에 존재했으며, 마케도니아가 대부분의 그리스를 무력으로 통일하고 왕국의 일부로 통치하기 전까지 존재했다. 로마의 공화국은 기원전 마지막 세기에 체제가 붕괴되어 아우구스티누스 공국으로 대체될 때까지 살아남았다. 그러나 항상 좋은 형태의 정부로 여겨졌고, 여러 나라들이 이 아이디어를 가지고 장난을 쳤으며, 어떤 경우(베니스, 스위스, 노브고로드)는 미국이 1776년에 형성되어 로마 모델의 버전을 만들기 전까지 수세기 동안 성공적으로 운영했다.

18세기에 들어와 귀족과의 타협을 중시하는 선에서 절충안을 제시한 몽테스키외로 이어지는 특유한 공화주의는 근대 미국 독립 혁명(1783)에 영향을 주었다. 또한 공화주의는 프랑스 대혁명(1789) · 남아메리카 해방(1814) · 신해혁명(1911) · 스페인 혁명(1936) · 이집트 혁명(1952) 및 이후에 이어진 공화 혁명의 사상적 원천이다. 오늘날 세계 대부분의 나라들이 공화주의에 입각한 공화국임을 선포하고 형식적이거나 실질적인 공화주의를 내세우는 점은 그 역사성에 부합하는 것이다. 미국 건국의 아버지급인 제임스 매디슨(James Madison)은 민주주의는 커질수록 약해지고 민중의 어리석음으로 더 약화되는 반면, 공화주의는 모두에게 이익인 공적인 이익을 추구하기 때문에 커질수록 강해질 수 있고 서로 다른 사람들을 합병해도 오히려 더 강해질 수 있다고 주장했다. 이런 사람들이 생각했던 공화주의 개념과 정신은 미국인들에게 상당한 영향을 미쳤다. 그러나 현재 대표적인 공화주의적 국가인 미국의 경우 정치를 개인적 권력 쟁투나 게임으로 보고 사적 정치권력을 확장하려는 사람들의 도전이 공적 공화주의를 위협하고 있다. 민주주의도 그렇지만 공화주의 역시 국민주권에 따라 국민에게 권력을 주려는 것이 아닌, 1인이나 소수가 권력을 독식하는 권위주의(Authoritarianism) 혹은 귀족적 과두제(Oligarchy)적 경향이 나타나는 것이 오늘 공화주의의 현실이다.

공화주의자들은 개개인에게 더 많은 권리, 그리고 그에 합당한 의무를 부여하는 것을 전체 국민의 자유, 평등, 그리고 정치적으로 고려될 수 있는 추가적인 중요 가치를 확립하는 통섭적인 과정이라고 보고 있다. 반면, 자유주의는 이와 반대로 개인에 초점을 둔다. 특정한 권리와 의무를 부여하고, 시민의 참정권을 보장하는 것은 국가를 이루는 전체의 관점이라기보단, 배타적인 의미에서 개개인의 권리 신장, 자유권 확립을 세우는 과정이라는 것이다. 이러한 점은 현대 사회에서 자유주의와 공화주의가 수많은 정책 결정에서 다른 사안을 갖게 하는 원인으로 적용된다. 일반적으로 공화주의는 경제 영역에서 전체 국민의 각종 권리가 향상될 수 있는 정책을 편다. 그것은 기업에 대한 공적 소유(공공기업), 경제 운영에 대한 시민의 직간접적인 개입의 허용 등으로 나타

▶ '암부로조 로렌체티'의 〈좋은 정부와 나쁜 정부의 알레고리〉 중 나쁜 정부(전제정)를 묘사한 부분(위)과 좋은 정부(공화정) 부분. –영국 랭커스터대 러스킨 도서관

날 수 있다. 반면, 자유주의 세력은 경제 영역에서 시장 원리와 자본의 (개개)민간 소유를 확대 강화하는 입장을 고수한다. 최근 신자유주의가 이러한 경향을 잘 보여주고 있다고 하겠다.

반면 루소의 공화주의는 계발적 공화주의로 민주주의 철학과도 궤를 같이한다. 루소가 추구한 이상사회는 모든 사회 성원들의 독립된 삶의 보장과 자유로운 인간관계를 형성할 수 있어야 하며, 이를 위해 반드시 개별 구성원들 사이에 경제적 평등, 사회적 평등이 전제되어야 한다는 것이다. 루소의 평등주의적 공화주의는 기존의 자유와 평등이 양립할 수 없다는 견해를 정면으로 배척하고 자유와 평등은 양립할 수 있을 뿐 아니라 평등을 자유의 근거로 제시하고 평등이 없이는 자유가 없다는 점을 강조한다. 그는 정의 사회란 공공선, 즉 사회공공의 이익을 최우선으로 생각하는 일반의지가 지배하는 사회다. 이런 사회에서는 공동 가치와 선이 구현됨과 동시에 평등하고 자유로운 개인으로 인간답게 살 수 있다. 인간에 대한 인간의 지배라는 부당한 사태를 타파하고 서로 평등하고 독립적인 삶을 영위하기 위해서도 경제적 평등이 먼저 요청된다는 것을 강조했다. 루소의 공화주의의 특징은 사회 불평등의 원인을 사유재산제로 파악했다는 점과 당시 자본주의 사회 불평등의 본질적 내용을 '인간과 인간 사이의 지배 종속관계'의 정립으로 간주해 이를 '인간은 누구나 평등하고 존엄하다'라는 인간존엄성이라는 관점에서 비판하고 극복하고자 했다는 점이고 공화주의를 평등주의라는 관점에서 바라봄으로써 공화주의를 한층 격상시켰다. 루소는 개인을 자신의 삶을 규율하는 법 제정에 관여하는 적극적 시민의 개념을 주장했다. 피치자는 통치자여야 한다. 그는 주권은 대표될 수 없으며, 같은 이유에서 양도될 수 없다. 인민의 대리인(deputy)은 인민의 대표자(representative)가 아니라고 사회계약론에서 주장했다(헬드, 98). 사회계약론(social contract)에 나타나는 이러한 루소의 공화주의적 사상은 이후 프랑스 대혁명을 기본으로 대의제 공화정이 사적 자유를 넘어 공적 자유로 확장되면서 국민주권과 평등을 향한 민주주의로 진화하는 데 많은 영향을 미쳤다.

공화주의 핵심가치의 계보

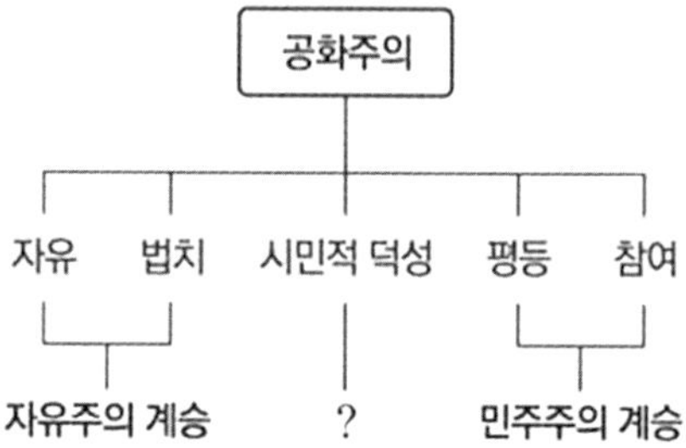

공화주의 혼합정의 변천 양상

	고대로마	미국
군주정	집정관	대통령
귀족정	원로원	상원
민주정	민회(호민관)	하원

▶ 공화주의는 17, 18세기 확립된 자유주의, 민주주의, 사회주의, 민족주의와 같은 근대정치사상의 발원지였다. 동시에 고대 로마공화정과 14~16세기 피렌체와 베네치아 같은 이탈리아의 도시국가라는 정치적 실체로도 존재했다. 미국 독립혁명과 프랑스 혁명을 추동한 가장 강력한 힘 중 하나가 공화주의를 근대에 이식시키겠다는 열정이었다. 그러나 이들 사상이 개별적 발전경로를 걸으면서 그 사상적 유산만 물려준 채 사실상 역사의 뒤편으로 사라졌다. 자유와 법치는 자유주의로, 평등과 참여는 민주주의로, 평등과 시민적 덕성은 사회주의와 민족주의로 선택적으로 계승됐다. [출처: 한국적 제3의 길 '공화주의'(동아일보, 2009)]

4) 참여민주주의(Participatory Democracy)

참여민주주의는 1960년대 이후 대의제 정당정치에 대한 불신에서 나왔다. 주권자인 시민이 자신의 권력을 남에게 위임하는 대의 체제에서는 시민은 말로만 주권자이고 사실상 정치적 권한이 없다. 위임받은 권력을 가진 정치인들이 실제 주권자 행세를 한다. 위임받는 주권의 엄중함을 인식해서 국민을 위한 정치를 하겠다는 서약(헌법 제정 및 선거할 때 투표)은 하지만, 그 약속은 잘 지켜지지 않는다. 그것은 남에게 돈을 맡기고는, 그냥 방치하면 그 돈은 사라지는 이치와 같다. 더구나 돈보다 더 중요한 권력을 남에게 맡기고 방치할 경우, 권력이 오히려 시민에게 악으로 돌아오기도 한다. 따라서 대의제의 허구적 민주주의에 소외되고 절망한 사람들은 아테네의 최초 민주주의에서 다시 희망을 찾으려고 하였다. 최초 민주주의에는 모든 시민에게 정치적 결정권이 있었기 때문에 정치인이 아닌 시민이 공동체의 미래와 운명을 결정했다. 그러한 자치공동체 생활 속에서 인간은 자유로웠으며, 높은 긍지와 자존감을 가질 수 있었다. 따라서 20세기에 나타난 참여민주주의자들은 Democracy라는 용어가 의미하는 '시민의 지배'의 개념을 복원하려고 하였다.

현대 대의제 정치는 20세기를 특징짓는 여러 변화, 즉 국민국가의 발달, 사회 단위의 대규모화, 중간단체의 급증, 복잡한 국제 관계, 정치적 쟁점의 복잡화, 행정 기구의 비대화를 경험하면서, 시민을 정치의 주체인 주권자로서 '참여'의 의의를 살리기보다 그들을 효율적으로 통치하는 기술 연마에 애쓰는 경향이 있었다. 이러한 정치행태에 반성을 촉구한 것이 1960~1970년대에 선진 각국에서 높아진 '신사회운동', 즉 학생운동, 환경운동, 평화운동, 차별철폐 운동 등의 물결이다. 참여민주주의는 이러한 운동의 정신적 지주가 되어 지배사상이었던 자유주의에 신랄한 의문을 던지면서, 그것을 대신하는 새로운 사회 원리(예를 들면, 고대 아테네의 민회 혹은 루소가 제창한 공동체 사상, 국민주권)를 표출했다. 최근에 참여민주주의는 지역사회의 공동체 운동이 국제적 시민으로 연대하는 글로벌 데모크라시(global democracy)와의 관련 속에서 다시 주목받고 있다(21세기 정치학대사전).

결국, 참여민주주의는 대의제하에서 정치로부터 소외되어 있었던 고립된 시민이 참여를 통해 정치 공동체의 주권자로 복귀하는 과정이다. 시민혁명 이후 참정권 운동이나 노동운동을 통해 선거문화와 정당정치의 발달로 정치 형태는 변화하였지만, 시민은 여전히 정치로부터 차단되어 있었다. 선거를 통해 선출된 소수의 정치가가 대역 민주주의인 다수결주의를 전가의 보도처럼 휘두르면서 민주주의를 왜곡하였기 때문이다. 이러한 대역 민주주의 속에서 남성 중심의 권위주의적 사회체제에서 경제적 불평등과 사회적 부조리로 인한 다양한 영역에서의 인간소외 현상은 공동체의 공공선을 와해시키고, 인간의 정체성에 대혼란이 야기된다. 참여민주주의는 대역 민주주의인 대의제의 모순 속에서 발생하는 공동체와 인류의 좌절과 억압을 해소하는 길은 오직 시민의 참여와 행동뿐이라는 것을 말하고 있다.

참여민주주의(participatory democracy)는 절대다수가 의사결정 과정에 자발적으로 참여하는 민주주의를 포괄적으로 설명하는 용어이다. 참여민주주의는 정치체제의 방향과 운영에 있어서 유권자의 광범위한 참여를 강조한다. 참여민주주의는 전통적인 대의민주주의보다 더 많은 시민참여와 더 큰 정치적 대표성을 옹호한다. 전반적인 의사결정 과정이 성공하려면 많은 정보를 수집해야 하므로, 시민들의 단순한 참여보다는 각종 정보와 정치적 쟁점을 제공하여 실질적 결정의 주체가 되도록 하는 것이 중요하게 된다. 특히 공적 정치참여를 가능하게 하는 제도적 장치를 입법화하고 국가가 책임지고 실천하는 것이 강조되어야 한다. 그런데 참여민주주의가 잘 되려면 그 토대인 시민사회는 다양한 결사체들의 네트워크를 통해 사회자본을 확대, 강화하고 국가와 시장을 견제하는 독자적 체계와 힘을 길러야 한다. 참여의 규모를 효과적으로 늘리면서도 작지만, 효과적인 참여 집단을 소우주라는 개념으로 변환하는 참여와 숙의의 결합이 현재 연구되기도 한다. 참여민주주의에서 '참여'란 민주주의 자체 정통성의 원천임과 동시에 시민의 '운명 자결권'의 행사를 의미한다. 따라서 '참여'의 범위는 선거를 통한 간접적

참여에 그치지 않고 입법 등과 같은 정치 과정에 대한 직접 참여 또는 지역, 직장, 국제기구 등 모든 영역에서의 '참여'로 확장된다.

(1) 직접 참여로서의 정치적 기능(가변적이고 실험적인 정치를 가능하게 하는 '열린' 정치제도의 구축), 시민사회의 결사체 구성
(2) 사회적 네트워크 기능, 사회자본의 구축
(3) 민주시민교육(공공심이 풍부한 자율적 시민의 육성, 정치적 유효성 감각이나 정치 지식 · 기능의 향상)의 일상화

참여민주주의가 부상했던 계기는 신사회운동의 영향이 컸다. 신사회운동이란 지난 1970년대 이후 그동안의 전통적인 노동운동을 벗어나 서유럽과 북아메리카에서 크게 증대한 환경, 평화, 여성, 반핵, 반문화, 녹색당 운동 등 자본주의 세계 체제의 변화와 맞물려 새롭게 등장한 사회운동들을 지칭한다. 전통적인 기존의 사회운동은 혁명적 계급투쟁이었다. 기존의 사회운동이 자본가계급의 경제적 잉여 착취에 저항하는 국가권력에 대한 변혁운동이었다면, 신사회운동은 이런 계급투쟁과 물질적 해방 추구에서 벗어나 억압적이고 권위주의적 사회로부터의 개인의 정신적 · 문화적 · 생활적 해방과 연관되어 있다. 신사회운동은 '삶의 정치', '생활민주주의' 혹은 '반체제운동' 등으로 불려 왔으며, 그 등장 요인 및 배경에 대해서도 복지 국가의 위기, 후기산업사회의 도래, 그리고 생활세계의 식민화[13] 등 다양한 견해들이 제시됐다.

13 하버마스는 『의사소통행위이론』에서 '생활세계'가 합리화되는 정도와 '체계'가 복잡해지는 정

신사회운동이 이렇게 지속적인 관심을 불러일으킨 이유 가운데 하나는 근대 민주주의의 약점에서 비롯된다. 신사회운동이 지향하는 참여민주주의는 주권인 의사 결정권을 다른 사람에게 양도함으로써 시민이 정치적 소외자로 전락한 한계를 대체 혹은 보완할 수 있는 전략으로 제시된다. 참여민주주의는 시민들을 책임감 있는 정치적 주체로 만드는 교육적 가치와 공동체에의 결속의식을 높이는 사회통합의 효과를 보는 동시에 인간의 자기실현 및 계발의 과정이라는 점이다. 신사회운동의 참여민주주의가 대의민주주의라는 '약한 민주주의'를 대체할 수 있는 '강한 민주주의'라 불리는 이유도 바로 여기에 있다. 노동운동으로 대표되는 기존의 사회운동이 정치적 통합과 경제적 권리를 주요 목표로 설정하고 형식적 · 위계적 조직에 기반한 정치적 동원을 주요 전략으로 활용해 왔다면, 신사회운동은 가치 · 생활양식의 변화 및 시민사회의 방어를 주요 목표로 설정하고 네트워크와 풀뿌리 조직에 기반한 직접 행동과 문화 혁신을 주요 행동 수단으로 활용하고 있다. 서구의 신사회운동은 물질주의와 이에 기반하는 전통적인 좌-우파 정치의 이분 구도를 넘어서서 비경제적인 탈물질적 가치를 지향하는 직접 참여의 운동이다. 1990년대 이후 한국의 사회운동도 기존의 노동 · 계급운동 중심의 운동으로부터 지역 · 시민운동으로 구성되는 신사회운동이 주요 시민사회의 운동으로 대두되고 있다.

도가 서로 불균형하여 체계의 효율성에 근거한 명령이 생활세계의 고유 영역을 침범함으로써 '생활세계의 식민지화'가 발생한다고 주장한다.

▶ 프랑스 6.8 혁명 [출처: 느꽃지기]

신사회운동을 탄생시켰던 6.8 혁명은 1968년 프랑스와 미국을 중심으로 전 세계적으로 일어난 반정부 운동을 의미한다. 이 사건은 20세기 후반 서구권에서 일어난 사회 변동 중 가장 결정적이고도 중요한 사건으로 평가된다. 장기적으로 서구 사회에 근본적인 변화를 몰고 왔다. 학제 시스템의 개혁, 보수적 사회 분위기의 자유화, 성 해방론의 등장, 환경주의의 주요 정치사상으로의 대두, 특히 유럽과 미국 사회를 수백 년간 지배해 온 기독교 이데올로기가 점차 붕괴하고 세속주의가 정착하는 등 그 여파는 엄청났다. 이를 두고 철학자 슬라보예 지젝은 "6.8 운동의 유산을 해체하겠다는 정치가는 많지만, 그 정치가 본인조차도 6.8 혁명이 몰고 온 다양성의 가치가 없었다면 사회적으로 매장당했을 것"이라고 간단명료하게 표현하기도 했다.

5) 숙의민주주의(Deliberative Democracy)

숙의민주주의는 대의제를 비판하는 참여민주주의의 한계를 보다 극복하기 위한 것이다. 참여민주주의가 시민의 참여에 집중했다면, 숙의민주주의는 참여한 시민의 질적 문제에 초점을 맞추었다. 참여만 한다고 올바른 민주주의가 되는 것은 아니라는 것이다. 참여의 양이 아닌, 참여의 질을 강조한 것이다. 피시킨(Fishkin)의 소우주 이론이 대표적이다. 그는 수많은 시민 중에서 대표성을 가진 소수가 소우주를 구성해서, 그 사람들의 충분한 민주적 숙의 토론을 통해 최종 결론에 도달하는 것이 전체의 대표성을 갖기 때문에 민주주의 원리에 적합하다고 주장하였다. 일반적으로 참여민주주의가 시민의 참여나 방식에 많은 관심을 가진다면, 숙의민주주의는 사려 깊은 심의를 통한 공공선의 추구를 강조한다. 참여만으로는 공공선이 어렵다는 뜻이다. 숙의민주주의를 집중적으로 연구한 주요 사상가로는 피시킨(Fishkin, J. S., 1991), 오페와 프레우스(Offe and Preuss, 1991), 베셋(J. Bessette, 1980), 드라이젝(Dryzek, 2012), 마넹(Manin, 1987), 헬드(Held, D., 2010) 등을 들 수 있다. 숙의민주주의는 단순한 참여를 통해서는 다양한 이익이 분출하는 사회에서 힘센 집단의 이익이 더 쉽게 관철될 가능성이 많다면서 공공선의 획득은 대표성이 있는 집단에서 객관적 정보를 바탕으로 전문 숙의 토론을 통해 가능하다고 주장한다.

숙의민주주의(Deliberative democracy) 용어는 베셋(Bessette, 1980; 1994)에 의해 처음 사용되었다. 오페와 프레우스에 의하면, 자유민주주의 대의제의 위기는 참여의 양이 아니라 참여의 질에 있다. 참여의 양이 많다고 공공선에 도달할 수 있는 합리성이나 가능성이 커지는 것이 아니라는 것이다. 따라서 그들의 도전 과제는 '숙고를 거친, 일관된, 상황에 얽매이지 않은, 사회적으로 입증되고 정당화될 수 있는 그런 선호가 형성되도록 장려하는 절차의 도입'에 관한 것이다(Offe and Preuss, 1991: 167).

숙의, 정치적 평등, 대중 참여 세 가지 원칙은 숙의에 3중 딜레마의 옵션들이다. 피시킨의 소우주 숙의에도 참여가 문제라는 것을 말해준다.

〈3중 딜레마 옵션들〉

	정치적 평등	참여	숙의
옵션 1: 대중민주주의	+	+	-
옵션 2: 동원된 숙의	-	+	+
옵션 3: 소우주 숙의	+	-	+

출처: 피시킨, 박정원 역, 『숙의민주주의』

오페와 프레우스는 숙의민주주의란 세 가지의 기준에 부합하는 '합리적' 또는 '계몽된' 정치적 의사나 판단에 기초한 민주주의라고 정의한다. 그 기준이란 **"사실을 중시"**(무지하거나 교조적인 것과 반대되는)하는 동시에, **"미래를 중시"**(근시안적인 것과 반대되는)하고, **"타인을 중시"**(이기적인 것과 반대되는)하는 것이어야 한다(Offe and Preuss, 156-157). 결국, 정치적 정통성은 투표함이나 다수결 그 자체에 있기보다는, 공적 결정의 대표성을 가지고 보편적인 공공선에 도달하려는 절차와 과정에 달려 있다는 것이다. 그러면서 사워드(Saward, 2003)는 숙의민주주의는 '민주주의는 사람 머릿수를 세는 것 이상으로, 참여자의 이슈에 대한 지식, 타인의 이해에 대한 인식, 공공업무에서 적극적인 활동자의 역할에 대한 확신을 조장하는 동등하고 포용적인 기초에 근거하는 토론을 포함해야만 한다'라고 강조한다. 참여민주주의가 자유민주주의의 취약점으로 인해 제기되었다면, 숙의민주주의는 숙의 토론이 부족한 참여민주주의나 직접민주주의의 한계로 인해 제기되었다고 볼 수 있다. 이것은 시민참여의 결핍으로 비판을 받는 자유민주주의에 대한 대안으로 부상하는 참여민주주의나 직접민주주의가, 합리적이고 공적 이익에 부합되는 최적의 결론을 도출할 수 있느냐는 근본적 물음을 던진다.

캐나다 브리티시컬럼비아주의 시민의회는 숙의민주주의의 대표적 사례이다. 2004년 캐나다 브리티시컬럼비아주(洲)의 선거제도는 단순다수대표제를 채택하고 있었다. 그런데 이 제도로 인해 당시 과반수에 미치지 못한 득표를 한 정당이 과반수의 의석수를 차지하는 결과가 빈번히 발생한다. 1990년대의 많은 선거에서 집권당은 야당보다 적은 득표를 얻고도 다수 의석을 차지했다. 1996년 선거에서 자유당이 42%를 득표하고 신민주당(NDP)은 39%였는데, 의석수에서는 신민주당이 75석 중 39석을 차지하여 집권했다. 2001년 선거에서는 자유당은 57%를 득표하지만, 의석수는 79석 중 77석을 차지했다. 이것은 단순 다수대표제 선거제도가 실제 유권자의 의사만큼 의석수가 표출되지 않고 유권자의 대표성에 결함을 드러냈기 때문이다. 따라서 과반 조금 넘는 득표율인 57%로 의석수를 싹쓸이하면서 견제할 수 없는 '선출된 독재'(elected dictatorships)라는 현상이 나타났으며, 이 같은 현상은 브리티시컬럼비아, 뉴브런즈윅, 프린스 에드워드 아일랜드(Prince Edward Island)에서도 마찬가지였다.

결국, 이러한 불합리한 선거제도의 개혁이 국회 자체에서는 불가능하다고 판단되자, 시민들을 선거제도 개정안 작성의 주체로 세우게 된다. 새로 당선된 수상의 지시로 주정부는 층화 무작위 추첨(stratified random sample)으로 선발된 일반 시민 160명의 브리티시컬럼비아 시민의회를 구성한다. 이 시민의회에는 기존의 단순 다수대표제가 보여주었던 문제점을 정확히 파악하고, 유권자의 의사를 대표할 수 있는 새로운 선거법안을 작성하는 권한을 부여받았다. 여기서 작성되어 제출된 선거법안이 주민투표를 통해 승인되면 정식 선거법으로 승인된다는 것을 법규화하였다. 시민의원들은 2개월 동안 선거법에 대한 학습 프로그램 이수를 통해 전문성을 획득했다. 11개월 동안 50여 곳의 지역을 순회하면서 공청회를 거쳐 여론을 수렴한 후 3개의 선거방식 중 최종적으로 선호 이전식 투표제(Single Transferable Vote)를 확정하여 주민투표에 회부하였다.

○ 시민의회 의원 선발과 진행 방식

숙의민주주의에서 가장 중요한 것은 소우주를 형성하는 것이다. 소우주는 모든 시민에게 정치적 참여의 기회를 주는 추첨제 선출 과정으로 만들어진다. 시민의회는 2003년 4월 나이, 성별, 소득, 지역구 분포 등 다양한 표준 기준에 의한 층화 무작위 추출 방식으로 79개의 선거구에서 각 2명씩을 선발하였다. 선발된 시민의원의 대표성이 확보된 것이다. 시민의회의 임무는 8개의 선거제도를 평가하기 위해 학습을 한 후 공청회와 심의적 토론회를 거쳐 기존의 선거제도 유지를 결정하거나 새로운 선거제도를 제안하는 것이었다. 그래서 마지막으로 선택된 선거제도 안을 주민투표에 회부하여 최종적으로 결정하도록 하였다. 시민의원들은 2004년 1월부터 11월까지 학습, 공청회, 토의 등 세 단계로 나누어 활동하였다. 시민의회 토의는 면밀하게 구성되었다. 전문가와 촉진자(facilitator)는 도움은 주지만 공정성을 유지하고 시민의원들의 토의에 간섭하지 않았다. 촉진자는 공론조사의 조정자로서, 시민의원들이 공정한 발언 및 청취 기회를 누리도록 토론을 조정하는 역할을 한다. 1년간의 활동을 마친 시민의회는 전문가들이 예측한 비례대표제가 아니라 선호이전식 투표제(Single Transferable Vote)를 추천하였다. 비례대표제는 후보 순위를 정당이 정하기 때문에 정당 간부의 권력이 강해지지만, 선호이전식은 유권자가 순위를 정하기 때문에 유권자의 시각을 충실히 반영한다는 판단 때문이었다.

이러한 시민의회 실험은 숙의민주주의의 한 사례로서 성공한 것으로 평가받고 있다. 시민의원들이 모집단의 다양한 계층들을 대표하기 때문에 정치적 평등성과 대표성 및 민주성을 인구통계학적으로 담보하기 때문이다. 이러한 추첨 방식으로 인해 민주적 정당성을 가장 잘 확보하는 모델이라고 평가받기도 한다. 선발된 작은 공중(소우주)은 사회의 중요한 인구통계학적 특성을 거의 그대로 반영하는 집단이므로, 현존하는 선거제도로는 이룰 수 없는 가장 완벽한 비례대표 기구라

할 수 있다(오현철, 2010: 46). 그러나 아무리 소우주에 대표성이 있다는 것과 학습토론을 통한 전문성, 진지한 숙의가 보장된다고 인정하더라도 전체 시민이 참여하고 결정하는 정치적 평등을 대체할 수 없으므로 민주주의의 국민주권 원리에 어긋난다는 비판을 받을 수 있다.

〈숙의민주주의 절차〉

숙의민주주의 특징

○ 층화 무작위 추첨제 방식으로 위원을 선정하기 때문에 모든 시민이 선정될 동등한 가능성을 갖는다(소우주 방식의 정치적 평등성이 보장된다).

○ 선정된 위원에 대한 충분하고 체계적인 학습과 토론으로, 현안에 대한 전문적이고 객관적인 검토와 결론을 낼 수 있도록 지원한다(들러리가 아니라 실질적 결정자로서 전문성 숙지).

○ 전문적 지식으로 무장한 위원들은 다수의 공청회를 통해 시민 현장의 목소리를 수렴함으로써 숙고와 심의 과정을 거친다(소수의 전문성+시민 의견=숙고).

○ 최종안을 주민 총투표로 결정함으로써, 원래 민주주의의 이념인 국민주권 주의가 실현된다. --- 숙의와 심의+대중적 결정

▸ 2017년 5월 27일 서울 광화문광장에서 열린 '서울 시민 미세먼지 대토론회'에서 참석자들이 의견을 나누고 있다. 이 대토론회에는 주부, 어린이, 전문가, 환경단체 활동가 등 다양한 시민 3천여 명이 모여 미세먼지 정책 우선순위와 구체적 대안을 놓고 의견을 나눴다.

시민의회의 핵심 원리는 확장된 대표성 더하기 충분한 토론(deliberation)이다. 무작위 선발된 시민의원들이 의제에 대해 충분한 정보를 제공받고 상호 충분히 논의할 시간을 갖는다. 단순 여론조사가 아니다. 지금까지 개최된 여러 시민의회의 결론들은 모두 훌륭하다. 단순히 옳은 것이 아니라 지혜를 품고 있다. 세계 여러 나라 시민의회에 참가한 시민의원들이 가장 인상적이라고 보고한 공통된 소회가 '나랑 별다른 것 없는 사람으로 보이는데 나와 다른 생각, 내가 몰랐

던 이야기를 하는 점'이었다고 한다. 물론 그 시민의원의 이야기도 다른 의원은 그렇게 들었을 것이다. 시민의회는 입보다 귀가 큰 역할을 한다. 자발적으로 제 생각을 돌아보고 바꿀 수 있게 된다. 그래서 잘 준비된 시민의회는 항상 초다수의 합의에 이른다. 이런 과정을 통한 결정의 민주적 정당성은 매우 높다. [출처: 세상을 바꾸는 시민 언론 민들레 (https://www.mindlenews.com)]

요점 학습

◎ 자유민주주의 사상은 개인의 자유와 이성을 부정했던 신분제 사회 중세를 극복하는 근대 시민혁명의 긍정성과 인간의 협력과 연대를 통한 공동체의 공공선 무시의 부정성이라는 이중의 정치·철학적 의미를 지닌다.

◎ 사회민주주의는 케인스 경제학, 국가 개입주의, 복지 국가와 연계되게 되었으며, 동시에 자본주의 체제를 질적으로 다른 사회주의 체제로 급격히 교체한다는 이전의 목표를 포기하게 되었다. 20세기 초 베른슈타인은 노동자들의 소득이 높아지면서 중산층화, 보수화되는 것을 지적하면서 계급혁명론을 비판하였다.

◎ 공화주의는 경제 영역에서 전체 국민의 각종 권리가 향상될 수 있는 정책을 편다. 그것은 기업에 대한 공적 소유(공공기업), 경제 운영에 대한 시민의 직간접적인 개입의 허용 등으로 나타날 수 있다. 반면, 자유주의 세력은 경제 영역에서 시장 원리와 자본의 (개개)민간 소유를 확대 강화하는 입장을 고수한다. 최근 신자유주의가 이러한 경향을 잘 보여주고 있다.

◎ 참여민주주의가 부상했던 계기는 신사회운동의 영향이 컸다. 신사회운동이란 지난 1970년대 이후 그동안의 전통적인 노동운동을 벗어나 서유럽과 북아메리카에서 크게 증대한 환경, 평화, 여성, 반핵, 반문화, 녹색당 운동 등 자본주의 세계 체제의 변화와 맞물려 새롭게 등장한 사회운동들을 지칭한다

◎ 사워드(Saward, 2003)는 숙의민주주의는 '민주주의는 사람 머릿수를 세는 것 이상으로, 참여자의 이슈에 대한 지식, 타인의 이해에 대한 인식, 공공업무에서 적극적인 활동자의 역할에 대한 확신을 조장하는 동등하고 포용적인 기초에 근거하는 토론을 포함해야만 한다'라고 강조한다.

☑ 숙의 토론

1. 자유민주주의와 민주주의의 차이에 대해 이야기해 봅시다.

2. 민주주의와 공화주의의 공공선에 대해 이야기해 봅시다.

3. 사회민주주의가 우리나라에서 성공하지 못하는 이유에 대해 논해 봅시다.

4. 참여민주주의와 숙의민주주의의 장단점에 대해 논해 봅시다.

Ⅱ

헌법과 민주공화정

1. 헌법이란

헌법(憲法, Constitution)은 국가의 기본 법규범으로서, 민주주의의 기본 원칙과 질서하에서 국민주권에 입각한 기본적 인권을 보장하고 국가의 정치 조직 구성과 정치 작용 원칙을 세우며 시민과 국가의 관계를 규정하거나 형성하는 최고의 규범이다.

■ 개념

법학에서 헌법이란, 특정 영역 공동생활의 질서를 구성하는 법, 곧 공동생활의 '규범 체계'(독일어: ein System von Normen)를 의미한다. 이러한 의미에서 헌법은 국가뿐만 아니라 일반 조직이나 결사에서도 존재하지만, 이러한 영역에서의 헌법은 대체로 정관으로 표현되고, 헌법이라는 의미로 표현할 때는 국가의 법적 기본 질서를 의미하게 된다. 헌법이란 본래 국가의 기본 조직에 관한 법, 즉 영토의 범위, 국민의 자격 요건 및 국가 통치기관의 조직과 기능 등을 정하는 법이다. 헌법을 이처럼 일반 법률과 구별하는 것은, 이미 고대 그리스 시대부터 행해져 온 바로서 이러한 의미의 헌법은 국가의 형태 여하를 막론하고 동서고금의 어떠한 국가에도 다 있는 것이라고 할 수 있다. 국가도 단체의 일종이며 단체는 반드시 조직에 관한 규정이 있어야 성립되기 때문이다.

그러나 입헌정치 또는 입헌주의라고 하는 경우의 '입헌', 즉 '헌법을 세워서', 다시 말하면 헌법을 제정해서 그 헌법에 따라 국가를 운영한다고 하는 개념은 민주주의 역사와 연결된다. 현대 인권의 보루이며 국민주권 사상이 명시된 영국의 대헌장부터 시작해서 미국의 연방헌법, 프랑스 헌법 등은 영국의 명예혁명, 프랑스 대혁명, 미국의 독립 혁명이라는 근대 시민혁명의 산물이기 때문이다. 따라서 그 나라 헌법은 그 나라 민주주의 혁명의 결과로써 당시 시민혁명이 지배층으로부터 투쟁을 통해 획득한 힘만큼만 선언하거나 규정한 지배층과 피지배층인간에 맺어진 시대적 사회 계약적 결과물이라 할 수 있다.

따라서 이러한 시민혁명이 표출하고 규정하는 시대적 인간 존엄의 가치와 인권의 정신이 헌법에 구체적으로 구현되기 때문에, 헌법이 명시한 인간존엄성, 자유, 시민권, (정치적)평등성 등이 중요하게 된다. 프랑스의 인권선언 16조는 '권리의 보장이 확고하지 아니한 사회는 모두 헌법을 가진 것이 아니다'라고 하였는데, 이는 입헌주의적 의미의 헌법은 각국의 국가 조직법 중에서도 특별한 내용을 가진 것만을 특히 '헌법'이라 지칭하는 것임을 의미한다. 입헌주의적 의미의 헌법은 이를 근대적 의미의 헌법이라고도 하는데, 그 내용은 자유, 평등, 박애의 가치에 기초한 권력의 주체로서 시민주권, 인간존엄성과 행복 추구 등을 보장한 민주정치의 모든 원리를 국가조직의 기본 원칙으로 채택하는 것을 특색으로 한다.

하지만 이러한 근대적 헌법은 20세기에 들어와 다시 변천을 보게 되었다. 20세기 이전에는 국민의 기본권이라 하면 전에는 모든 사람의 자유와 평등의 원리에 따라 국민의 자유가 권력 기관의 침해를 받지 않을 것을 보장하는 자유권에 치중하였으나, 제한 없는 재산권과 경제활동의 자유는 격심한 경제적 불평등을 초래하였다. 이에 제1차 세계대전 이후 각국의 새로운 헌법은 모든 국민에게 인간다운 생활을 보장하는 것으로 모든 시민의 인간적 존엄성과 행복을 보장하는 생존권적 및 사회권적 기본권을 인정하게 되었기 때문이다. 이러한 헌법을 학자들은 현대적 의미의 헌법이라 하는데 대한민국 일정 부분에 있어 현대적 의미의 헌법에 속한다.

20세기 말에 새로운 헌법 개념이 등장하는데, 이는 천부인권의 개념을 무한 확장하고 있다. 이 새로운 헌법 개념을 선진 헌법, 기존 헌법을 고전 헌법이라고 부른다. 고전 헌법이 가진 권력 체계의 기능을 강조한 데 반해 선진 헌법에서는 권리장전의 기능을 강조한다. 또한 선진 헌법은 국민의 의무보다는 국가의 의무를 먼저 담고 있다. 고전 헌법에서는 통치자의 주권 지향적이나 선진 헌법에서는 시민의 인권 지향적이다.

그에 따라 그동안 헌법에서 보장됐던 기본권 외에 인간존엄성, 결혼 및 육아에 대한 권리, 여성과 노약자가 가진 권리, 주거에 대한 좀 더 확장된 권리, 환경권, 종교권을 확장하여 종교를 갖지 않을 권리 및 그에 대한 좀 더 확실한 보호, 심지어 망명의 권리와 징병 거부에 대한 권리까지도 수록하고 있다. 선진 헌법의 또 다른 특징으로 주어가 국민에서 인민으로 바뀌었다. 이는 국가가 있고 국민이 있다는 뜻이 아니라, 인간 또는 인민이 있고 국가가 있다는 개념이 반영된 결과이다.

■ 헌법의 태생적 한계

헌법은 전체적으로 다른 하위법에 비해 정치성이 매우 강하다. 이는 헌법이 가지고 있는 주요한 역할 가운데 하나가 정치적인 통합을 형성하여 국가를 창설하는 것이기 때문에, 그 성립 과정에서 사회공동체의 여러 정치적 세력의 투쟁과 타협의 산물로 설정되기 때문이다. 또한 헌법은 그 정치적 결정을 내리는 힘의 방법과 절차, 그 한계 등을 확정하고 있기 때문에 법적 성격보다 정치적 특성이 훨씬 강할 수밖에 없다.

이러다 보니, 헌법에는 시민혁명 당시 집단으로 시대적 가치로서 표출한 철학이나 인권에 대한 것을 추상적으로 표현하였지만, 그것을 구체적으로 실현해 나가는 것에 있어 실정법적 입법이 뒤에 따르지 않는 한, 헌법은 법률적 강제력이 없는 추상적 인권이나 추상적 민주주의에 머무는 경우가 많다는 점이다. 따라서 시민혁명으로 만들어낸 헌법적 가치를 실현하기 위해 다시 잠자는 민중이 아니라, 혁명 이후에도 헌법적 가치 실현을 위해 입법을 강요하고 참여하는 민주시민으로서 자각이 필요하다.

더구나 선진 헌법이 고전 헌법보다 인간의 생존권 및 사회적 기본권을 보장하고자 한다고 하더라도 실제적 인민주권인 정치참여, 정치적 결정권을 인민에게 부여하는 것까지 나가지 못한 점에서 현대 헌법의 한계가 존재한다.

■ 특징

헌법의 특징으로는 학자마다 다양한 사항을 들고 있지만, 대체로 최고 규범성, 개방성, 정치성, 역사성, 조직 · 수권 규범성 및 권력 제한 규범성 등을 들고 있다.

최고 규범성

헌법은 국가의 기본 조직과 인권의 보장을 정하는 규범이므로, 적어도 한 국가 내에서는 다른 모든 하위법보다 높은 최고의 지위에 있다. 즉 헌법은 국가의 근본적인 법적 질서로, 기본법 또는 기초법이라고 말할 수 있다. 특히 다른 모든 법의 존립과 내용, 효력의 보장 등은 헌법에 그 근거를 두고 있기 때문에, 헌법은 일반 법률로서는 폐기 또는 변경될 수 없고, 어떠한 법 규정이나 국가 행위도 헌법을 위반할 수 없으며, 모든 국가권력(집행권과 사법권뿐만 아니라 입법권까지)이 구속된다. "특히 위헌 법률 심사 제도는 헌법의 최고성을 나타내는 대표적 제도이다."

이러한 헌법의 최고 법규범성은 법규성과 최고성으로 나뉜다. 우선 헌법은 법(법규범)이다. 헌법은 일반 법률과는 달리 헌법이라는 특수한 명칭을 가졌지만, 헌법도 법이라는 점에서는 다른 법과 성질을 같이 한다. 헌법이 법이라는 말은 우선 헌법은 있는 사실을 그냥 기술하거나 희망 사항을 표시함에 그치는 것이 아니라 국민이 지켜야 할 규범이며 규범 중에서도 도덕 같은 것과는 달리 그것을 지키지 않을 때는 일정한 제재가 수반되는 강제 규범, 즉 법규범이라는 뜻이다. 헌법 속에는 순수한 법규범에 속하지 않는 요소도 포함될 때가 흔히 있으나 그것 때문에 헌법이 법으로서의 성질이 흔들리는 것은 아니다.

한편, 헌법이 국가의 최고 법규란 헌법은 성질과 효력에서 법률 · 명령 · 규칙 또는 여러 국가권력 기관의 처분이나 지시보다 상위에 있다는 뜻이다. 헌법의 규정은 그것만으로 국민의 권리 · 의무를 직접 결정하는 것도 있지만, 헌법은 국가의 기본 조직을 정하는 법이므로 헌법의 규정은 원칙적으로 법률 · 명령 · 규칙 · 처분 등을 통해 이를 구체화하는 단계를 거쳐 비로소 국민의 개별적 권리 · 의무에 실제로 영향을 미치게 되는 것이다. 따라서 법률 · 명령 이하의 모든 국가 활동은 헌법의 규정을 어겨서는 안 되며, 만일 이에 위배하는 때에는 위헌으로서 무효가 된다. 여러 나라에서 법률 · 명령 등의 위헌 심사 문제가 일어나는 것은 바로 이러한 연유에서다.

개방성

헌법은 구조적으로 개방되어 있는데, "이는 헌법이 최고법 또는 기본법이기 때문에 나타나는 특성이다." 즉 헌법은 내용에 있어 광의적이고 불확정적이며, 이는 추상적 · 포괄적 · 강령적 · 선언적 등으로도 표현된다. 또한 전체적인 체계도 개방되어 있다. 이러한 이유는 헌법이 모든 것을 결정할 필요는 없으며, 그 대강만을 규정하거나 규정하지 않는 것(규정이 불가능한 경우도 포함된다)이 더 중요하기 때문이다. 또한 헌법이 규율하는 내용이 역사적으로 변천할 수밖에 없으므로, 헌법이 모든 것을 확정적으로 규정하지 않기도 하다. 따라서 헌법은 필연적으로 "미래를 향하여 개방되어"(in die Zeit hinein offen) 있어야 하고, 이는 동시에 미래의 이상과 비전을 제시하는 것이기도 하다. 그럼에도 불구하고 헌법은 국가조직 구성의 기본 원리는 개방적으로 규정하지 않는데, 이는 공동체 질서의 기초를 확정하여 안정화를 통해 반란의 부담을 덜어주는 작용을 하게 된다. 또한 그 기관을 구성하는 내용이나, 개방된 문제들을 결정할 절차는 명확하게 규정하여 국가 기관을 구속한다.

정치성

헌법은 전체적으로 다른 하위법에 비해 정치성이 매우 강하다. 이는 헌법이 가지고 있는 주요한 역할 가운데 하나가 정치적인 통일을 형성하여 국가를 창설하는 것이기 때문에, 그 성립 과정에서 사회공동체의 여러 정치적 세력의 투쟁과 타협의 산물로 설정되기 때문이다. 또한 헌법은 그 정치적 결정을 내리는 힘의 방법과 절차, 그 한계 등을 확정하고 있기 때문에 법적 성격보다 정치적 특성이 훨씬 강할 수밖에 없다.

역사성

헌법의 이념 또는 가치 질서는 선험적이고 자연법적이기보다 현실의 역사 조건과 지배 상황에 따라 형성되어 온 역사적 이념이자 가치이다. 이러한 헌법의 특징은 그 사회가 가지고 있는 고유한 역사적인 관계와 함께 환경, 상황 등과 밀접한 관련을 가지고 형성되며, 이에 맞는 이념 또는 가치 질서를 가지고 있다.

규범적 특성

헌법은 국가를 조직하고, 그 권한을 수권하는 규범이자 그 권력을 제한하는 규범이기도 하다. 일례로 대한민국 헌법은 입법권은 국회에(제40조), 행정권은 대통령을 수반으로 하는 정부에(제66조 제4항), 사법권은 법원에(제101조 제1항) 속한다고 규정하고 있다. 이러한 규정은 국가의 통치 기구와 통치 작용을 구성하는 조직 규범인 동시에 또한 각 권한이 어느 국가 기관에 귀속하는가를 규정한 수권 규범이기도 하다. 또한 헌법은 각 국가 기관의 권한 사이에 감시와 견제를 통해 각 권력을 제한하도록 규정하고 있으며, 헌법 재판 제도를 통해 다른 권력을 감시할 수 있도록 규정하고 있다. 특히 스위스의 연방헌법처럼 국민투표권과 같은 직접적 권력 통제 수단과 간접적 권력 통제 수단을 함께 제도화하는 경우도 있다.

■ 헌법의 제정과 개정

헌법의 제정

"헌법의 제정이란 국가(공동체)의 법적 기본 질서를 마련하려는 법창조 행위를 말한다." 유럽에서 중세의 정치적 권력 구조는 기득권층의 지배 세습 때문에 형성되었고, 이러한 정치적 권력은 단지 역사적 또는 종교적인 힘에 따라 정당화됨으로써 인정되었다. 그러나 오늘날의 헌법은 공동체에서 다양한 이해관계와 시민의 저항으로 기존 지배질서가 무너지면서, 국가권력을 새롭게 구성해야 하기 때문에 별도의 제정 권력 또는 절차가 필요하게 된다. 오늘날과 같은 국민주권 국가에서는 국민만이 헌법을 제정할 수 있고 국민의, 국민에 의한, 국민을 위한 민주적인 정치적 권리와 인권, 경제사회적 권리 등에 대한 명시가 필요하다. 이러한 관점에서 '헌법 제정 권력'이라는 개념이 새롭게 대두되었다.

헌법 제정 권력

처음으로 헌법 제정 권력의 문제를 현실적으로 제기한 것은 시에예스로, 그는 프랑스 혁명 당시에 배포한 소책자 『제3계급이란 무엇인가』에서 군주가 아닌 국민이 헌법을 제정할 권리를 가진다는 것을 이론적으로 뒷받침하고자 하였다. 시에예스는 헌법 제정 권력의 담당자는 국민이며, 국민은 국가와 헌법 바깥에서 자연 상태로 존재한다고 보았다. 따라서 주권인 이 권력은 국가나 헌법에 의해 구속되지 않으며, 무제한의 지배자이다. 이후 헌법 제정 권력의 문제를 본격적으로 거론하여 발전시킨 사람은 카를 슈미트이다. 그는 헌법 제정 권력을 고유한 정치적 실존의 양식과 형태에 대한 구체적인 근본 결단을 내릴 수 있는 실존적인 정치적 의지로 규정하고, 이러한 권력에 의한 의지의 결단을 헌법(독일어: Verfassung)이라고 부르며, 이러한 결단에서 규범화된 규정을 헌법률(독일어: Verfassungsgesetz)이라고 불러 구분하였다.

■ 세계 여러나라의 헌법 전문 비교

주요국 헌법 전문 주요 내용

국가	내용
한국	3·1운동으로 건립된 대한민국 임시정부의 법통과 불의에 항거한 4·19 민주이념을 계승, 민주개혁, 평화통일, 자유민주적 기본질서, 세계평화, 인류공영, 동포애, 민족단결, 정치·경제·사회·문화에서의 기회균등 명시.
미국	좀 더 완벽한 연방을 형성하고, 정의를 확립하며, 국내의 안녕을 보장하고, 공동방위를 도모하고, 국민복지를 증진하고 우리와 우리의 후손들을 위한 자유와 축복을 확보할 목적으로 이 미합중국 헌법을 제정. **※역사적 사실 기재 없음**
독일	신과 인간에 대한 책임을 의식하고 통일 유럽에서 동등한 권리를 가진 구성원으로서 세계평화에 이바지할 것을 다짐하며 헌법 제정권력에 의하여 이 기본법을 제정. 독일인은 자유롭게 자기결정권을 가지며 독일의 통일과 자유를 성취. **※역사적 사실 기재 없음**
프랑스	1789년 인간과 시민의 권리선언에서 규정되고 1946년 헌법 전문에서 확인·보완된 인권과 국민주권의 원리, 그리고 2004년 환경헌장에 규정된 권리와 의무를 준수할 것을 엄숙히 선언. 해외영토에 대하여도 자유·평등·박애의 보편적 이념에 입각해 새로운 제도들을 제공.
일본	국민은 국회의 대표자를 통하여 행동하고, 세계 제 국민과의 화합에 따른 성과와 우리나라 전역에 자유가 가져올 혜택을 확보하며, 다시는 정부의 행위에 의하여 전쟁의 참화가 일어나지 않도록 할 것을 결의하고, 이에 주권이 국민에게 존재함을 선언하며 이 헌법을 확정. **※역사적 사실 기재 없음**

■ 헌법의 국민주권주의의 의미

3세기 로마의 도미티우스 울피아누스는 "황제가 선포한 것은 무엇이든 법의 효력이 있다. 사람들은 그들 자신의 권위와 권력을 황제에게 주었다"라고 말했다. 이것은 최고 권력인 주권이 왕에게 있다는 왕 주권주의(왕권신수설)이다. 국민주권은 17세기 중반부터 18세기 중반에 있었던 토머스 홉스(1588~1679), 존 로크(1632~1704)와 '사회계약론'의 저자인 장 자크 루소로 대표되는 사회계약론에서 처음 나온 개념이다. 사회계약설의 주된 내용은 지배의 정당성이나 법의 정당성은 피지배층의 합의로부터 나온다는 것이다. 따라서 국민주권주의는 모든 민주주의의 기본으로 최고 권력인 주권은 국민에게 있다는 사상이다. 사회계약론에 의하면 국민은 자신들 보호를 위해 최고 권력인 주권을 타인에게 위임하는 사회계약을 맺었다고 주장했다. 18세기 미국 벤저민 프랭클린은 이 개념을 설명하며 "자유 정부에서 집권자는 종이며 국민(people)이 집권자의 주가 되고 권력을 가진다"라고 말했다.

'주권'이란 한 국가(영토)에서 최고의 권력을 의미한다. 따라서 우리나라 헌법 제1조 2항에 명시된 "대한민국의 주권은 국민에게 있고, 권력은 국민으로부터 나온다"라는 의미는 대한민국의 최고 권력자는 국민이라는 것이다. 주권인 이 권력은 국가나 헌법에 의해 구속되지 않으며, 무제한의 지배자이다. 국민주권주의는 한 국가의 최고 권력자는 대통령이나 수상이 아니라, 국민이라는 점에서 헌법이 제대로 실현되려면 국민이 최고의 최종 권력자로서 실제의 힘과 위상을 가지는 것이어야 한다. 그런데 최고의 권력 집행의 결과 국가와 국민의 운명을 좌우하게 되기 때문에 사실 최고 권력을 타인에게 대신 사용하라고 위임한다는 것은 말이 안 된다. 만약 조선시대 수렴청정이 암만 부모가 자식을 위해 통치한다고 해도 최고 권력자는 자식이 아니라 부모이듯이, 최고 권력자가 국민을 위해 주권을 사용한다고 해도 현대 대의제 정치체제에서 국민은 최고 권력자가 될 수 없는 것이다. 민주주의를 잘 이해하는 대통령이나 수상이 정권을 잡았다고 하더라도, 최고 권력자는 국민이 아니기 때문에 대의제 정치체제에서 국민주권주의가 제대로 실현되려면 국사의 모든 것은 아니지만, 주권자가 중대한 국사에 대한 최종 결정을 내리는 제도가 있어야 하는 것은 당연하다. 국민의 다수는 반대하는 전쟁을 집권자가 선포하고 자식들을 전쟁에서 죽이는 부모들이 주권자가 아닌 것과 마찬가지이다.

제10조 '모든 국민은 인간으로서의 존엄과 가치를 가지며, 행복을 추구할 권리를 가진다. 국가는 개인이 가지는 불가침의 기본적 인권을 확인하고 이를 보장할 의무를 진다.' 일자리가 없어 이혼하고 가족이 풍비박산되는 국민이 있는 한 국민이 최고 권력자라는 국민주권주의는 거짓이다. 주권을 위임하는 대의제 정당정치 선거제도는 수백 년 전에 실시된 것인데 세상은 다 변하는데 이것만은 절대 변하지 않는다. 당시 선거를 통해 주권의 위임을 주장한 사람들의 논리를 요약하면 하나는 많은 인구가 한곳에 모여 논의하고 결정하는 것은 불가능하다는 것이었고 둘째는 무지몽매한 민중이 나라의 신성한 정책 결정을 하면 위험하다는 것이었다. 그런데 수백 년이 지난 지금, SNS 온라인의 발전으로 실시간 소통과 결정이 가능하다는 점과 당리당략, 개인 영달에 목을 맨 무지한 정치인의 결정보다 숙의 토론 후 공인이 된 다수 주권

자의 결정이 더 공공선에 부합한다는 점에서 위 두 가지 주장은 이미 근대 시민혁명 시기에 낡아빠진 왕권신수설과 다름없다. 세상은 다 변하는데 주권인 최고 권력을 타인에게 양도하는 선거제도와 정당정치만은 불변인 것은 권력자들이 자신들의 권력을 주권자가 가지는 것을 절대로 허락하지 않기 때문이다. 시민혁명으로 왕으로부터 주권을 빼앗아 왔듯이, 주권 혁명으로 국민의 최고 권력을 되찾아 와야 한다.

따라서 국민주권주의는 주권자가 최고 권력을 실행하는 헌법적 조항과 실행 법률을 제정해야 실제로 가능하게 된다. 헌법상 상징적 구호로 존재하는 국민주권주의는 추상적이고 허상이다. 그래서 국민주권주의는 평소에는 어려운 학문의 영역에 있다가, 변란이나 내란이 나야 비로소 언급되는 수준이다. 한 나라의 최고 권력이 일상적으로 다루어지고 논의되지 않는다는 점 자체가 국민주권주의가 실제는 존재하지 않는다는 것을 역설적으로 말해 준다. 국민주권주의를 실현하는 정당제도는 오히려 정당 간의 파당적 경쟁으로 신성한 주권을 심술궂고 변덕스러운 수준으로 떨어뜨린다. 정치가들이 주권은 말하는데 주권의 실체가 없다. 국민이 통치한다고 하면서 실제로 그런 형태는 존재하지 않는다. 주권은 선거 때만 잠시 왔다가 사라지는 유령 같은 것이다. 주권이 위임되는 순간 이후부턴 정당이나 정치인이 주권자로 변하기 때문이다. 대의제의 장점은 유지하면서도 국민주권주의가 실현하는 방안으로는 최고 권력자에게도 입법권을 돌려주어야 한다. 즉 국민발안제도를 통해 일정 수의 주권자가 서명을 통해 자체 국민투표나 국회를 통한 입법이 가능하도록 권한을 주어야 한다. 정책에 대해서 정당끼리 정쟁만 할 것이 아니라, 중요한 국사는 충분한 숙의, 토론 후 국민투표로 결정되는 정책 투표제를 모든 국정이 아닌 일정 수준 범위 내에서 중요한 것부터 단계적으로 실시해야 한다. 예를 들면, 선거법과 관련하여 선거 때만 되면 정당 간 소모적 정쟁에서 벗어나 전국적인 공론장을 통한 숙의, 토론 후 가장 형평성과 공공선에 맞는 선거법과 정당법을 정책 국민투표에 부쳐 결정하는 것은 너무도 당연한 최고 권력자인 주권자의 요구이다. 대북 정책도 북한을 주적이냐 평화의 상대냐는 양당의 극단적인 정쟁에서 벗어나 대북 정책을 어떻게 해야 가장 국익과 민족의 미래에 유익한가라는 국민 숙의를 통해 의견을 모아나가고 정책 투표로 결정할 때 소모적이고 극단적인 남북문제를 해소할 수 있을 것이다. 최고 권력자인 주권자에게 맡기면 지혜롭게 해결될 수 있는 것을 방치하는 것은 대의제 정치체제의 국민이 최고 권력자가 아니기 때문이다.

■ 헌법과 인권의 관계

헌법은 국가의 최고법 역할을 하며, 현대 헌법은 종종 인권을 법적 틀 내의 기본 원칙으로 명시함으로써 이를 인정하고 보호한다. 인권은 보편적이고 모든 개인에게 내재되어 있는 반면, 헌법적 권리는 특정 국가 정부와 그 국가의 최고법에 의해 부여되고 보호되는 구체적인 시민적 및 정치적 권리이다. 두 제도 모두 개인의 자유와 존엄성을 보장하는 것을 목표로 하지만, 헌법적 권리는 정부 권한의 적용을 받으며 국가마다 다를 수 있다. 따라서 헌법은 최고의 법적 권한을 사용하여 인권을 성문화하고, 인권의 존중, 보호 및 집행을 위한 강력한 법적 메커니즘을 구축한다. 즉, 헌법은 인간이 인간답게 살기 위해 태어날 때부터 가지는 보편적인 권리인 인권을 보장하는 최고 법률이 되는 것이다. 그래서 헌법 발전의 역사는 인권이 국가적 체계에서 명문화되면서 법률적으로 보장되는 과정이면서 국민의 정치적 권리가 국민과 정치 세력 간에 합의되고 확장되는 민주주의 역사라고 할 수 있다. 민주주의가 성숙하고 정치적 주권자 의식이 높은 민족일수록 헌법을 인권과 민주주의의 보루라고 생각하는 것이 바로 이런 이유 때문이다. 대한민국 헌법은 인간 존엄과 가치, 행복 추구권을 명시하며, 국가가 이러한 기본권을 확인하고 보장할 의무를 지고 있음을 밝히고 있다. 인권은 헌법에 따라 '기본권'으로 구체화되어 국민의 자유, 평등, 참정권 등을 보장하고, 헌법은 이러한 인권 보장을 위한 국가의 통치 조직과 운영 원리를 담고 있다.

| 인권의 정의 및 특성

인권: 인간으로서 가지는 존엄과 가치, 자유와 권리를 의미한다.

보편성: 인권은 특정 지역, 민족, 국적에 관계없이 모든 사람에게 적용된다.

불가침성: 인권은 양도하거나 침해할 수 없는 고유한 권리이다.

| 헌법과 인권의 관계

기본권으로서의 인권: 헌법은 국민의 인권을 '기본권'이라는 이름으로 규정한다.

인권 보장의 근거: 헌법은 인권이 천부적인 성격을 가지며, 인권을

보장하는 토대가 됨을 명시한다.

국가의 의무: 국가는 국민의 불가침의 기본적 인권을 확인하고 이를 보장할 의무를 지닌다.

헌법과 인간 존엄과 가치, 행복 추구권:(대한민국 헌법 10조)

헌법은 인간의 존엄과 가치를 최고의 가치로 삼고, 국민이 행복을 추구할 권리를 가짐을 명시한다.

| 헌법이 보장하는 인권의 종류

1. 생명권:

인간의 생명을 보장하고, 생명 존엄성을 지키는 가장 근본적인 권리이다. 모든 인권의 전제가 되는 권리이다.

2. 자유권:

국가의 부당한 간섭 없이 개인의 자유로운 삶을 누릴 수 있는 권리이다. 신체의 자유, 종교의 자유, 언론 · 출판의 자유, 집회 · 결사의 자유 등이 포함된다.

3. 평등권:

모든 사람은 인종, 성별, 종교, 사회적 신분 등에 관계없이 차별받지 않고 동등하게 대우받아야 한다는 권리이다.

4. 사회권:

인간다운 삶을 살기 위해 필요한 기본적인 의식주와 문화적 생활을 보장받을 권리이다. 노동권, 건강권, 교육받을 권리 등이 여기에 포함된다.

5. 청구권:

다른 기본권이 침해되었을 때, 국가에 대해 구제를 요구하거나 국가기관에 청원할 수 있는 권리이다. 재판 청구권, 국가배상 청구권 등이 이에 해당한다.

6. 참정권:

국민이 국가의 정치 과정에 참여할 수 있는 권리이다. 선거권, 공무담임권 등이 참정권에 포함된다.

| 헌법의 변화와 인권 4세대론

1세대 인권(자유권적 인권): 자유권, 사상의 자유, 양심의 자유, 종교의 자유, 선거권

2세대 인권(사회권적 인권): 노동권, 적절한 생활 수준을 누릴 권리(의식주와 의료 등), 교육권

3세대 인권(집단권 또는 발전권): 평화권, 인도주의적 재난 구제를

받을 권리, 지속 가능한 환경에 대한 권리

4세대 인권(정치적 결정권): 정부나 지자체의 정책 결정 과정에 주권자로서 숙의 토론을 통해 참여하는 권리

인권 보장의 한계:

국민의 자유와 권리는 국가 안전보장, 질서유지 또는 공공복리를 위하여 필요한 경우에 한하여 법률로써 제한될 수 있다.

결론적으로, 헌법은 인간 존엄성을 실현하기 위한 인권의 최고 법적 규범으로서, 국민의 기본권과 정치적 권리를 체계적으로 명시하고 그 보장을 위한 국가의 역할을 명확히 하는 역할을 한다.

☑ 요점 학습

◎ 시민혁명이 표출하고 규정하는 시대적 인간 존엄의 가치와 인권의 정신이 헌법에 구체적으로 구현되기 때문에, 헌법이 명시한 인간존엄성, 자유, 시민권, 평등성 등이 중요하게 된다. 입헌주의적 의미의 헌법은 이를 근대적 의미의 헌법이라고도 하는데, 그 내용은 자유, 평등, 박애의 가치에 기초한 권력의 주체로서 시민주권, 인간존엄성과 행복 추구 등을 보장한 민주정치의 모든 원리를 국가조직의 기본 원칙으로 채택하는 것을 특색으로 한다.

◎ 근대적 헌법은 20세기에 들어와 다시 변천을 보게 되었다. 20세기 이전에는 권력 기관의 침해를 받지 않을 것을 보장하는 자유권에 치중하였으나, 제한 없는 재산권과 경제 활동의 자유는 격심한 경제적 불평등을 초래하였다. 이에 제1차 세계대전 이후 현대적 헌법은 모든 국민에게 인간다운 생활을 보장하는 것으로 모든 시민의 인간적 존엄성과 행복을 보장하는 생존권적 및 사회권적 기본권을 인정하게 되었다.

◎ 민주공화정의 헌법이 시민혁명 당시 시민에 의한 집단적인 시대적 가치로서 표출한 정치철학이나 인권 및 기본권에 대한 것을 추상적으로 표현하였지만, 그것을 구체적으로 실현해 나가는 것에 실정법적 입법이 뒤따르지 않는 한, 헌법은 법률적 강제력이 없는 추상적 인권, 기본권 및 추상적 민주주의에 머무는 경우가 많다. 따라서 시민혁명으로 만들어낸 역사적·헌법적 가치를 실현하기 위해 혁명 이후 다시 침묵하는 민중이 아니라, 헌법적 가치의 입법을 통해 생활 속에서 참여하고 활동하는 시민이 필요하다.

☑ 숙의 토론

1. 헌법 국민주권주의의 의미에 대해 서로 이야기해 봅시다.

2. 헌법은 시민이 혁명을 통해 획득한 인류적 가치와 이념을 명문화한 국가 공동체의 규범이라는 의미에 관해 이야기해 봅시다.

3. 헌법 제정 권력이 국민에게 있는지 생각해 봅시다.

▶ 세종시 산책로에 있는 국민주권 100주년의 여정

2. 최초의 헌법: 고대 아테네 솔로니아 헌법

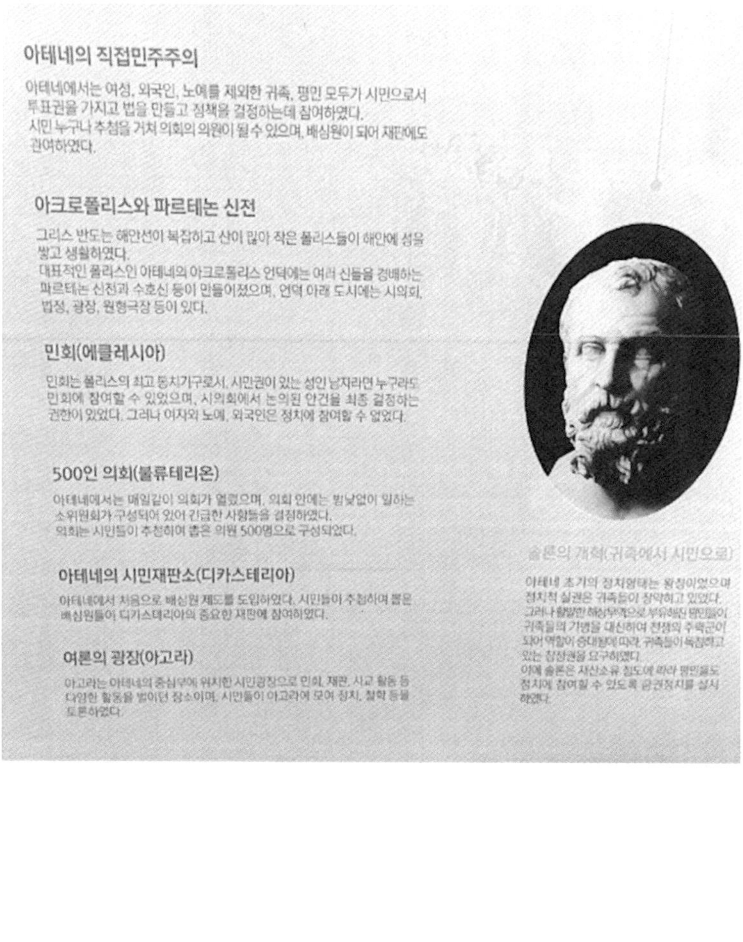

역사적으로 헌법은 민주주의와 직접 연관될 때 나타난다. 현대적 형태의 헌법 개념은 아니지만 인류사에서 최초의 헌법인 솔로니아 헌법을 만든 사람은 기원전 6세기 초 고대 아테네의 집정관이었던 솔론(Solon)이었다. 아테네의 민주주의를 열었던 솔론 시대에 최초 헌법이 만들어졌다는 것은 민주주의와 헌법은 상호 밀접히 연관되어 있다는 것을 말한다. 솔론 시대에 아테네는 심한 빈부격차로 사람들, 파벌 간의 불화로 인해 갈등이 심하고 시민들의 불만은 점차 높아갔다. 부자들만을 위한 법이나 제도에 대해 불만이 팽배하고 시민의 항의와 저항의 목소리가 높아지면서 폴리스는 갈등과 대립이 심해졌다. 시민들은 자신들의 요구를 실현해 줄 사람으로 당시 그들로부터 신뢰를 얻고 있었던 솔론을 집정관인 드라콘으로 선출했다. Solon은 이러한 사회 갈등과 시민의 불만을 잘 알고 있었고 그것을 해결하고자 법률을 수정하거나 폐지를 통해 사회 문제 해결을 시도하였다. 드라콘인 Solon은 법규 공적 및 사생활 전체를 포용하는 포괄적 효과를 발휘하는 헌법을 발표하면서 시민주권이라는 고대 민주주의의 서막을 열었다. 아테네 도시국가에서 모든 시민이 지켜야 할 최고의 규범으로서 헌법을 발표하고 그 헌법을 최고의 규범으로서 안착시켰다.

솔론은 다 망해 가는 전세를 뒤집어 버린 전쟁영웅에, 30년을 질질 끌어온 국내 분쟁을 종식하고, 외교적 영향력마저 과시하였다. 그런 솔론이 국내 모든 계층에게 지지를 받은 것은 어찌 보면 당연한 결과라고 할 수 있을 것이다. 자신의 출생 신분과 사람들에게 보여준 신념과 정치력을 통해 신뢰를 얻음으로써, 솔론은 이미 국내 가장 유능하고 영향력 있는 정치인이 되어 있었다. 따라서 아테네의 모든 사람이 솔론이라면 당시 경제위기를 극복하고 정치제도를 혁신해 줄 거라 기대하게 된 건 당연한 것이었다. 이제 솔론은 가계부채 해소와 토지의 편중 현상의 해결, 그리고 정치제도의 혁신을 요구받게 되었다. 대중적 신뢰를 통해 아르콘으로 선정된 그는 취임하면서 평등은 분쟁을 낳지 않는다고 말했고, 그 결과 부유층과 빈민층 모두가 그를 지지했다. 즉, 극심한 빈부격차로 인한 사회 변화에 대한 시민의 강력한 요구를 솔론은 시민의 정치참여와 평등원칙을 통해 해결해 나갔다. 세계 첫 헌법은 자신들의 운명을 스스로 개척하려는 시민들의 공동 의사가 시민 정치참여와 평등주의로 명문화되면서 탄생하였다.

▶ 솔론의 헌법에 기초해 시민이면 누구나 참여해 법률과 정책을 결정했던 아고라 일부

솔론의 민생 위주의 계급 연합적 헌법

그가 사람들에게 확실히 보여준 정책은 "무거운 짐 덜어주기"(세이사크테이아)라는 이름으로 시행된 부채탕감 정책이라고 할 수 있다. 솔론은 당시 아테네에 현존하는 모든 부채를 탕감하고, 이후 인신을 담보로 한 대출을 금지했다. 담보로 압류당한 농경지도 부채탕감에 포함되었다. 또한 부채로 인해 노예 신분으로 추락한 시민들을 전부 해방시켰다. 처음에는 솔론의 "무거운 짐 덜어주기" 정책은 모든 진영의 반발을 산다. 당시 지주 및 귀족계층은 부채탕감으로 자신들의 채권이 사라지자 반발했다. 그러나 솔론 자신도 막대한 양의 부채를 탕감해 주었다는 것이 알려지자, 어느 정도의 반발은 수그러들었다. 한편, 빈곤층은 솔론의 정책이 담보로 압류당한 토지를 돌려주었을 뿐, 전면적인 토지 재분배 정책은 시행하지 않자, 불만을 나타냈다. 토지 없는 빈곤층은 다시 빚을 내서 생계를 유지할 수밖에 없었기 때문이다. 따라서 솔론은 토지를 재분배하든가, 아니면 다른 방책을 고안해야 했다. 솔론의 해결책은 단순히 부채탕감 수준을 넘어 사회 전반적인 산업구조 전체의 변화에 관한 헌법적 법률들을 만드는 것이었다.

일단 솔론은 농업 생산성을 증진시키기 위한 법률을 제정한다. 플루타르코스에 따르면, 당시 아티카 일대는 토양이 척박하여 농경보다는 목축이 어울릴 정도에, 만성적인 수자원 부족에 시달리고 있었다. 솔론은 작물들 상호 간 재배 간격 규제 법률을 시행하여 농경지의 피로도를 관리하고, 우물의 설치 및 활용에 대한 관련 규정들을 만들어 부족한 수자원의 문제를 해결하였다. 그러나 이 정도로는 아티카에 유입된

다수의 인구를 먹여 살리기엔 식량이 턱없이 부족했다. 그러자 솔론은 부족한 식량 전량을 해외 수입에 의존하기로 한다. 그러나 무역상들은 팔리지 않는 식량을 빈민층을 위해 수입하지 않자, 그는 올리브 산업을 집중적으로 육성하는 방향으로 산업구조를 재편한다.

솔론은 올리브 외의 농산품 수출을 규제하고 식량의 해외 유출을 방지한다. 결국 할 수 없이 지주들은 수입 주요 작물을 올리브로 전환해야만 했다. 이제 아티카는 올리브만이 유통되었다. 그런데 올리브는 올리브유로 가공해야 하므로, 아테네에는 올리브기름 짜는 인부, 기름 짜는 기계를 만드는 기술공, 올리브유를 담는 도기를 만드는 도공 등의 많은 일자리가 창출되었다. 솔론은 빈민층의 자식들이 이러한 기술들을 익히고 수입을 얻게 하였다. 그 결과 지중해 세계에서 아테네 도자기 기술 수준은 타 도시국가를 능가하게 된다. 아티카 인구의 4분의 1가량이 도자기 산업에 종사하면서, 아테네의 도자기 또한 아테네의 주력 수출 상품이 되었다. 결국 솔론은 아테네 산업구조 혁신을 통해 배경과 출신이 아닌 경제적 수준에 따라 정부 기관에 참여할 수 있게 하는 자격 차등제를 시행한다. 이러한 솔론의 정치제도 개혁은 후세에 금권정치라고 불린다. 각각의 계층의 이름과 기준은 다음과 같다.

- 펜타코시오메딤노이 - 500메딤노스 이상
- 힙파다텔루테스(기병 복무 가능자) - 300메딤노스 이상
- 제우기타이(중장보병 복무 가능자) - 200메딤노스 이상
- 테테스(날품팔이) - 200메딤노스 이하

이 중에서도 최하위 계층인 테테스는 민회에는 참여할 수 있었지만, 법률이나 정책을 입안하거나 제안할 자격은 없고, 배심원으로만 활동할 수 있는 것이 한계였다. 이후 페리클레스 시대 민주정의 꽃인 500인 평의회 전 단계인 400인 민회를 만들었다. 아티카 일대에 거주하는 4개 부족에서 100명씩 선발된 위원들로 구성되었는데, 안건은 4개 부족의 사전 검토를 받고 심의를 모아 나가면서 숙의민주주의의 원리를 구현했다. 전현직 아르콘들이 참여하는 아레오파고스 회의는 아테네의 최고 법정으로 기능하였다. 민회에는 시민이 참여하고 법정은 귀족이 담당하는 계급 연합 정책을 시도하였다. 그러나 솔론은 일부러 법조문에 해석의 여지를 두어, 대부분의 분쟁이 어떤 식으로든 민회에 상정될 수밖에 없는 구조로 만들어 놓았다. 따라서 이후 민회는 아테네 정치에

▶ 법정 역할을 한 아테네의 아레오파고스 언덕

서 매우 중요한 기관으로 부상한다. 게다가 솔론은 부당한 피해를 시민이라면 누구나 민회에서 가해자를 고발할 수 있게 하였다. 따라서 최고 법정은 아레오파고스가 되었지만, 최종 법정은 민회가 되어 버린다. 결국 민회는 상위 회의 기관들의 통제를 받기는 하지만, 막강한 권한을 갖게 되었다. 솔론 본인도 자신이 만들어 놓은 상호 견제 구조가 마음에 들었는지, 자신은 양 파벌의 가운데에 서서 방패를 들고 양측 모두를 지켜 주었다는 시를 읊기도 했다.

이 외에도 솔론은 다양한 법과 규제를 제정하거나 수정하였다. 예를 들어 대부분 처벌이 사형으로 고정된 드라콘의 법을 폐지하여 각각의 범죄에 대한 형량을 정하였다. 예를 들어 불륜을 저지른 남자는 현장에서 발견 즉시 즉결 처분이 가능하지만, 여자를 납치한 자는 100드라크마, 유혹한 자는 20드라크마 벌금을 부과하였다. 또한 공공 행사 참여 의무 법률을 제정하여, 시민들에게 일정한 양만큼 공공 행사에 출석하게 하였다. 솔론은 일정량 이상 출석하지 않는 자는 공익을 무시한다는 명목으로 처벌하도록 규정하였다. 그 이외로도 천문학 연구 결과를 달력에 반영하여 각 달을 30일로 산정하는가 하면, 결혼이나 상속, 여성에 대한 규제를 만들었으며, 올림피아 제전 우승자보다도 전사자에 대한 보훈제도를 강화한다. 그 이외로도 다양한 제도들을 제정하였다. 스파르타의 리쿠르고스와 달리, 솔론은 대부분의 법률을 성문법으로 공표한다. 그러나 앞서 언급한 바와 같이 법안 자체를 일부러 애매하게 만들었기 때문에, 법안의 의미에 대한 질문 요청과 개정 요구가 빗발친다. 그런데 솔론에게 있어서 본인 스스로가 질문에 하나하나 모두 답변하거나 개정 요구에 모두 응답하는 것은 법률을 제정한 의미가 없는 것이었다. 그의 이러한 모습은 민주주의와 조화로운 사회는 헌법의 문구로 이루어지는 것이 아니라, 시민의 자발적 숙의를 통한 합의와 조정이라는 성숙한 정치 문화로 이루어진다는 것을 느끼게 해준다.

☑ 요점 학습

◎ 현대적 형태의 헌법 개념은 아니지만 인류사에서 최초의 헌법인 솔로니아 헌법을 만든 사람은 기원전 6세기 초 고대 아테네의 집정관이었던 솔론이었다. 아테네의 민주주의를 열었던 솔론 시대에 최초 헌법이 만들어졌다는 것은 민주주의와 헌법은 상호 밀접히 연관되어 있다는 것을 말한다.

◎ 최하위 계층인 테테스는 민회에는 참여할 수 있었지만, 법률이나 정책을 입안하거나 제안할 자격은 없고, 배심원으로만 활동할 수 있는 것이 한계였다. 이후 민주정의 꽃인 500인 평의회 전 단계인 400인 민회를 만들었다. 아티카 일대에 거주하는 4개 부족에서 100명씩 선발된 위원들로 구성되었는데, 안건은 4개 부족의 사전 검토를 받고 심의를 모아 나가면서 숙의 민주주의의 원리를 구현했다.

◎ 민주주의와 조화로운 사회는 헌법의 문구로 이루어지는 것이 아니라, 시민의 자발적 숙의를 통한 합의와 조정이라는 성숙한 정치 문화로 이루어진다는 것을 느끼게 해준다.

☑ 숙의 토론

1. 민주주의가 꽃이 피는 시기에 헌법이라는 것이 만들어지는 이유에 대해 생각해 봅시다.

2. 민주주의는 헌법과 같이 법 규정도 중요하지만, 그보다 더 중요한 것이 무엇이라고 생각하나요?

3. 로마의 헌법

▸ 529년 4월 7일 – 동로마 제국의 유스티니아누스 1세가 '로마법 대전'(시민법대전, Corpus Iuris Civilis)의 첫 번째 초안 편찬

■ 로마 공화정 시대의 헌법

다양한 성문법과 로마 특유의 불문법, 관습에 기반해 거의 500년 동안 지속된 헌법이다. 기본 틀은 로마 왕국 시절의 헌법에 기반해, 실질적이고 의미 있게 변모해 발전했다. 로마 공화정 헌법은 크게 3가지 집단이 서로 견제와 균형을 하며 도시국가의 과두정 체제의 중요 원리를

두고 운용됐다.

■ 로마 시민권자로 구성된 민회

로마 공화정 체제하에서 로마의 인민과 민회는 궁극적인 주권의 원천이었다. 로마의 정치는 공화정 제도였으므로, 시민들은 대표자를 뽑지 않고 각 민회에 직접 투표했다. 그러나 시민 투표자들은 투표 외에 다른 권력은 없었다. 각 민회는 로마 정무관이 주재했으며, 이 사람이 절차와 적법성에 대한 모든 결정을 내렸다. 궁극적으로 민회를 주관하는 정무관의 권력은 민회에서 거의 절대적이었다. 이 권력에 대한 견제는 다른 정무관의 거부권밖에 없었다. 기원전 4세기 무렵, 일반적으로 공화정 체제의 꽃으로 불린 집정관, 원로원, 호민관 같은 제도가 정착했고 원로원 중심의 과두정 체제가 안정기에 접어들게 됐다고 평가받는다. 그러나 후기 공화정 체제로 불린 기원전 2세기 이후, 여러 혼란과 내전을 거치면서 서서히 공화정 체제의 여러 제도가 위협받게 된다. 이는 마리우스와 술라의 임페리움 다툼 이후, 술라 체제가 들어서면서 큰 전환을 맞게 된다. 술라 개혁은 결과론적으로 실패했고, 이는 계속된 내전을 초래한다. 이는 카이사르의 후계자 아우구스투스가 악티움 해전을 끝으로 사실상 유일무이한 로마의 일인자가 되면서 형식적 공화정체-실질적 제정으로 불린 프린키파투스로 바뀌게 된다.

■ 로마 원수정 시대의 헌법

학계 분류상 프린키파투스로 불리는, 원수정 시대 동안의 로마의 헌법은 통상적으로 옥타비아누스(아우구스투스), 마르쿠스 빕사니우스 아그리파 주도로 진행된 두 번의 헌법 조정(조정 헌법)을 통해 진행된 개헌 절차로 만들어진 뼈대에 기반한다. 이것은 공화정 시대의 민회 중심의 헌법과는 달랐다. 초대 황제 아우구스투스가 40년 넘게 로마 공화정 시대의 전통 및 관습을 서서히 개조해 만든 헌법인 만큼, 국가체제의 변화와 개혁은 2대 황제 티베리우스 통치 기간에 완성됐다고 평가받는다. 초대 황제 아우구스투스, 2대 황제 티베리우스 아래에서 세워진 원칙, 관습에 따르면서도 기본 틀은 국가 원수인 프린켑스 혹은 임페라토르와 집단 통치 기구인 원로원이라는 두 동등한 정부 기관의 상호 공존에 기반한 형식적 공화정체였지만, 실질적으로는 입헌군주정 또는 실질적 종신 세습 대통령제였다. 따라서 초대 황제 아우구스투스 이래 황제로 번안되는 임페라토르/프린켑스가 로마 제국의 진정한 권력 권한인 임페리움을 합법적으로 쥐고 있기 때문에 공화정 시대와 달리 원로원의 권한은 크지 않았다. 더구나 아우구스투스 이래 반역법, 간통법이 황제만 가질 수 있는 합법적인 무기가 되고 티베리우스, 칼리굴라, 클라우디우스 1세 시대를 거치며 황제가 민회를 이용해 2:1 구도로 국정을 통치하며 원로원을 견제하면서 원로원을 허수아비로 만들게 된다. 아울러 여러 권한이 2대 황제 티베리우스 시대 후기부터 황제가 거의 장악한 상태가 되고, 서기 41년 칼리굴라 암살 직후 원로원의 공화정 복귀 시도가 완전히 무산되면서 클라우디우스 시대 이후 '황제 〉원로원' 구도가 확립된다. 로마 원수 황제 시대의 헌법은 황제권의 독주에 귀족으로 구성된 원로원이 종속되고 민의 정치참여는 사라지는 권력 체계를 성문화한 것이었다.

| 정부 체계

로마 공화정은 정무관(행정), 원로원(귀족), 민회(평민) 3개가 지배하는 체제로서 왕정, 귀족정, 민주정이 혼합된 혼합 공화정이라 할 수 있다. 공화정 초기부터 로마인들은 파트리키(Patricii)라는 귀족과 플레브스(Plebs)라는 평민으로 나뉘었다. 왕정이 무너진 뒤 이것을 주도한 브루투스는 해마다 두 명의 집정관(consul)을 뽑아 통치를 맡기는 방식을 고안해 내고 이것은 로마의 전통이 되었다고 한다. 초기의 집정관은 연임을 무한히 할 수 있었다. 집정관의 권력은 실로 막강하여 모든 현안을 그들의 재량대로 처리할 수 있었다. 그런데 몇몇 뛰어난 인물들이 집정관을 독식하자 또 다른 왕정으로 변신하게 될 것을 우려한 로마의 귀족들과 시민들이 연임을 제한하게 된다. 그러나 그 결과 집정관은 경험이 없는 뜨내기가 맡는 직위가 되어 버렸고, 집정관들은 주로 집정관 경험이 있는 사람들이 모인 엘리트 집단인 원로원의 조언을 듣고 일을 처리하고자 하였으므로 원로원의 권력은 점점 비대해지게 되었다.

원로원

-1년 임기를 마친 정무관으로 구성(임기는 종신)

-형식적으로 집정관에 의해 소집

-실질적으로 공화정 최고 권력기관

(원로원의 충고-왕들의 모임)

정무관
-임기1년, 무보수,
민회에서 선출
-최고 지위는 **두 사람의 집정관**에게!
***집정관** : 행정 및 군사대권 장악,
원로원과 협의해 민회 소집 권한,
상호간 완전한 합의 필요(권력 비대화 방지),
국가비상시엔 한 사람의 독재관에게
전권 위임(기간은 6개월)
***법무관** : 사법 관장
***에딜레(조영관)** : 공공건물 유지 관장, 축제 관장
***재무관** : 국고 수입을 관장
***감찰관** : 시민의 도덕과 풍기 감찰

민회
-씨족적 사회~지역국가적 시민공동체로 발전
***쿠리아회** : 가장 오래된 민회, 씨족적 조직에 따라
구성,
귀족에 의해 지배
***병사회(켄투리아회)** : 시민을 193개의 백인대로
조직,
재산에 따라 5등급으로 나눈 일종의 시민총회,
집정관을 포함한 고위 정무관 선출,
전쟁과 강화의 결정, 기타 입법
***평민회(트리부스회)** :
호민관 선출
***부족회** : 평민회의 확대.개편(푸블리우스법),
재산에 상관없이 귀족&평민 모두 참석, 입법권은
없음

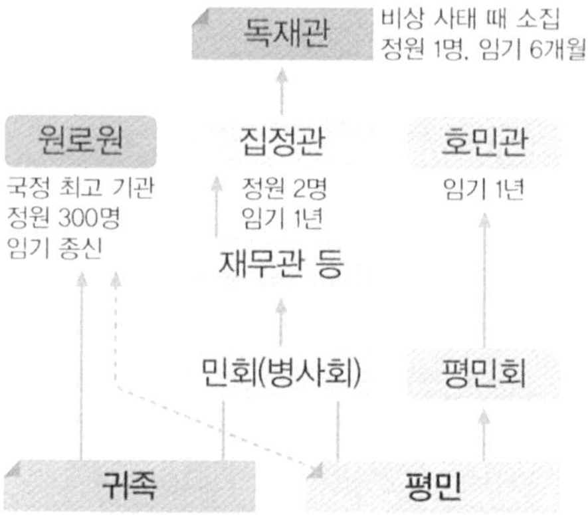

▲ 로마 공화정의 구조

민회

당대 역사가 폴리비오스에 따르면, 로마의 인민(그리고 민회)은 정무관 선출, 법령을 제정하며, 사형을 집행하고, 전쟁과 화의 여부를 결정하며, 동맹을 체결(혹은 파기)할 수 있는 최종 결정권을 가졌는데, 쿠리아, 켄투리아, 트리부스 3개 민회로 분류되어 있었다. 로마 공화정 민회는 아테네 민회에서 영향을 받은 것으로 인민과 민회는 궁극적인 주권의 원천이었다. 로마의 정치는 공화정 제도였으므로, 시민들은 대표자를 뽑지 않고 각 민회에서 직접 투표를 통해 국정을 결정했다. 그러나 시민 투표자들은 투표 외에 다른 권력은 없었다. 각 민회는 로마 정무관이 주재했으며, 이 사람이 절차와 적법성에 대한 모든 결정을 내리게 되면서 민회를 주관하는 정무관의 권력이 민회에서 거의 절대적이었다. 이 권력에 대한 견제는 다른 정무관의 거부권밖에 없었다. 즉, 로마의 민회는 행정의 통치성이 인정되었다는 점에서 아테네식 민회와 달랐지만, 시민의 정치적 평등권이 보장되는 시민주권의 원리를 차용해 헌법으로 규정했다.

민회 절차

의장 격인 주재 정무관 말고도 민회에서는 보조자로 다른 정무관들도 있었다. 또 의례와 전통을 중시하면서 종교 공무원도 출석하거나 부를 수 있었는데, 신의 전조(omen)를 해석하는 일을 했다. 민회를 주재하는 정무관은 회의가 자신이 원치 않는 방향으로 흘러갈 때 불길한 징조를 핑계로 회의를 중단할 수 있을 정도로 일정 독자적 권한을 가지고 있었다. 주재 정무관이 내린 결정은 호민관이나 상위 정무관이 거부할 수 있으면서 권력 분립을 통한 상호 견제 기능을 했다. 현대 대의제의 권력분립이 사실상 로마 공화정에서 비롯된 것을 알 수 있다. 건국 초 매디슨(Medison)이 미연방공화국을 로마 혼합적 공화정의 기본 틀에서 차용한 것은 익히 알려진 사실이다. 투표일에 유권자들은 자신의 투표 단위(쿠리아, 켄투리아, 트리부스)로 분류되지는 않는다. 시민은 입법이나 사법 사안에 대한 안건이 표결에 부쳐질 때만 대중 앞에서 연설할 수 있었다. 관직 선출 표결 때에는 일반 시민이 발언하지 않았으며, 대신에 공직 후보자가 유세했다. 회의하는 동안 "포고자"(herald)라는 관리가 표결해야 할 안건을 읽었다. 그리고 트리부스로 구성된 민회의 경우 투표 순서가 이미 정해져 있었다. 호민관은 이 투표 순서가 정해지는 시점 이전에 계류된 법안에 대해 거부권을 쓸 수 있었다. 투표인은 회의가 파했음을 들으면, 공적인 민회로 모인다. 이들은 항아리에 조약돌이나 투표용지를 넣는 방식으로 투표했다. 이

투표함은 관리들이 감시하며, 표를 세서 민회 주재 정무관에게 결과를 보고한다. 표가 과반에 이르면, 표결은 중지되고 안건의 처리가 결정된다. 즉, 로마는 원로원, 집정관을 통해 귀족들의 정치적 권한을 인정하였지만, 기본적으로 국정은 민회에서 결정했다. 로마 공화정에는 근현대 대의제에서 보이는 선거로 선출되는 대표자의 개념은 존재하지 않는다.

쿠리아 민회

가문 공동체에 해당하는 민회이다. '쿠리아'(Curia, 가문별 공동체)의 논의에 따라 다양한 결정이 내려진 것으로 알려졌다. 공화정 시대에는 이미 그 권력은 축소되었고, 제사장의 취임, 입양 등 제한적인 결정밖에 할 수 없었다.

켄투리아 민회

로마의 군단 편성을 기초로 하는 켄투리아회(comitia centuriata) 내지 '兵員會'는 '최대 집회'(comitiatus maximus)라고 불리며 가장 중요한 민회로 위치 지워졌다. 켄투리아회는 집정관, 법무관, 호구 총감 등의 고등 정무관 선출권을 보유하고, 사형에 관한 형사재판권도 장악하였다. 켄투리아회에서는 193개의 부대마다 1표가 부여되었지만, 그 구성은 현저하게 부유층에 유리하였다. 그것은 귀족이 18개의 기사 부대를, 재산액에 따라 5계급으로 구분하여 제1계급이 80개의 중장 보병부대를 구성하였기 때문에, 이것만으로 과반수가 되었기 때문이다. 투표는 기사로부터 계급순으로 행해졌기 때문에, 의결도 선거도 부유층의 투표만으로 결정되어 버리는 경우가 통상적이었다. 더욱이 무장은 자신이 부담하는 것이 원칙이었기 때문에 무산자(proletarii)에게는 병역의 의무도 없고 처음부터 민회에 참가할 자격도 없었다.

트리부스 민회(부족회)

부족 의회(Tribal Assembly)로 부족(tributim)들이 소집한 모든 로마 시민으로 구성된 집합체였다. 로마 공화정 시기에 시민은 35개의 부족을 기반으로 조직되어 있었다. 4개의 로마 시내 부족과 31개의 시 외곽 부족이 있었다. 부족들은 입법, 사법, 선거와 관련된 문제에 투표하기 위해 부족 의회를 소집했다. 각 부족은 별도로 분리되어 투표했다. 부족마다 다수결 득표에 의한 결정이 내려졌으며, 각 부족이 보유한 선거인 수와 관계없이 결정은 1표로 계산되었다. 일단 대다수의 부족이 주어진 방법과 같은 방법으로 투표하면 투표가 끝나고 문제가 결정되었다.

평민 민회

평민위원회에 해당하는 민회이다. 원래는 공적인 민회가 아니라 평민인 플레브스가 귀족인 파트리키의 지배에 대항하여 자발적으로 모인 회의에 불과했다. 귀족과의 투쟁 속에서 고대 로마의 공적인 민회로 지위를 획득했다. 평민만 참가할 수 있으며, 또한 의결은 1명이 1표를 가진 다수의 결정이며, 계급이 있었던 켄투리아 민회보다는 훨씬 민주적이었다. 처음에는 2명의 호민관을 선출하는 권리만을 가지고 있었지만, 이후에 「호르텐시우스 법」에 의해 법안 의결권도 부여되었다.

4. 프랑스 대혁명과 헌법

1) 프랑스 인권 선언

모든 인간은 평등한 권리를 가진다

〔Declaration of the Rights of Man and of the Citizen〕

1789년 제3신분회의 국민의회 선언으로 시작된 프랑스 혁명은 루이 16세가 재정상의 어려움을 타개하고자 삼부회를 소집했고, 구체제의 폐정에 분노한 평민회가 프랑스 전체를 대표하는 국민의회를 구성한 다음에 이 선언을 채택했다. 「프랑스 인권 선언」은 근대의 자연법과 계몽사상을 통해 성장한 인간해방의 이념을 담고 있으며, 근대 시민사회의 정치 이념을 명확히 표현하고 있다. '인간은 자유롭고 평등한 권리를 가지고 태어났다'라는 것을 제1조로, 종교의 자유와 언론의 자유는 법률로써 보호되었고, 소유권은 신성불가침한 지위를 부여받았으며, 공직과 지위는 시민 중산층에도 개방되었다. 라파예트 등이 기초한 이 선언은 구체제의 모순에 대한 시민계급의 자유 선언이면서, 헌법 제정을 위한 강령으로서의 성격을 띠고 있다. 1791년 프랑스 헌법의 전문으로 채택된 「프랑스 인권 선언」은 세계 각국의 헌법과 정치에 커다란 영향을 미쳤다. 원제는 인간과 시민의 권리선언(프랑스어:

▶ 「프랑스 인권 선언」은 프랑스 혁명이 진행되고 있던 1789년 8월 26일에 선언되었다. 국민의회가 시민으로서 누려야 할 권리에 대해 명시한 「인간과 시민의 권리 선언」은 이후 만들어지는 프랑스 헌법의 정신적 · 이념적 토대가 되었다.

Déclaration des droits de l'Homme et du citoyen)으로서 에마뉘엘 조제프 시에예스와 질베르 뒤 모티에 드 라파예트 후작이 토머스 제퍼슨의 도움을 받아 초안을 작성했다.

배경

1789년 프랑스 국민의 봉기는 바스티유 감옥 습격 사건으로 절정에 달했다. 바스티유 감옥의 붕괴는 파리 시민들에게 극적이고 상징적인 사건이었다. 이는 국왕군의 무력에 맞선 민중들의 기적적인 승리였다. 루이 16세는 항복했다. 이 봉기는 국민의회의 해산을 막았으며 프랑스 혁명에 결정적 계기를 부여하였다. 국민의회는 '봉건제의 폐지'뿐만 아니라 '가톨릭교회의 십일조, 관직의 매수, 지역적 특혜, 재정적 특권의 폐지'도 포고하였다. 파리 시내 곳곳에서 구체제의 상징으로 여겨졌던 가톨릭교회는 시민들에게 공격받았다. 루이 16세의 항복으로 국민의회가 새로운 헌법을 작성하기 시작했다. 헌법 초안을 작성하는 데는 몇 개월 정도의 시간이 걸리기 때문에 국민의회는 새 헌법의 정신을 담은 기본 원리를 공표하였는데 이것이 바로 프랑스 인권 선언이다.

제1조는 인간의 기본권을 설명, 제2조는 저항권, 제3조는 국민주권의 원리에 관한 조항이다. 제11조는 사상과 언론의 자유에 대하여 제16조에서는 권력분립의 원칙과 관련해서 중요하게 평가되고 있는 조항이 있다. 즉, "권리의 보장이 확보되어 있지 않고, 권력의 분립이 규정되어 있지 아니한 모든 사회는 헌법을 가지고 있지 아니하다"라고 규정하고 있다. 제17조에는 소유권의 신성불가침에 대한 조항이다. 오늘날 각국의 성문 헌법은 권리의 보장을 선언한 권리장전과 국가권력

의 체계를 규정한 국가법 부분으로 크게 두 가지 규정이 담겨 있다.

▶ 삼부회: 프랑스 혁명 전에 성직자, 귀족, 평민 대표로 구성된 신분제 의회로, 국왕의 자문기구로 출범하였다.

제1조(인간의 기본권)

인간은 자유롭고 평등한 권리를 지니고 태어나서 살아간다. 사회적 차별은 오로지 공공 이익에 근거할 경우에만 허용될 수 있다.

제2조(저항권)

모든 정치적 결사의 목적은 인간이 지닌 소멸될 수 없는 자연권을 보전하는 데 있다. 이러한 권리로서는 자유권과 재산권과 신체 안전에 대한 권리와 억압에 대한 저항권이다.

제3조(국민주권)

모든 주권의 원리는 본질적으로 국민에게 있다. 어떤 단체나 개인도 국민으로부터 직접 나오지 않는 어떤 권력도 행사할 수 없다.

제4조

자유는 타인을 해치지 않는 한 모든 행위를 할 수 있는 자유를 의미한다. 따라서 각자의 자연권 행사는 다른 사회 구성원에게도 동등한 권리를 보장해 주어야 할 경우 말고는 어떤 제약도 받지 않는다. 이러한 제약은 오로지 법에 의해서만 결정될 수 있다.

제6조(일반의지와 주권의 행사)

법은 일반의지의 표현이다. 모든 시민에게는 직접 또는 대표자를 통해 법의 제정에 참여할 권리가 있다. 법은 보호하는 경우든 처벌하는 경우든 간에 모든 사람에게 똑같이 적용되어야 한다. 모든 시민은 법률상으로 평등하므로, 자신의 품성이나 능력에 의한 차별 이외에는 아무런 차별 없이 자신의 능력에 따라 모든 명예를 동등하게 누릴 뿐만 아니라 공적인 직위와 직무를 동등하게 맡을 수 있는 자격이 있다.

제7조

법에 의해 규정된 경우가 아니거나 법에 의해 규정된 형식에 따르지 않고서 누구도 기소되거나 체포되거나 구금되어서는 안 된다. 누구든 자의적인 명령을 간청하거나 선동하거나 집행하거나 집행되도록 원인을 제공하는 자는 처벌받아야 한다. 하지만 법에 의거해 소환되거나 체포된 시민은 누구든지 지체 없이 그 조치에 따라야 하며, 이에 저항하는 행위는 범죄가 된다.

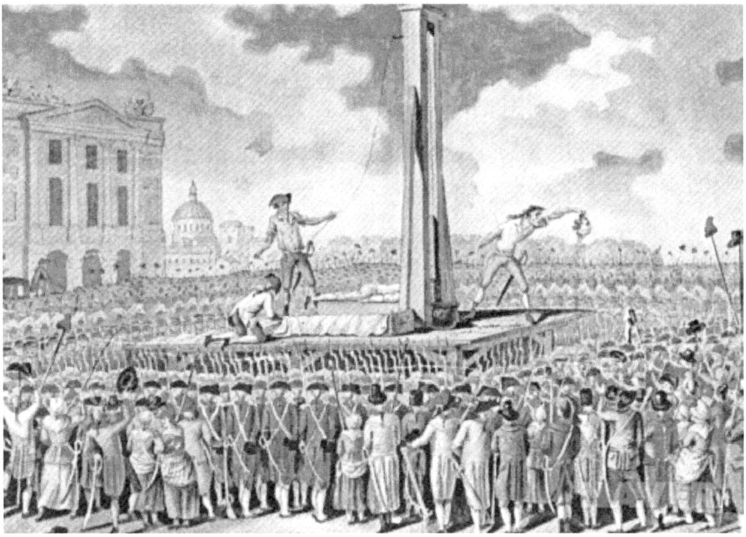

▶ 1793년 프랑스 혁명 이후 단두대에서 처형당하는 루이 17세

제8조

법은 엄격하고도 명확하게 처벌에 관한 조항을 규정해 두어야 하고, 범죄를 저지르기 이전에 제정되어 공포된 법에 의거해서 합법적으로 법의 적용을 받는 경우 이외에는 어느 누구도 처벌을 받아서는 안 된다.

제9조

모든 사람은 유죄 선고를 받기 전까지는 무죄로 추정되므로, 설사 체포할 수밖에 없는 상황일지라도 피의자의 신병 확보에 필요하지 않은 모든 가혹 행위는 법에 의해 엄격히 제한되어야 한다.

제16조(권력분립)

법의 준수가 보장되지 않거나, 권력분립이 확정되지 않은 사회는 결코 헌법을 갖추지 못한다.

제17조(소유권)

소유권은 신성불가침의 권리이므로, 법에서 규정한 공공의 필요성에 의해 명백히 요구되는 경우 이외에는 누구도 소유권을 박탈할 수 없다. 또한 그러한 경우라 해도 소유자가 사전에 정당하게 보상을 받는다는 조건을 갖추어야 한다.

2) 프랑스 최초 헌법(1791년)

1791년 프랑스 헌법(Constitution de 1791)은 1789년 프랑스 대혁명의 영향을 받아 만들어진 프랑스 인권선언에 기초해 1791년 9월 3일 제정된 프랑스 최초의 헌법이다.

1789년 6월 9일 테니스 코트의 서약 이후 헌법 제정 국민의회는 헌법을 제정할 뜻을 표하고, 7월 9일에 국민의회는 "입헌의회"(Assemblée nationale constituante)로 개칭하여 입헌 체제 확립에 착수했다. 그러나 7월 14일 바스티유 감옥 습격 사건을 계기로 프랑스 혁명이 시작되고, 「프랑스 인권 선언」이 채택되고 또한 「성직자기본법」의 제정 등 우여곡절을 거쳐 1791년 9월 3일 프랑스 최초의 헌법이 제정되었다.

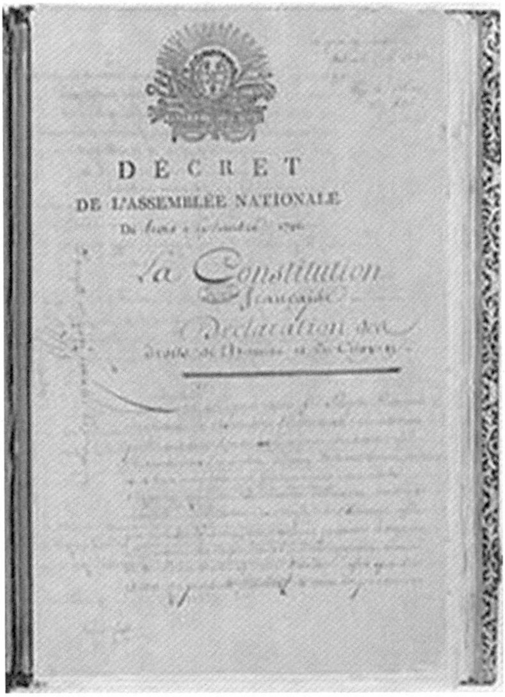

DÉCRET
DE L'ASSEMBLÉE NATIONALE
La Constitution
Déclaration des

현행 프랑스 헌법은 1958년 10월 4일 기존의 프랑스 제4공화국(1946~1958년) 헌법을 대체하여 입법된 헌법이다. 이 헌법의 공표로 프랑스 제5공화국이 수립되었기에 프랑스 제5공화국 헌법이라고 부른다. 미셸 드브레가 헌법의 초안을 작성하였고 발효 이후 2011년 1월 말까지 24회의 개정이 있었다.

개요

프랑스 헌법은 프랑스의 국체를 정의하고 국가 기구의 종류와 구성

방법을 정하며, 인민의 기본권을 보장하고 시민의 권리와 의무를 규정한다. 프랑스 헌법의 전문은 1789년 인권선언과 이를 보완한 1946년 프랑스 헌법에서 보장된 인권, 2004년 환경헌장에 정의된 권리와 의무를 계승한다고 명시하고 있다. 헌법의 전문은 기존에는 선언적 의미만 인정되었으나 프랑스 헌법평의회가 1970년 결정에서 헌법 전문을 근거로 삼으면서 이후 실질적 효력이 인정되고 있다.

역사적 개요

인간과 시민의 권리선언

프랑스의 법체계는 근대 프랑스의 복잡한 역사를 거치면서 형성되기 시작하였다. 프랑스 혁명 이전의 프랑스의 법률은 기본적으로 군주와 국가의 기능을 구분하지 않았으며, 고대 로마 시기부터 내려오던 살리카법과 삼부회를 바탕으로 관습적 자치권, 그리고 국왕참사회를 통한 통치와 같은 몇 가지 국가의 기본법을 바탕으로 유지되고 있었다. 그러나 이 모든 것은 대부분 성문화되지 않은 관습법이었으며, 중대한 국사에 대해서만 국왕이 특별히 칙령을 선포하였다. 절대주의 시기 프랑스의 주권은 국왕 한 사람에게 있었고, 루이 14세는 쥘 마자랭이 사망하자 국왕참사회의 폐지와 국왕 친정을 선포한다.

계몽주의가 발전함에 따라 민주주의와 인권에 대한 논리가 발전하기 시작하였다. 계몽주의자들은 국가를 사회계약설에 의한 공동체로 파악하였고, 따라서 국가의 운영에 성문법이 필요하다고 보았다. 또한, 국가의 운영에서 독재를 방지하려면 권력분립이 필수적이라고 생각하였다. 이들은 자연법사상에 따라 태어나자마자 시민의 기본권이 존재한다고 믿었고 이를 명문화해야 한다고 주장하였고 프랑스 혁명과 함께 인간과 시민의 권리선언을 만들었다. 흔히 1789년 인권선언으로 불리는 이 선언은 기본권, 주권 제민, 권력분립을 규정한 최초의 성문 헌법이다.

▶ 영화 〈레미제라블〉(2012)에서 1832년 6월 봉기를 묘사한 장면. 파리 시민들이 붉은 깃발을 흔들며 '민중의 노래'를 합창. 6월 봉기는 단 이틀 만에 진압됐지만 빅토르 위고가 이를 소설 『레미제라블』로 남기며 다시 알려진다. [UPI코리아]

1789년 일어난 프랑스 혁명 후에도 정치는 여전히 왕정, 민중 삶은 피폐. 1832년 참정권 요구하며 들고 일어나 정부군과 시가전 벌여 800여 명 사상. 결국 1848년 '2월 혁명'서 투표권 쟁취.

제1공화국에서 나폴레옹 전쟁까지

인간과 시민의 권리선언은 비록 프랑스 혁명의 이상을 구현한 헌장이었지만, 혁명 이후 정부의 구성과 국체의 확립은 순탄하지 않았다. 애초 혁명 직후 수립된 국민의회는 루이 16세의 왕권은 정지하였지만, 공화국을 천명할 생각은 없었다. 이들은 왕국에서 절대주의를 제거한 입헌군주제를 목표로 하여 프랑스 입헌왕국을 수립하였다. 루이 16세를 비롯한 왕가와 오스트리아를 비롯해 주변의 앙시앵 레짐의 왕들과 귀족들은 혁명 정부를 전복하기 위해 반혁명 전쟁을 시작했다. 이런 상황에서 혁명 정부 겸 입법부의 역할을 하고 있던 국민공회(다수는 지롱드파가 차지하고 있었다)는 루이 16세가 국외 망명을 시도하다 체포되자 그를 단두대로 처형하였다. 이로써 왕정이 종식된 프랑스는 1791년 최초의 근대적 선거에 의해 선출된 국민 제헌의회에 의해 1791년 프랑스 헌법을 제정하고 국체를 공화국으로 선포하여 프랑스 제1공화국이 출범하였다. 당시 헌법의 전문에서 선포한 "통합적이고 나뉠 수 없는 공화국"은 현행 헌법 전문 제1조에도 남아 있다.

신생 프랑스 공화국의 정치는 매우 어수선하였다. 주변의 제후들은 여전히 공화국 전복과 앙시앵 레짐의 복귀를 획책하고 있었고, 국내에서는 자코뱅파의 산악파가 정적들을 반혁명 세력으로 몰아 숙청하는 공포 정치를 펼쳤다. 1793년 프랑스 헌법은 자코뱅의 공포 정치 추진을 위해 제정된 헌법에는 "인민주권"을 처음으로 명문화하였다. 자코뱅의 공포 정치는 결국 테르미도르의 쿠데타로 막을 내렸다. 그러나 불안정한 정치 상황은 더욱 흔들릴 뿐이었다. 1795년 공화력 3년 헌법은 확고한 삼권 분립과 의회의 양원제를 도입하였으나 매우 비효율적이었다. 1799년 나폴레옹 보나파르트는 쿠데타로 정권을 장악하고 공화력 8년 헌법으로 통령정부를 수립하였다. 이후 프랑스의 권력은 나폴레옹에게 집중되기 시작하였고 브뤼메르 18일 쿠데타를 통해 통령정부는 붕괴하여 나폴레옹 1인 종신 통령제가 실시되었다. 공화력 12년 헌법을 통해 프랑스 제1 제정이 수립되어 나폴레옹은 황제에 오르게 된다. 나폴레옹은 계속하여 여러 나라와 전쟁을 벌였다. 이를 나폴레옹 전쟁이라 한다. 나폴레옹 전쟁은 워털루 전투를 끝으로 나폴레옹이 실각하면서 끝났고, 그 결과 열린 빈 회의에서 결정된 빈 체제는 유럽을 나폴레옹 전쟁 이전으로 돌리고자 하였다. 프랑스에도 왕정복고가 이루어져 7월 왕정이 수립되었다.

제2공화국에서 제3공화국까지

빈 체제 이후에도 프랑스에서 공화국에 대한 열망은 사라지지 않았고, 결국 1848년 2월 혁명이 일어나 프랑스 제2공화국이 출범하였다. 1848년 프랑스 헌법은 프랑스 제2공화국의 국체를 정의한 헌법이다. 이 헌법은 선거권을 가진 유권자를 "21세 이상의 전과가 없는 모든 남성"으로 규정하여 이전까지 있었던 납세 기록 제한을 철폐하였다. 이로써 남성들에 대한 보통선거가 시작되었다. 그러나 여성 참정권은 여전히 주어지지 않았다. 또한 이 헌법은 노예세를 완전히 폐지하였다. 프랑스 제2공화국은 통령이었던 루이 나폴레옹 보나파르트(나폴레옹 보나파르트의 조카)의 쿠데타로 종식되고 조카는 삼촌의 전례에 따라 황제에 올라 나폴레옹 3세가 되었다. 1852년 프랑스 헌법으로 출발한 프랑스 제2 제정은 1870년 보불전쟁에 패할 때까지 유지되었다. 나폴레옹 3세의 보불전쟁 패배 이후 1875년 프랑스 헌법이 제정되었고 프랑스 제3공화국이 출범하였다. 프랑스 제3공화국은 혁명 이후 가장 안정적인 공화국이었다. 이 시기 프랑스는 벨 에포크로 불리는 경제 성장과 문화 발전의 시기를 맞았다. 이 시기는 종종 프랑스의 황금기로 평가된다. 20세기 초 제1차 세계대전은 파리까지 포격을 당하는 위기였지만, 제1차 세계대전 이후로도 프랑스는 세계적인 선진국 가운데 하

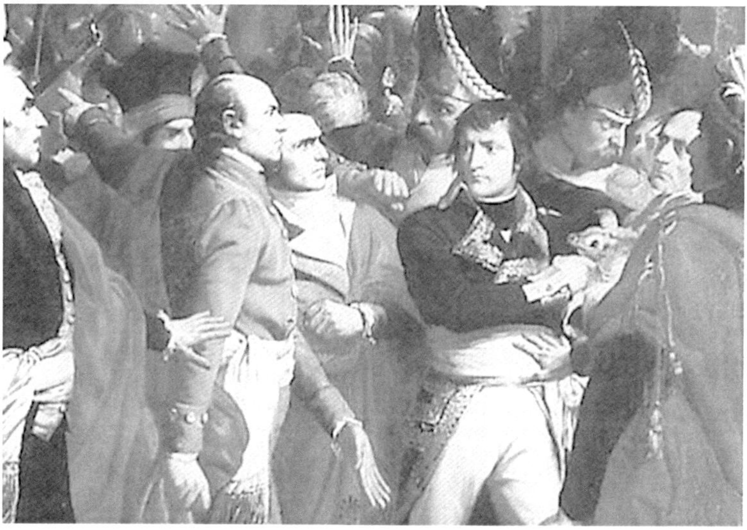

▶ 브뤼메르 18일 쿠데타(18 Brumaire)는 1799년 11월 9일(프랑스 혁명력 안개 달(霧月, 브뤼메르) 18일), 나폴레옹이 총재 정부를 전복하고 군사 쿠데타를 일으킨 사건을 말한다. 그는 집정 정부를 수립하고, 스스로 제1 집정이 되었다. 프랑스 혁명은 여기에서 끝났다. 날짜를 따서 브뤼메르 18일이라고도 한다. 진짜 혁명은 1794년의 테르미도르의 쿠데타로 끝났고, 타성으로 계속된 부르주아에 의한 혁명이 나폴레옹에 의해 숨통이 끊어졌다고 말할 수 있다.

나였다.

제2차 세계대전과 제4공화국

제2차 세계대전이 일어난 지 얼마 지나지 않아 프랑스는 항복을 선언하였고 비시 정부가 수립되었다. 그러나, 샤를 드골을 중심으로 한 자유 프랑스는 정부의 항복을 인정하지 않았고 레지스탕스 운동을 벌이며 항전하였다. 제2차 세계대전이 연합국의 승리로 끝나자, 자유 프랑스 역시 연합국의 일원으로 프랑스를 탈환하였다.

1946년 프랑스 헌법으로 프랑스 제4공화국이 출범하였다.

| 제5공화국

1958년 10월 4일 현재의 헌법이 제정되어 프랑스는 제5공화국이 되었다. 제5공화국 헌법의 개정은 드골주의에 대한 비판에서 출발한다. 대통령이 너무 강력한 행정권을 갖고 있어 정부에 대한 의회 통제가 어렵다는 점이 정치 구조 변화의 주요 원인이었다. 이에 따라 현행 개정 헌법은 총리와 장관은 대통령이 임명하지만, 국회가 이들을 불신임하여 퇴임시킬 권리를 갖는다. 이를 이원집정부제라고 한다.

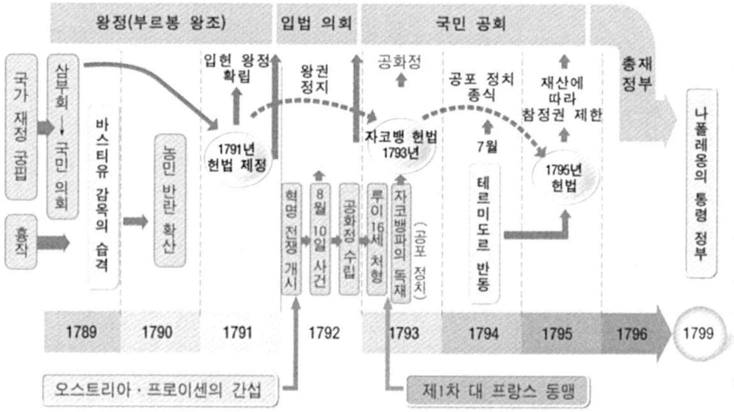

〈역대 프랑스 헌법〉

헌정 체제	헌법	지속 기간	특기 사항
군주제	1791년 프랑스 헌법	1791, 1792년	대의제, 국민주권 선언 제한 선거(선거권: 취득세 납부 남성) 강화된 권력분립(대통령제 유형) 인간과 시민의 권리 선언
제1공화국	1793년 프랑스 헌법	정치 상황으로 미적용	회의체, 인민주권 선언 보통선거 및 민주주의 선언 국민투표의 도입 인민에 의한 의안 채택
	공화력 3년 헌법	1795–1799년	강화된 권력분립(대통령제 유형) 제한 선거, 양원제, 국민주권
	공화력 8년 헌법	1799–1804년	통령정부 제1집정관에게 유리한 권력 융합 위헌법률 심사제도의 시초
제1 제정	공화력 12년 헌법	1804–1814년	황제 독재
	1815년 프랑스 헌법	1815년 4월 6일 (백일천하)	의회주의 성격의 권력 공화제

헌정 체제	헌법	지속 기간	특기 사항
왕정복고 (7월 왕정)	1814년 헌장	1814–1830년	군주 주권, 이원적 의회제 제한 선거
	1830년 헌장	1830–1845년	국민주권, 연성 헌법
제2공화국	1848년 프랑스 헌법	1845–1851년	남성 보통선거권 선언, 노예제 폐지 강화된 권력분립, 대통령직선제
제2 제정	1852년 프랑스 헌법	1852–1870년	황제 존엄 선언, 황제 독재 위헌법률심사제도, 국민투표
	1870년 프랑스 헌법	1870년 5월 9일	의회제 복귀
제3공화국	과도기	1871–1875년	회의제 연성 헌법 1871년 리베 법률
비시 정부	헌정 중단기	1940년 7월 11일– 1944년 8월 9일	나치 점령기 괴뢰정부 샤를 드골 망명 정부 헌법
제4공화국	1946년 프랑스 헌법	1946–1958년	강력한 대통령중심제 식민지를 포함한 프랑스 연합 선언, 사회적 권리 선언
제5공화국	1958년 프랑스 헌법 현행 헌법	1955–현재	이원집정부제 도입 위헌법률심사제도

출처: 구글 위키백과

☑ 요점 학습

◎ 「프랑스 인권 선언」은 근대의 자연법과 계몽사상을 통해 성장한 인간해방의 이념을 담고 있으며, 근대 시민사회의 정치 이념을 명확히 표현하고 있다. '인간은 자유롭고 평등한 권리를 가지고 태어났다'라는 것을 제1조로, 종교의 자유와 언론의 자유는 법률로써 보호되었고, 소유권은 신성불가침한 지위를 부여받았으며, 공직과 지위는 시민 중산층에도 개방되었다.

◎ 법은 일반의지의 표현이다. 모든 시민에게는 직접 또는 대표자를 통해 법의 제정에 참여할 권리가 있다. 법은 보호하는 경우든 처벌하는 경우든 간에 모든 사람에게 똑같이 적용되어야 한다. 모든 시민은 법률상으로 평등하므로, 자신의 품성이나 능력에 의한 차별 이외에는 아무런 차별 없다.

◎ 계몽주의가 발전함에 따라 민주주의와 인권에 대한 논리가 발전하기 시작하였다. 계몽주의자들은 국가를 사회계약설에 의한 공동체로 파악하였고, 따라서 국가의 운영에 성문법이 필요하다고 보았다. 이들은 자연법사상에 따라 태어나자마자 시민의 기본권이 존재한다고 믿었다. 1789년 인권선언으로 불리는 이 선언은 기본권, 주권재민, 권력분립을 규정한 최초의 성문 헌법이다.

☑ 숙의 토론

1. 프랑스 인권 선언이 기본권, 주권재민, 권력분립을 규정한 최초의 성문 헌법으로 인류와 현대사에 어떠한 영향을 주었다고 생각하는가?

2. 법은 일반의지의 표현이라는 의미에 대해 생각해 봅시다.

5. 미국의 독립선언

미국 독립선언(美國獨立宣言, Declaration of Independence)은 1776년 7월 4일 당시 영국의 식민지 상태에 있던 13개의 주가 서로 모여 필라델피아 인디펜던스 홀에서 독립을 선언한 사건을 일컬으며, 이 「미국 독립선언문」은 이후 미국 공화국 헌법의 토대가 되어 이후 수정 헌법을 만드는 원본이 되었다.

오늘날 미국에서는 7월 4일을 독립기념일로 정해 축제를 열고 있다. 독립선언 후 약 8년간에 걸친 싸움 끝에 1783년 9월 3일에 비로소 미국은 영국과 프랑스로부터 이른바 「파리 조약」을 거쳐 완전한 독립을 인정받게 되었다.

배경

1762년 2월, 프렌치 인디언 전쟁이 끝나면서 영국 왕 조지 3세와 영국 의회는 '인지세법'(1765년), '타운센드법'(1767년)과 같은 식민지 미국에 대한 과세와 지배를 강화했다. 본국 정부에 의한 식민지 압박 정책은 점차 식민지 사람들에게 불만과 반발을 초래하여 민심 이반이

IN CONGRESS. July 4, 1776.

The unanimous Declaration [illegible] States of America,

▶ 1783년 미 독립선언문

일어난다. 각각 독자적인 발전을 추진했던 13개 식민지는 1772년 11월 연락 조직으로 교신위원회를 발족시킨다. 이 위원회는 1774년 9월 제1차 대륙회의(조지아 식민지 제외한 12개 식민지 대표 모임)로 발전하고 본국 정부와의 화해를 도모했다. 그러나 이듬해 1775년 4월, 렉싱턴 콩코드 전투에서 영국군과 식민지 민병대 사이에 교전이 일어나게 되고, 미국 독립 전쟁의 포문이 열렸다. 1775년 5월 10일, 제2차 대륙회의가 열렸다(13개 식민지 대표가 모인). 이때까지는 무력 충돌에도 불구하고, 여전히 본국 정부와의 화해의 길을 모색하고 있었다. 그러나 정세는 날로 악화되었고, 1776년 1월 독립을 주장하는 토마스 페인의 저서 『상식(Common Sense)』이 출간되어 베스트셀러가 되면서, 식민지 주민과 식민지 대표들 사이에서도 독립론은 최고조에 달했다. 1775년 제2차 대륙회의에서 벤저민 프랭클린, 존 애덤스(제2대 대통령), 로저 셔먼, 로버트 리빙스턴, 토머스 제퍼슨(제3대 대통령) 다섯 사람이 미국 독립선언서의 기초 작업을 수행했다. 1775년 제2차 대륙회의부터 미국 독립전쟁이 시작되었다. 정치 철학적 리더십의 집단적 행동으로서의 독립선언서는 미국과 유럽의 수십 년간에 걸친 정치적 · 철학적 논쟁의 산물이라고 볼 수 있다. 제퍼슨과 그의 추종자들은 그리스와 로마 사상가들의 작품을 그 시대의 원전으로 해독하고 인용할 수 있을 만큼 고전에 밝았을 뿐만 아니라 당시의 새로운 사상에도 해박한 사람들이었다.

자연법사상

미국 독립선언은 식민지인의 불만을 상세히 기술하고, 다수의 혁명 이론을 집약하였다. 식민지인에게 "자연법과 자연에 신의 법이 부여하는 지위" 및 인간이 "창조주로부터 부여받은" 권리에 주의를 환기시키고 있다. 또한 독립선언 전문은 독립전쟁을 정당화하는 자연법이론의 영향을 강력히 반영하고 있다. 자연법사상에 따라서 당시 국왕이 하던 노예무역을 비판하던 문항이 초고에 있었지만, 대륙회의는 과반수의 동의하에 그 문항을 삭제했다. 독립선언서에 서명한 자들은 대부분 버지니아의 농장주였다. 이런 면에서 독립선언은 한계가 있다고 볼 수 있다.

〈미국 독립선언〉

제1장

인류의 역사에서 한 민족이 다른 민족과의 정치적 결합을 해체하고, 세계의 여러 나라 사이에서 자연법과 자연의 신의 법이 부여한 독립, 평등의 지위를 차지하는 것이 필요하게 되었을 때 우리는 인류의 신념에 대해 엄정하게 고려해 보면서 독립을 요청하는 여러 원인을 선언할 수밖에 없게 되었다.

제2장

우리는 다음과 같은 사실을 자명한 진리로 받아들인다. 즉 모든 사람은 평등하게 창조되었고, 창조주는 몇 개의 양도할 수 없는 권리를 부여했으며, 그 권리 중에는 생명과 자유와 행복의 추구가 있다. 이 권리를 확보하기 위하여 인류는 정부를 조직했으며, 이 정부의 정당한 권력은 인민의 동의로부터 유래한다. 또 어떤 형태의 정부이든 이러한 목적을 파괴할 때는 언제든지 정부를 개혁하거나 폐지하여 인민의 안전과 행복을 가장 효과적으로 가져올 수 있는, (중략) 이와 같은 정부를 타도하고 미래의 안전을 위해서 새로운 보호자를 마련하는 것은 그들의 권리이며 또한 의무인 것이다.

| 미국 헌법(Constitution of the United States)

미국 헌법(Constitution of the United States)은 미국의 최고 법이다. 미국에서 헌법이란 성문 헌법인 헌법전과 불문헌법인 판례법을 포함한 소위 헌법률을 의미한다. 미국은 연방정부와 주정부로 구성한 연방국이므로 연방헌법 이외 각 주는 주 헌법이 따로 있다. 1787년 5월

IN CONGRESS, JULY 4, 1776.

A DECLARATION

BY THE REPRESENTATIVES OF THE

UNITED STATES OF AMERICA,

IN GENERAL CONGRESS ASSEMBLED.

JOHN HANCOCK, PRESIDENT.

CHARLES THOMSON, SECRETARY.

▶ 1789년 미연방 최초 헌법

25일에서 9월 17일까지 펜실베이니아주 필라델피아에서 열린 필라델피아 제헌 회의(헌법 회의, Constitutional Convention)를 기원으로 하여, 1789년 13개 주에서 '인민'(the People)의 이름으로 비준한 미국 헌법은 총 7개조이며, 1969년 7월까지 26회 수정해서 현재 50개 주 정치의 규범이 되었다. 헌법 첫 3개조는 연방정부를 3개 부로 구성하는 권력분립의 원리를 기술하고 있다. 제4조는 각 주의 권리와 의무, 주 사이 관계를 기술한다. 제5조는 헌법 개정의 절차를 규정하며, 제6조는 연방 최고법으로서 헌법의 위치를 규정하고 있다. 제7조는 헌법의 비준과 효력의 발휘에 관한 사항을 정한다. 헌법은 미국법과 정치, 문화에서 중심을 차지한다. 미국 헌법은 1600년 산마리노 법을 빼면 가장 오래된 국가의 헌법이다. 산마리노 법은 이게 헌법인지에 관해 학자들 사이에 논쟁이 있다. 미국 헌법의 정식 사본은 워싱턴 특별 구에 있는 미국립공문서기록관리국(United States National Archives and Records Administration, 통칭 NARA)에 전시되어 있다.

| 역사

초안과 비준의 요구

1776년 각 식민지 대표로 구성된 대륙회의가 미국 독립선언을 하고, 공화정을 채택하여 13개 연방이 탄생했다. 이들이 소위 독립 시의 13개 주이다. 1781년에 영국과의 독립전쟁을 승리한 미국 각 주의 대표자들은 연합 규약(혹은 연방 헌장, Articles of Confederation, 1781~1788년)을 채택하였다. 연합 규약은 각 주의 대표로 구성되는 연방 의회(Confederation Congress)를 설치하는 등 주 상호 간의 정치적 유대관계를 강화하기 위하여 제정되었다. 1785년 9월 5개 주에서 온 위원들은 애너폴리스 헌법 회의에서 만나 상업을 증진시킬 연방 조항의 조정을 주제로 토론했다. 그들은 각 주 대표를 소집해 필라델피아 연방정부의 역할 증진을 토의했다. 이 논의 뒤에 1786년 2월 21일 연방 회의(Congress of the Confederation)는 연방 조항을 개정하는 계획에 서명했다. 12개 주는(로드아일랜드가 유일한 예외) 이 초청을 받아들여 1787년 5월에 대표를 보냈다. 소집된 회의의 목적은 연방 조항의 수정이었으나 회의에서는 아예 헌법을 다시 쓰기를 제안했다. 필라델피아 헌법 제정 회의는 비밀리에 숙고하기로 하고 새로운 기본적인 정부를 설계하기로 했다. 마침내 13개 주 중 9개 주가 새 정부가 효력을 발휘하는 것에 대해 비준하였다(효력은 서명한 9개 주에만 적용됨). 미국 헌법은 헌법제정회의에서 제정되었다. 이 회의를 주도한 인물은 제임스 매디슨(제4대 대통령)과 그의 친구 알렉산더 해밀턴이었다. 연방주의자 논집의 편집자였던 이들의 가장 큰 관심사는 다수 대중의 횡포로부터 소수를 보호하는 문제였다.

미국 헌법은 제임스 매디슨[1]의 생각이 구체화된 것이라고 해도 지나

1 미국의 대의제 공화정을 창시한 매디슨 역시 고대 민주주의는 철저히 비판한다. 그에 의하면, '순수 민주주의'는 항상 비관용적이고 부당하며 불안정했다. 작은 규모의 공간에서 대면 정치는 다수를 차지하는 파벌의 소수에 대한 독주와 독선이 일반적이라는 것이다. 그래서 그는 순수 민주주의는 소란과 분쟁으로 언제나 개인의 안전 및 소유권과 양립 불가능하다고 주장했다(매디슨, Federalist Papers, 20, no. 10).

치지 않다. 그는 1787년의 논쟁에서, 민주제보다는 대의제와 같은 것으로 이해되는 공화제를 선호하였다. 공화제 정부 이념의 창시자이자 유일한 변호자였다. 즉, 그는 민주제란 개개의 사람들이 모여 몸소 통치하는 것이라고 보았고, 공화제는 그들이 모여 그들의 대표자와 집행자들이 통치하도록 하는 것이라고 하였다. 알렉산더 해밀턴은 영국의 귀족주의를 열렬히 찬미하고 숭배하였으며, 민주주의가 국민의 변덕과 감정적이고 충동적인 분위기에 의해 좌우되는 통치라고 이해하였다. 동료인 제임스 매디슨과 달리, 미국 상원을 국민의 대표가 아니라, 귀족의 대표라고 보았다.

필라델피아 헌법 회의에서의 작업

버지니아 안은 헌법에 대한 비공식적인 토의로 주로 제임스 매디슨이 초안하였다. 계획에서 큰 주의 이익에 중점이 두어졌고 다음과 같은 점이 제안되었다.

- 하원과 상원의 강력한 양원제
- 입법부가 뽑는 행정부 (대통령)
- 사법부는 평생 임기에 권력이 약함
- 국가 의회가 주 법률에 대해 거부권을 행사할 수 있음

또 다른 제안이었던 윌리엄 패터슨의 뉴저지 안은 각 주에 동등한 비중을 두었기에 작은 주들이 지지하였다. 코네티컷의 로저 셔먼은 대타협을 중재했는데, 이에 따라 하원은 주민을 대표하고 상원은 주를 대

▸ 〈독립선언(Declaration of Independence)〉, 존 트럼불, 1818~19, 캔버스에 유화. 제2차 대륙회의에서 13개 식민지 대표가 미국 독립선언문 초안에 서명하는 모습을 그린 그림. 미국 2달러 지폐의 도안이기도 하며, 원본 그림은 1826년 이래 미국 국회의사당 로툰다 벽면에 전시되어 있다. [출처: 구글]

표하고 대통령은 정예의 선거인단에 의해 선출이 결정되었다. 노예제도에 대해서는 명확한 언급은 없었지만 5분의 3인 노예는 각 주의 인구로 집계되어 하원의 비율을 정하는 데 사용되었다. 도망한 노예는 되돌아가도록 결정되었다. 1787년 9월 17일 새 헌법 초안이 필라델피아 연방 회의에서 완성된 후 벤저민 프랭클린은 모든 주가 비준해 줄 것을 호소했다. 새 헌법이 발효되기 위해서는 최소 9개(13의 2/3)의 연방이 비준해야 했다. 여러 주에서 비준을 둘러싸고 격렬한 논쟁이 이루어졌고 특히 뉴욕주에서 반대 의견이 강했다. 알렉산더 해밀턴은 이 상황에 위기감을 가지고 매디슨 등과 협력하여 약 7개월 동안 매주 신문에 익명으로 헌법 초안을 옹호하는 글을 계속 발표했다. 이것이 나중에 정리된 것이 연방주의자(The Federalist)이다.

『연방주의자 논설』은 미국 헌법이 근대 철학자의 자유주의와 인간 이기주의 사상에 기초하고 있다. 홉스의 전통에 따라서 인간을 자기 이익을 추구하는 존재로 파악한 연방주의자들은 로크의 자연권론에 입각해 인간의 권리를 보장할 것을 주장하며, 대중민주주의 및 대의제(representation)를 옹호했다. 또한 이들은 몽테스키외의 이론에 근거해 한편으로는 덕과 다른 한편으로는 상업 정신에 기반한 공화주의의 이상을 실현하고자 했으며, 로크에서 시작되어 몽테스키외에 와서 완성된 권력 분립론에 따라 삼권의 분립과 권력의 견제와 균형이 보장되는 새로운 형태의 정치체제를 실현하고자 했다. 이처럼 인간 본성에 관한 논의, 민주주의 및 대의제에 관한 논의, 공화주의에 관한 논의, 삼권분립에 관한 논의는 연방주의자들의 주장의 핵심을 이룬다. 이들의 주장은 결국 민주주의에 기초한 '거대한 상업 공화국'의 건설을 옹호하는 '새로운 정치학'(new science of politics)으로 귀결된다.

새 헌법이 1789년 3월 4일 발효되었고 수정안 권리장전(Bill of Rights)이 1791년 12월 15일 발효되었다.

미국의 권리장전(수정 헌법 10개조)

아메리카합중국이 1789년에 제정한 수정 헌법 10개조를 의미한다. 미국의 최초 헌법은 권력 기관을 구성하는 원리만을 기술했을 뿐 시민의 권리에 대해서는 언급이 없었다. 그래서 수정 헌법으로 10개조를 추가하게 되었다. 참고로 미국 헌법은 개정되더라도 기존의 조항을 삭제하거나 수정하지 않고 남겨두며 수정 헌법으로 추가하는 방식을 취한다. 오늘날의 연방헌법은 17차례의 개정을 거쳐, 제27조까지 존재한다. 그래서 수정 헌법 1~10조가 권리장전이고, 그 이후의 17개 조는 기존 헌법 조항을 수정하는 문구이다. 권리장전의 내용은 다음과 같다.

제1조: 종교, 언론, 출판, 집회의 자유, 청원 권한

제2조: 인민의 무기 소지의 권리

제3조: 연방 군대의 의무

제4조: 영장 없는 수색, 체포, 압수 금지

제5조: 형사 소송상의 권리

제6조: 공개 재판, 공정한 재판을 받을 권리

제7조: 민사 사건의 배심원 심리 보장

제8조: 과잉 처벌의 금지

제9조: 인민의 일반적 권리

제10조: 주와 인민이 보유하는 권리

현대 민주 국가에서 지극히 당연한 규정 가운데, 돋보이는 것은 단연 제2조일 것이다. 미국이 연방 차원에서 무기 소지를 허락하는 이유는 미국 수정 헌법 제2조 덕분이다. 헌법에 인민이 무기를 소지함으로써 자신을 지킬 권리가 있다는 규정이 버젓이 나온다. 미국은 연방제이므로 각 주가 어느 수준까지 무기 소유권을 보장할지 결정한다.

헌법의 다른 조항들도 수정하기가 쉽지 않지만, 수정 헌법 1~10조까지의 조항은 국민의 권리를 언급하기 때문에 수정하기가 더 어려워서 현실적으로 불가능에 가깝다. 다른 조항은 추후 변경될 수도 있다는 것을 염두에 두고 제정되었지만, 권리장전 10개조는 미국이 존재하는 한 그대로 남아 있어야 하는 헌법의 기본 정신으로 만들어졌다.

이후의 수정 조항(제11~27조)

수정 헌법 제11조 이후의 조항은 많은 주제를 다루고 있다. 그중에서도 개인과 시민의 자유와 정치적 자유를 확대한 것이 많았고, 일부는 기본적인 정부의 구조를 바꾸는 것이 있었다. 수정 헌법 제21조는 수정 헌법 제18조를 철폐하는 것이므로, 27개 수정안 중 26개가 현재 효력을 발생하고 있다. 괄호 안은 비준 완료, 성립된 연도를 나타낸다.

수정 헌법 제11조: 각 주의 주권의 포기 (1795년)
수정 헌법 제12조: 대통령과 부통령 선거에서 선거인 투표 규정 (1804년)
수정 헌법 제13조: 노예제 폐지 (1865년)
수정 헌법 제14조: 인권의 정의, 시민의 특권 · 면제, 적법 절차의 권리와 법 아래 평등 국가에 의한 침해 금지와 하원 의원 정수 규정 (1868년)
수정 헌법 제15조: 흑인 참정권 규정 (1870년)
수정 헌법 제16조: 소득세의 과세 (1913년)

수정 헌법 제17조: 상원 의원의 선출 규정 (1913년)

수정 헌법 제18조: 금주법 제정 (1919년)

수정 헌법 제19조: 여성 참정권 (1920년)

수정 헌법 제20조: 미국 의회의 회기와 대통령 임기와 상속 규정 (1933년)

수정 헌법 제21조: 수정 헌법 제18조(금주법)의 폐지 (1933년)

수정 헌법 제22조: 대통령의 당선 횟수를 2기로 제한 (1951년)

수정 헌법 제23조: 콜롬비아 특별 행정구에 대통령 선거를 인정하는 규정 (1961년)

수정 헌법 제24조: 인두세 등 세금 납부 여부를 이유로 대통령, 연방의회 등의 선거권을 제한하는 것이 금지 (1964년)

수정 헌법 제25조: 대통령이 공석일 때 부통령의 승계 규정과 부통령이 결원일 경우에 그것을 채우는 규정 (1967년)

수정 헌법 제26조: 18세 이상 선거권 부여 (1971년)

수정 헌법 제27조: 미국 의회 의원의 보수 변경 규정 (1992년)

☑ 요점 학습

◎ 1775년 발표된 정치 철학적 리더십의 집단적 행동으로서의 독립선언서는 미국과 유럽의 수십 년간에 걸친 정치적·철학적 논쟁의 산물이라고 볼 수 있다. 제퍼슨과 그의 추종자들은 그리스와 로마 사상가들의 작품을 그 시대의 원전으로 해독하고 인용할 수 있을 만큼 고전에 밝았을 뿐만 아니라 당시의 새로운 사상에도 해박한 사람들이었다.

◎ 미국 헌법은 헌법제정회의에서 제정되었다. 이 회의를 주도한 인물은 제임스 매디슨(제4대 대통령)과 그의 친구 알렉산더 해밀턴이었다. 연방주의자 논집의 편집자였던 이들의 가장 큰 관심사는 다수 대중의 횡포로부터 소수를 보호하는 문제였다. 그는 1787년의 논쟁에서, 천박하고 무지한 대중이 통치하는 민주제는 위험하다고 생각하고 소수의 탁월한 선택자들이 통치하는 대의제와 같은 것으로 이해되는 공화제를 선호하여 현재의 미국 공화정의 토대를 만들었다.

◎ 권리장전은 아메리카합중국이 1789년에 제정한 수정 헌법 10개조를 의미한다. 미국의 최초 헌법은 권력 기관을 구성하는 원리만을 기술했을 뿐 시민의 권리에 대해서는 언급이 없었다. 그래서 수정 헌법으로 10개조를 추가하게 되었다. 참고로 미국 헌법은 개정되더라도 기존의 조항을 삭제하거나 수정하지 않고 남겨두며 수정 헌법으로 추가하는 방식을 취한다.

☑ 숙의 토론

1. 미국 독립선언의 의미와 민주주의 역사에 미친 영향을 생각해 봅시다.

2. 미국 헌법이 시민결정은 거부하고 선출된 정치인이 권력을 운영하는 대의제 공화정으로 설계된 이유에 대해 생각해 봅시다.

6. 대한민국 헌법

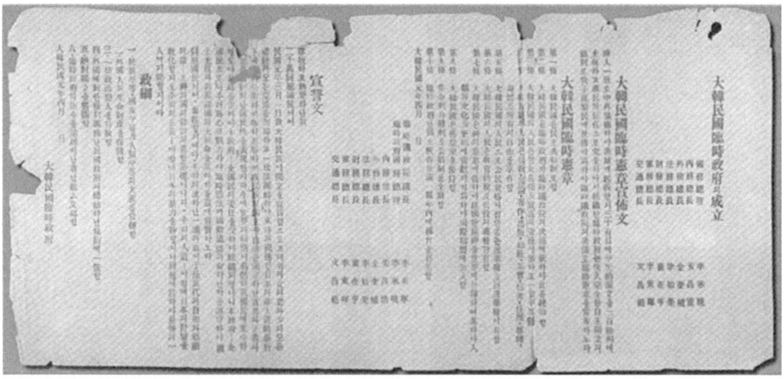

▶ 1919년 4월 11일 공포된 대한민국 임시헌장

■ 대한민국 헌법의 역사

◆ 임시헌법의 시대

대한민국 임시헌장

1919년 4월 11일 공포한 상해임시정부의 첫 헌법이다. 총 10조로 된 간략한 내용으로 구성되어 있다. 국호를 '대한민국'으로 정하였고, 정치체제를 '민주 공화제'로 한다고 명시하였다. 구황실을 우대하였다.

또한 오늘날 유엔(국제연합)의 전신인 국제연맹에 가입한다고 하였다.

한성임시정부 약법

1919년 4월 23일 서울에서 설립된 한성임시정부의 헌법이다. 이후 9월 11일 상하이임시정부로 통합되었다.

대한민국 임시헌법

1919년 9월 11일 공포한 대한민국 임시정부의 헌법이다. 총 8장 58조의 상세한 내용으로 구성되어 있다. 국호는 '대한민국'으로 하고, 정치체제는 '민주공화정'으로 하며, '대통령제'를 채택하여 임시 대통령이 국가를 대표하고 정무를 총괄하며 법률을 공포하도록 하였다. 제3조에 대한민국의 영토는 구한국(대한제국)의 판도로 한다고 명시하고, 제7조에 대한민국은 구황실을 우대한다고 하여, 대한민국 임시정부가 대한제국을 계승함을 분명히 하였다.

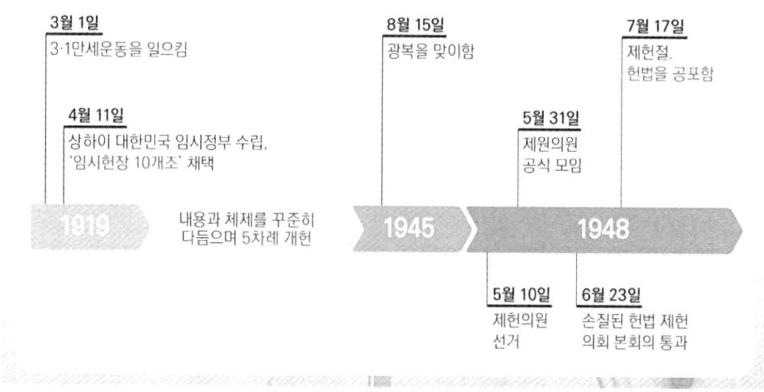

◆ 제헌 헌법

제정 과정

제2차 세계대전이 일본의 패망으로 끝나고 미국과 소련의 양 연합군이 한반도에 진주하게 되었다. 이후 북위 38도를 기준으로 북쪽에는 소련군이 남쪽에는 미군이 군정을 실시하게 되었고, 한반도의 장래 문제는 모스크바 3상 회의와 미소공동위원회를 거치면서 임시정부를 수립하고 5년간의 신탁통치를 통해 완전한 독립을 도모하기로 한 안이 나오게 되었지만, 한국민들의 강한 반대에 직면하게 되었다. 결국 1948년 2월 27일, UN 총회에서는 총선거를 실시하되 가능한 지역 내에서만 실시하여 정부를 수립하기로 결의하였다. 결국 1948년 5월 10일, 대한민국 최초의 국회의원 선거가 실시되어 198명의 의원으로 구성된 제헌국회가 구성되었다. 이렇게 구성된 제헌국회는 곧 이승만을 의장으로 선출하여 헌법 제정에 착수하였다. 이어 헌법 기초의원 30명과 전문위원 10명으로 헌법기초위원회를 구성하였으며 정부 형태는 의원내각제와 양원제 국회를 기본으로 하고, 위헌법률심사권을 대법원에 부여한 유진오의 안이 헌법기초위원회에 제출되었다. 하지만 내각제안은 이승만 의장의 강력한 반대로 인하여 단원제 국회와 대통령제 정부 형태, 헌법위원회가 위헌법률심사권을 가진 안으로 변경되어 국회 본회의에 상정되었다.

주요 내용

제헌 헌법은 전문과 10장 103조로 구성되었으며, 전문에서는 3.1 운동을 통해 대한민국을 건립한 독립 정신을 계승한다고 규정하고 있다. 이는 대한민국 임시정부 수립 직후에 만든 대한민국 임시헌법에서도 3.1 운동의 독립 정신을 계승한다고 밝혔듯이 임시정부의 법통을 이어받았다고 볼 수 있다. 제헌 헌법을 기초한 전문위원이었던 유진오(兪鎭午)는 "정신적으로 대한민국은 대한민국 임시정부와 그 헌법의 이념과 정신을 계승하여 수립되었다"라고 하였다. 제헌 헌법 제1조에서 "대한민국은 민주공화정이다"라고 명시하였는데, 이것은 1919년 4월 11일 대한민국 임시정부가 제정한 임시헌장 제1조 "대한민국은 민주공화제로 한다"와 내용이 동일하다. 즉, 국호는 '대한민국'으로 하고, 정치체제는 왕정이 아닌 '민주공화제'로 한다는 점을 명시하였다. 정부 형태는 대통령을 국가원수로 하는 대통령중심제를 채택하고 있지만, 제정 초안의 의원내각제 조항 또한 담고 있어 미국과 같은 순수한 형태의 대통령중심제를 취하고 있지는 않다. 대통령은 행정부의 수반이며 국가원수지만(제51조), 국회에서 대통령과 부통령을 선출하게 함으로써(제53조) 의원내각제 총리의 선출과 같은 형식을 취하고 있다. 또한 대통령은 국무총리와 국무위원의 임명권을 가지며(제69조), 국회에서 제출한 법률안을 거부할 권한을 가진다(제40조). 대통령은 또한 긴급한 경우에 법률의 효력을 가진 명령을 발하거나, 재정상 필요한 처분을 할 수 있다(제57조). 대통령의 임기는 4년으로, 1회 중임이 가능하다(제55조).

입법권을 가진 국회는 단원제로, 의원의 임기는 4년이다(제33조). 단 제헌국회의 의원은 헌법에 의한 국회로, 임기는 국회 개회 일로부터 2년이다(제102조). 국회는 입법권 외에도 예산안 심의 · 결정권(제41조), 여러 조약의 비준과 선전포고에 대한 동의권(제42조), 국정감사권(제43조), 국무총리와 국무위원 · 정부위원의 국회 출석 및 발언 요구권(제44조), 대통령 및 여러 각료에 대한 탄핵소추권(제46조), 국무총리의 임명 시 국회 동의권(제69조) 등의 권한을 갖는다.

법원은 법관으로 조직되어(제76조), 독립된 재판기관의 역할을 한다(제77조). 대법원장은 대통령이 임명하지만, 국회의 승인이 필요하다(제78조). 대법원은 명령 · 규칙 · 처분의 위헌 · 위법 심사권을 갖지만, 위헌법률심사권은 대법원이 아니라 부통령을 위원장으로 하고, 대법관 5명과 국회의원 5명으로 구성되는 헌법위원회가 갖는다(제81조).

특징적인 점은 사기업에서 근로자가 법률이 정하는 바에 따라 이익을 균점할 권리가 인정되었다는 것이다. 또한 제2장에서는 자유권을 비롯하여 사회적 기본권, 참정권 등의 다양한 권리와 의무를 규정하고 있다. 하지만 이러한 규정은 이후의 정치적인 면을 살펴볼 때 소홀하게 다루어지고, 존중되지 않은 경향이 강하다. 이러한 경향은 여러 번의 개정 뒤에도 자주 나타나게 된다.

▶ 부산 정치 파동(The Pusan Incident of 1952)은 1952년 5월 25일 계엄령 선포로부터 7월 7일 대한민국 헌법 제2호 공포까지의 기간에 6.25 전쟁 중 대한민국 임시수도였던 부산에서 일어난 일련의 정치 파행이다. 이 기간에 대통령 이승만은 자신의 재선을 위하여 자신의 기반이 약한 국회가 아닌, 국민적 지지를 통한 집권을 위해 대통령과 부통령의 직선제를 골자로 하는 발췌개헌을 통과시키는 계기가 되었다.

제1차 헌법 개정(발췌개헌)

개헌 과정

제헌 헌법의 변형된 대통령제는 "헌정 운용 과정에서도 시행착오를 거듭하여 국정의 불안정을 초래"하였다는 지적처럼, 국회를 경시하는 이승만 대통령과 야당 간의 정치적인 투쟁의 연속이었다. 결국 1950년 1월 28일에는 서상일 의원을 비롯한 야당 의원들에 의해 의원내각제 개헌안이 제출되었으나 정부와 여당의 극렬한 반대와 백지투표 등으로 인해 부결되었다. 재적 179명, 찬성 79명, 반대 33명, 기권 66명, 무효 1명. 이어 시행된 총선거에서는 야당이 압승했다. 하지만 곧 한국전쟁이 발발하면서 정부는 부산으로 이전했으며, 이승만 대통령은 전시특별법령을 양산하며 비상계엄하의 통치를 지속해 나갔으며, 부통령 이시영은 이러한 상황에 환멸을 느끼고 사퇴하였다. 이러한 상황이 지속되면서 국회를 통해 대통령을 선출하는 제도로는 이승만의 재선 가능성이 희박해졌음을 깨달은 정부 측은 1951년 11월 30일에 양원제 국회와 대통령직선제를 기본 골자로 하는 개헌안을 제출하였지만 부결되었다. 의석의 다수를 점한 야당은 1952년 4월 17일, 123명이 발의한 내각책임제 개헌안을 제출하였다. 위기를 느낀 정부는 5월 14일, 부결된 직선제 개헌안과 같은 내용의 개헌안을 제출한 뒤, 국회의원을 연행하여 의사당 내에 감금하고, 국회해산을 노린 계엄령을 선포하는 등 공포 분위기를 조성하였다. 하지만 국제적인 비난 여론이 일어나면서 국회해산을 보류한 정부는 7월 4일, 정부의 직선제 개헌안과 야당의 국무원 불신임제를 발췌해 만든 일명 발췌 개헌안을 제출하고, 경찰과 군인이 의사당을 포위한 상태에서 국회의원의 기립 투표를 통해 개헌안을 가결시켰다. 이러한 이승만 정부의 행위는 이른바 부산 정치 파동이라 불리며, 불법적인 개헌의 선례를 낳았다.

주요 내용

발췌개헌을 통해 공포된 헌법은 대통령과 부통령을 국민에 의한 선거를 통해 선출하고, 국회를 양원제로 하며, 국회가 국무원 불신임권을 가지는 등의 내용을 가지고 있으며, 그 외의 내용은 제헌 헌법과 동일하다.

문제점

발췌개헌은 헌법 개정안 제안 시 30일 이상 공고하도록 규정한 헌법 제98조의 규정을 위반하고 공고되지 않은 위헌적인 개헌안을 통해 이루어졌으며, 국회에서도 토론의 자유가 보장되지 않았다. 또한 표결 시에는 의결이 강제된 기립표결이라는 점에서 위헌이다. 또한 직선 된 대통령이면서, 국회가 국무원 불신임권을 갖는 것은 양립하기 힘든 제도임에도 불구하고, 무리하게 발췌하여 통과시켰다는 점도 문제가 있다.

▶ 1954년 11월 29일 국회 본회의장에서 초대 대통령의 중임 제한을 없애는 개헌안이 사사오입(四捨五入) 논리로 통과되자 야당 의원들이 거세게 항의하고 있다.

| 제2차 헌법 개정(사사오입 개헌)

1954년 1월 23일, 정부는 일부 경제조항을 자유경제 체제적인 조항으로 수정하기 위한 개헌안을 제출하였지만, 3월 9일에 돌연히 철회하였다. 이는 3선개헌을 위한 헌법 개정안을 제출할 때 함께 이용하고자 한 것이었다. 이후 1954년 5월 20일의 국회의원 선거에서 이승만 대통령이 이끄는 자유당이 다수를 차지하자, 정부는 9월 8일에 초대 대통령에 한하여 3선 제한을 철폐하는 내용을 포함한 개헌안을 제출하였다. 하지만 11월 27일에 국회에서 열린 표결의 결과는 재적의원 203명 중 찬성 135명, 반대 60명, 기권 7명으로 헌법 개정에 필요한 3분의 2에 1표가 모자랐으므로 부의장 최순주는 부결되었음을 선포하였다. 그러나 이틀 뒤 재적의원 203명의 3분의 2는 135.333…명인 고로 사사오입, 즉 반올림 시에는 0.3…명은 자연수에 해당하지 않으므로 3분의 2는 135명이라는 논리를 적용하여 부결 선포를 번복하고, 개헌안이 가결되었음을 선포하였다.

주요 내용

제2차 헌법 개정의 가장 큰 특징은, 헌법 제55조에서 '재선에 의하여 1차 중임할 수 있다'라고 규정한 조항에 대해 부칙에서 '이 헌법 공포 당시의 대통령'은 이 조항의 제한을 적용하지 않는다는 내용, 즉 초대 대통령이자 현직 대통령이었던 이승만에 대해 제한 규정을 적용하지 않는 내용을 포함하고 있었다는 것이다. 또한 주권의 제약이나 국가

안위에 대한 중대한 사항의 경우에는 국회에서 가결한 뒤에도 국민투표에 회부토록 하는 것, 국무원에 대한 불신임이 아니라 국무위원에 대한 개별적인 불신임제, 대통령이 궐위하였을 때에 부통령이 승계하도록 한 것, 자유시장 경제체제로의 전환, 국무총리제 폐지, 일부 조항(제1조, 제2조, 제7조의 2)의 개정을 막는 조항을 설치한 것, 국민이 헌법 개정안을 발안할 수 있도록 한 것 등을 주요 내용으로 한다.

문제점

제2차 헌법 개정은 일단 수학적 논리를 괴이하게 적용시켜, 절차상으로 정족수에 미치지 못한 위헌적인 해석 방법을 동원하여 개헌을 추진한 사례이다. 또한 초대 대통령에게만 중임제한을 철폐하는 것은 평등의 원칙에 위배된다는 점에서도 위헌적인 개헌이라고 할 수 있다.

☑ 요점 학습

◎ 1919년 4월 11일 공포한 상해임시정부의 첫 헌법이다. 총 10조로 된 간략한 내용으로 구성되어 있다. 국호를 '대한민국'으로 정하였고, 정치체제를 '민주 공화제'로 한다고 명시하였다.

◎ 제헌 헌법은 전문과 10장 103조로 구성되었으며, 전문에서는 3.1 운동을 통해 대한민국을 건립한 독립 정신을 계승한다고 규정하고 있다. 이는 대한민국 임시정부 수립 직후에 만든 대한민국 임시헌법에서도 3.1 운동의

독립 정신을 계승한다고 밝힌 것과 함께 임시정부의 법통을 이어받았다고 볼 수 있다. 제헌 헌법을 기초한 전문위원이었던 유진오(兪鎭午)는 "정신적으로 대한민국은 대한민국 임시정부와 그 헌법의 이념과 정신을 계승하여 수립되었다"라고 하였다.

◎ 이승만은 발췌개헌, 사사오입 개헌 등 민주공화정의 헌법 질서를 유린한 내란 대통령으로서 한국 헌법사에 있어 국민주권주의를 파괴함으로써 결국 주권자인 국민의 준엄한 심판을 받았다.

☑ 숙의 토론

1. 일제 치하 임시정부의 임시헌법과 현재 헌법의 관련성에 대해 생각해 봅시다.

2. 이승만 대통령이 헌법을 사유화하고 민주공화정을 유린한 행위에 대해 이야기해 봅시다.

▶ 4.19 혁명(四一九革命) 또는 4월 혁명(四月革命)은 1960년 4월 19일 대한민국의 학생과 시민들이 이승만 정부의 부정부패에 대항하여 일으킨 민주 항쟁이다. 3월 15일에 실시된 대통령과 부통령 선거에서 자유당 정권이 이기붕을 부통령으로 당선시키기 위한 개표 조작에 반발해 부정선거 무효와 재선거를 주장하는 학생들이 시위를 시작했고 대규모의 시민들이 참여하며 전국적으로 확대된 반독재 투쟁이자 혁명이었다. 부정선거 당시 이승만 정부와 자유당은 4할 사전투표, 투표함 바꿔치기 등의 부정선거를 저질렀다.

제3차 헌법 개정

4.19 혁명과 개헌 과정

이승만 정부는 3선개헌 이후 정치적 자유를 말살하는 분위기를 조성하고, 독재정치를 자행하였다. 결국 4번째 대통령이 되기 위하여 1960년 3월 15일의 제4대 정 · 부통령 선거에서 투표 및 개표 조작 등의 부정을 통해 이승만과 이기붕이 당선되었다고 공표하였다. 하지만 부정선거를 규탄하는 시위가 전국적으로 퍼져 나가면서 경찰은 이를 강경하게 진압하였고, 결국 4월 11일에는 마산에서 시위(마산 3.15 의거)에 참여했던 마산상고 입학생 김주열의 시신이 얼굴에 최루탄이 박힌 채로 마산 앞바다에 떠오르면서 이승만 독재에 대한 국민의 저항은 더욱 격화되었다. 정부는 비상계엄령을 선포하고 강한 대처에 나섰지만, 시위는 그치지 않았다. 결국 4월 24일에는 이승만이 자유당 총재직을 사임하고, 이기붕은 부통령 당선을 사퇴하였다. 그럼에도 불구하고 시위가 그치지 않은 데다 25일에는 대학교수까지 시위에 나서면서, 26일 이승만은 하야할 의사를 밝히고, 27일에는 대통령 사임서를 국회에 제출하였다. 국회는 개헌과 총선거를 통하여 시국을 수습하기로 결의하고, 5월 2일 허정을 수반으로 한 과도정부를 수립하였다. 민주당의 주도로 국회는 의원내각제로 헌법을 개정하기 위해 기초위원을 선임하고, 본격적인 개헌을 시작하였다. 이어 6월 7일 국회법을 개정하여 헌법개정안의 표결 시에는 기명투표로 하도록 하였다. 6월 11일 제출된 개헌안은 15일 국회에서 찬성 208표, 반대 3표로 가결되었다. 이로써 헌정사에서 처음으로 합헌적인 절차를 통한 개헌이 이루어졌다.

주요 내용과 평가

제3차 헌법 개정을 통해 만들어진 헌법 제4호는 국민의 기본권 보장을 강화한 것으로, 자유권에 대한 유보조항을 삭제하고, 국민의 자유와 권리를 제한하는 법률은 그 본질적 내용을 훼손하지 않도록 하며,

언론 · 출판 · 집회 · 결사의 사전 허가 또는 검열제를 금지하는 등 자유권이 크게 강화되었다. 또한 종래의 대통령제에서 의원내각제로 전환하여 대통령의 지위를 원칙적으로 의례적 · 형식적 지위에 한정하고, 실질적 행정권은 민의원에서 선출하고 대통령이 임명하는(제69조) 내각 수반 국무총리를 중심으로 한 국무원(내각)에 속하게 하였다. 국무총리와 국무위원 과반수는 국회의원이어야 하며, 국회는 내각 불신임권을 갖고, 내각은 민의원 해산권을 가졌다. 대법원장과 대법관은 선거를 통해 선출되며, 위헌입법의 심사와 기타 헌법사항을 관찰하는 헌법재판소를 설치하고, 선거의 공정을 기하기 위하여 중앙선거위원회를 헌법기관으로 하고, 지방자치단체장을 선거를 통해 선출하도록 하였다.

의원내각제의 채택은 이전의 "대통령제의 독재적 경향에 종지부를 찍는 것"을 의미했다. 그러나, 이 헌법 체제는 1961년의 5.16 군사 정변으로 인해 불과 10여 개월의 짧은 시간으로 막을 내리게 되었다. 대통령제가 가진 독재라는 문제점을 극복하기 위해 등장한 의원내각제가 금방 막을 내린 이유에 대해서는 당시의 시대적 상황이 받쳐주지 못했다는 의견도 있고, 그보다는 5.16 군사 쿠데타 때문이라는 의견이나 "운용의 실패라기보다 그 적용의 기반이나 시기에 있어서 적절하지 못하였다"라는 의견도 있다.

| 제4차 헌법 개정

개헌 과정

3.15 부정선거의 주모자와 4.19 혁명의 전후에 있었던 일련의 시위에서 군중들을 살상한 관련자를 처벌하라는 요구는 점점 강해졌고, 1960년 10월 11일에는 학생들이 국회의사당을 점거하고 민주 반역자를 처벌하는 특별법의 제정을 호소하였다. 이에 10월 17일, 민의원에는 헌법 부칙에 특별처벌법의 제정 근거를 마련하는 것을 목적으로 하는 개헌안이 제출되어, 11월 29일 반민주행위 처벌을 목적으로 하는 소급입법의 근거가 되는 제4차 헌법 개정이 이루어졌다.

주요 내용

헌법 부칙에 헌법 시행 당시의 국회가 3.15 부정선거에 관련된 자와 그에 항의하는 국민에 대해 살상 기타의 행위를 한 자를 처벌하거나, 특정한 지위에 있음을 이용하여 1960년 4월 26일 이전에 반민주행위를 한 자의 공민권을 제한하기 위한 특별법을 제정할 수 있다고 명시하였다. 또한 1960년 4월 26일 이전에 지위 또는 권력을 이용해 부정한 방법으로 재산을 축적한 자에 대한 행정 · 형사상의 처리를 위한 특별법을 제정할 수 있다는 내용을 추가하였다. 이를 위해 특별재판소와 특별 검찰부를 둘 수 있다고 규정하였다. 이는 모두 소급입법에 따라 조치하는 내용으로, 위헌 여부에 대한 논란이 있었다.

▶ 1961년 5월 16일은 박정희 소장을 비롯해 육군 장교들이 군사 정변을 일으킨 날이다. 제2공화국은 출범 9개월 만에 무너졌고, 박정희를 수반으로 하는 국가재건최고회의가 등장했다. 4.19 혁명 이후 민주주의가 싹트는 듯했지만, 장면 정부의 혼란으로 인해 결국 군부가 정권을 장악하게 됐고, 18년 박정희 독재정권이 이어졌고, 그 뒤로도 전두환, 노태우 정권이 들어서는 등 우리나라 민주화 역사의 암흑기를 맞이하게 됐다.

| 제5차 헌법 개정

5.16 군사 정변과 개헌 과정

1961년 5월 16일, 박정희 소장을 중심으로 하는 일부 군사 세력은 쿠데타를 일으켜 정권을 장악했다. 이들 세력은 포고 제4호로써 민의원, 참의원 및 지방의원 등 대의원 헌법기관을 해산하고 5월 22일 국가재건최고회의 포고 제6호 정당 및 사회단체는 해산하여 정치활동을 완전히 금지하였다. 이에 헌정이 중단되고 헌정 공백을 메꾸기 위해 국가재건최고회의는 6월 6일 국가재건비상조치법을 제정 · 공포하였다. 이 법은 국가재건최고회의에 입법 · 사법 · 행정의 삼권을 부여하고, 국민의 기본적 인권은 혁명 과업 수행에 지장을 주지 않는 범위 내에서 인정하며, 제2공화국 헌법을 비상조치법에 저촉되지 않는 범위 내에서 효력을 인정한다고 규정하였다. 8월 12일에는 박정희가 민정 이양을 약속하고 그 사전작업으로써 헌법 개정에 착수한다.

헌법 개정을 위해 1962년 7월 11일 국가재건최고회의는 제54차 상임위원회에서 최고위원 내에 헌법개정특별심의위원회를 발족하고, 7월 16일에는 9인 소위원회(유진우, 한태연, 박일경, 이동호, 양병두, 김도창, 신직수, 문홍주, 이종극)를 구성했다. 이후 약 3개월간의 심의 끝에 1962년 11월 3일 전문 5장 121조 부칙 9조로 된 헌법 개정안을 최종적으로 확정했다. 1962년 11월 5일 국가재건최고회의는 헌법 개정안을 만장일치로 의결 대통령권한대행 박정희 명의로 발의 공고하였다. 국가재건최고회의는 30일간의 공고 기간을 거친 후 개정안을 재적위원 25명 중 22명 찬성, 3명 불참으로 통과시켰다. 헌법 개정안의 주요 골자는 다음과 같다.

▲헌법 전문에 4.19 혁명과 5.16 혁명 이념을 헌법정신으로 함.

▲정당제도를 신설하고 복수정당제도 보장.

▲소급입법에 의한 참정권의 제한 또는 재산권의 박탈 금지.

▲강력한 대통령제와 단원제 선택.

▲국회의원 공천제, 무소속 출마 불허, 국회의원의 당적 이탈 때 자

격 상실.

▲중앙선거관리위원회를 둔다.

▲비상설기관으로 탄핵재판소를 둔다.

▲부통령제를 없애고 국무총리제를 취하며 심의기관으로 국무회의와 자문기관으로 국가안전보장회의와 경제과학심의회의를 둔다.

11월 5일 개헌안 발의를 공고하고 30일간의 공고 기간을 거쳐 12월 6일 개헌안을 통과시킨 국가재건최고회의는 국민투표를 12월 17일에 실시하기로 의결하고 공고했다. 12월 5일 정부는 국민투표를 자유로운 분위기 속에 실시하기 위해 계엄을 해제한다고 발표했다. 12월 17일 실시된 국민투표를 통해 확정된 대한민국 헌법 제6호는 우리 역사에서 처음으로 국민투표에서 확정된 헌법으로, 1962년 12월 26일 공포되어 1963년 12월 17일부터 시행되었다.

주요 내용과 평가

제5차 헌법 개정은 이전의 헌법보다 '대통령의 지위가 강화'된 점이 뚜렷하게 드러난다. 그 내용에 따르면, 대통령은 행정부의 수반이자 국가원수이며(제63조), 국민에 의한 직접선거로 선출한다(제64조). 대통령의 임기는 4년으로, 1차에 한하여 중임이 가능하며(제69조), 긴급명령과 긴급재정 · 경제명령권(제73조), 계엄 선포권을 갖는다(제75조). 또한, 국무총리 임명 시 국회의 동의를 필요로 하지 않는다(제84조). 다만, 국회가 국무총리나 국무위원의 해임 건의권을 갖기는 하지만(제

59조 1항), 이는 기속력을 가지지 않는 건의이므로 딱히 큰 견제가 된다고는 할 수 없다. 국회의원은 반드시 정당의 소속이어야 할 것을 규정하고 있으며(제36조 3항), 임기 중에 당적을 이탈 · 변경하거나 소속 정당이 해산된 경우에는 그 자격을 상실할 것을 명시하고 있다(제38조). 이는 정당정치의 실현을 목적으로 하는 것처럼 보이지만, 실제로는 집권자의 안정적인 집권과 소속 의원에 대한 단속에 영향을 끼쳤다고 할 수 있다.

제5차 헌법 개정으로 마련된 헌법안은 미국식 대통령제에 가까운 제도를 취하고 국민의 기본권을 신장한 것처럼 보였지만, 이후 "운영 실제에 있어서는 공작정치, 선거부정, 국론분열 등 전형적인 후진국 정치의 모습"을 띠면서 3선개헌과 함께 박정희 장기 집권의 노골적 독재 정치로 나아가게 되었다.

| 제6차 헌법 개정(3선개헌)

개헌 과정

두 차례의 대통령 선거에서 당선된 박정희는 거의 1인 독재를 운영하며, 국가안보라는 이름 아래 언제라도 국민의 기본권을 제한할 수 있는 환경을 마련하였다. 박 대통령의 임기가 2년 남은 1968년 겨울 경남도당 개편대회에 참석하기 위해 부산을 찾은 윤치영 의원이 "국민이

원한다면 헌법 개정을 단행하겠다"라고 전제한 뒤 "국민이 원하는지 아닌지는 여론조사로써 뒷받침하겠다"라는 발언 이후 개헌 논의는 공식화되었으며, 이듬해인 1969년 1월 길재호 공화당 사무총장의 발언과 윤치영 공화당 의장서리의 기자 회견으로, 본격적으로 개헌 논의가 양성화되었다. 개헌 논의가 양성화되자, 박정희 대통령은 연두 기자 회견을 통해 "특별한 사유가 없는 한 내 임기 중 개헌을 안 하는 것이 내 소신이지만 필요가 있다면 연말이나 내년 초 논의해도 늦지 않다"라고 자신의 견해를 밝혔다. 개헌에 대한 대통령의 언급이 있자, 공화당 내 개정을 추진하는 간부들은 여론만 성숙되면 개헌안을 빨리 처리해야 한다고 주장하면서 설득 작업을 본격화하기 시작하였으며 구주류를 중심으로 한 일부 의원들은 이에 대하여 소극적 태도를 견지하였다. 야당인 신민당 유진오 총재는 "신민당은 당의 운명을 걸고 대통령 삼선 개헌 저지 투쟁을 벌이겠다"라고 선언하였다. 개헌 논의에 대한 공화당 내조차 찬 · 반 논의가 이루어지고 논란이 커지자, 공화당 총재였던 박정희 대통령은 경제 건설을 이유로 개헌 문제를 거론치 말 것을 지시하고 개헌 논의는 잠시 소강상태에 들어갔다. 4월 4.8 항명이 발발하자 공화당은 구주류 인사 양순직, 예춘호, 박종태, 정태성, 김달수를 의원에서 제명하였으며, 이후 박 대통령은 기자 회견을 통해 헌법 개정을 재차 공식화하였고 3선개헌을 방침으로 굳히고 6월부터 공화당과 정우회 소속 의원들을 상대로 개헌 찬성 서명을 받기 시작했다.

7월 25일 박정희 대통령은 「개헌 문제에 관하여 특별담화문」을 발표하였다. 이후 공화당은 중앙당사에서 당무회의를 갖고 백남억 정책의장이 마련한 연임 금지안 삭제, 국회의원의 국무위원 겸직 허용, 대통령에 대한 탄핵소추 의결정족수 강화 등 3개 항을 내용으로 하는 헌법 개정안과 오치성 사무총장이 마련한 종합적인 일정을 검토했고 영빈관에서 비공개로 의원총회를 열고 당무회의에서 합의된 개헌안에 대한 공화당 공식은 추인 작업에 들어갔다. 이날 의원총회는 29일 10시부터 30일 새벽 4시 20분까지 18시간 동안 진행되었으며, 의원총회에 끝까지 참석한 의원은 98명이었다. 공화당은 3선개헌으로 당론을 정하고 끝까지 반대한 정구영 의원만 제외하고 108명의 공화당 의원이 헌법 개정안에 서명했다.

▶ 1969년 제3공화국 당시 박정희(朴正熙) 대통령의 삼선 문호를 열어 주기 위해 단행된 개헌

第72회 정기국회 第5차 본회의에서 개헌안에 대한 표결 선포가 있자, 신민회 의원들이 단상을 점거하였고 자정을 넘기면서 산회됐는데, 14일 새벽 2시 33분 공화당·정우회 총무단을 비롯해 66명의 요구

로 소집된 제6차 본회의는 국회 제3별관 특별위원회 회의실에서 이효상 의장이 제6차 본회의의 개의를 선포하였다. 본회의에는 122명(공화/107명 정우회/11명 무소속/4명)이 참석한 가운데 헌법 개정안이 표결에 들어갔다. 2시 43분에 개표 시작, 2시 50분에 122명 전원 찬성으로 헌법 개정안이 가결되었음을 선포했다. 공화당은 개표 완료 직후 야당에 통고하였다. 개헌안은 10월 17일 국민투표에 부쳐져 총유권자의 77.1% 참여에 65.1%의 찬성을 얻어 확정되었다. 이 개헌으로 박정희는 3선의 기회를 얻었고 1971년 4월 제7대 대통령 선거에 공화당 후보로 출마하여 당선되었다.

▸ 1972년 12월 27일 정부중앙청사에서 열린 유신헌법 공포식. 그해 10월 17일 비상계엄을 선포한 박정희는 11월 21일 91.5%의 찬성률로 국민투표를 통과한 유신헌법을 이날 공포함으로써 종신 독재의 시대를 열었다. [보도사진 연감]

주요 내용

국회의원의 정수 상한을 250명으로 늘리고, 대통령의 연임을 3선까지 허용하며, 대통령 탄핵소추의 발의와 의결 요건을 강화하며, 국회의원이 각료를 겸임할 수 있는 것을 내용으로 한다.

| 제7차 헌법 개정(유신헌법)

유신헌법

긴급조치와 개헌 과정

제6차 헌법 개정 이후에 실시된 제7대 대통령 선거에서 박정희는 세 번째 당선에 성공하였다. 이어 시행된 국회의원 선거에서도 민주공화당이 다수 의석을 점하기는 했지만, 이전과는 달리 여야의 차가 적어져 균형을 이루게 되었다. 균형을 이룬 여야의 대결이 심화하자, 박정희 대통령은 남북 간의 긴장 완화에 지장이 있다는 명분으로 1971년 12월 6일 국가비상사태를 선포하였다. 이어 12월 27일에는 야당의 반대 속에 국가 보위에 관한 특별조치법을 통과시켰다. 이는 대통령이 국가안전보장에 효율적으로 대처하고 사회의 안녕질서를 유지하기 위해 국가비상사태를 선포할 수 있으며, 필요한 경우 경제 규제나 국가 동원령, 옥외집회 및 시위의 규제, 언론 · 출판에 대한 특별 조치를 할 수 있으며, 특정한 근로자의 단체행동권의 제한이나 군사상의 목적을 위한 세출예산의 조정 등을 규정하고 있다. 이는 국가의 위기를 극복한다는 명분 아래 헌법에 구애받지 않는 위헌적인 국가긴급권의 행사를 규정한다는 점에서 정상적인 입법으로 보기는 힘들다.

이어 7.4 남북 공동 성명을 통해 남북 간의 긴장 완화가 이루어지는 듯했다. 하지만 1972년 10월 17일, 대통령 특별선언을 통해 10.17 비상조치를 선언하였다. 이는 국회를 해산하고, 정당 및 정치활동을 중단시키며, 헌법의 일부 조항의 효력을 정지시킬 뿐만 아니라, 국회의 권한은 비상국무회의가 대행하는 등의 내용을 담고 있다. 이로 인해 곧 비상계엄이 선포되었으며, 대학의 휴교 조치나 언론의 검열 등이 시작되었다. 이어 비상국무회의는 1972년 10월 26일 헌법 개정안을 의결하고 공고했다. 11월 21일에 치러진 국민투표에서 확정된 개정안은 12월 27일에 공포되었다. 이를 통해 일명 유신헌법이 역사에 등장하게 되었다.

주요 내용

민주주의의 한국적 토착화라는 명목하에 통일주체국민회의를 신설하여 일명 국민의 주권적 수임기관으로 삼아(제35조), 대통령과 대통령이 추천한 국회의원 정수의 3분의 1을 선출하고(제39~40조), 국회가 제출한 개헌안을 의결하도록 하였다(제41조, 제124조 2항). 또한 임기 6년(제43조)의 대통령은 중임이나 연임에 관한 규정이 없어, 사실상 무제한적으로 연임이 가능하게 되었다. 또한 대통령이 헌법 개정안을 발의하였을 때는 통일주체국민회의가 아닌 국민투표를 통하여 결정하도록 하였다. 게다가 긴급조치권(제53조), 국회해산권(제59조), 국민투표부의권(제49조), 법관 임명권 등을 부여하는 한편(제103조),

국회는 회기를 단축시키고(제82조), 국정감사권의 삭제 등을 규정하였다. 한편, 위헌법률심사권을 법원에서 박탈하여 헌법위원회에 부여하고, 탄핵 및 정당 해산 심판권도 부여하였다. 지방자치는 통일이 이루어질 때까지 지방의회를 구성하지 않을 것을 명시하였다(부칙 제10조). 국민의 기본권에 대해서는 구속적부심제도를 폐지하는 한편, 거의 모든 규정에 "법률에 의하지 아니하고는"이라는 부분을 첨가하고, 법률을 통하여 기본권의 본질적 내용의 침해를 금지하는 규정을 삭제함으로써 기본권의 강화를 도모하였다.

유신헌법의 문제점과 박정희 정권의 결말

유신헌법의 경우 이후의 박정희 1인 독재를 확고히 만드는 기반이 되었다. 또한 국민의 기본권에 대해 상당한 제한을 가하는 위험한 헌법이다. 또한 대통령 1인에게 3권을 집중시킴으로써, 이미 권력분립의 원칙에 어긋나는 문제점을 가지고 있다. 이러한 내용은 "그 자체가 이미 정상적인 입헌주의의 궤도를 일탈한 헌법"이며, 남북 대치 상황의 안보 위기를 교묘히 조작 내지 왜곡시켜 국가적 위기 상황으로 포장해 국회 의결도 없이 위헌적인 개헌 절차에 의하여 개정된 것에 해당한다. 이러한 문제점을 안은 유신헌법은 "권위주의 체제의 합리화를 위한 도구"로 작용하면서 장기 집권의 동반자가 되었다. 독재의 강화 속에서도 헌법의 개정을 요구하는 목소리가 높아지자, 박정희 대통령은 1973년 4월 3일 긴급조치 제1호를 발표하여 개헌에 대한 요구는 국헌을 문란케 하는 행위로 규정하고 이를 금지하였다. 그럼에도 유신헌법에 대한 반발은 더욱 커졌고, 결국 1975년 1월 22일 박정희 대통령은 특별 담화를 통해 유신헌법에 대한 철폐 요구를 자신에 대한 불신임으로 간주한다고 밝히고, 2월 15일에는 그에 대한 국민투표를 실시해 73.1퍼센트의 지지를 얻었다. 이러한 지지율에도 불구하고 이후에는 다시 헌법 개정에 대한 목소리가 강해지자, 5월에는 긴급조치 제9호를 선포해, "헌법을 부정 · 반대 · 왜곡 또는 비방하거나 그 개정 또는 폐지를 주장 · 청원 · 선동 또는 선전하는 행위까지를 금지하였다." 이렇듯 독재 속에서도 그에 대한 저항은 꾸준히 일어났으며, 1979년 10월에는 부마항쟁이, 곧이어 10.26 사건이 일어나면서 유신헌법과 함께 박정희 정권 독재의 상징이라고 할 수 있는 긴급조치들은 1979년 12월 7일에 해제되었다.

▶ 신군부(新軍部)는 대한민국 육군 내 사조직 하나회를 중심으로 두 차례에 걸쳐 반란과 내란을 일으키고 전두환 정부를 세운 군대 내부 집단을 이르는 말이다. 1961년 5.16 군사정변을 일으켰던 '구(舊)군부'와 구분 짓기 위해 '신(新)군부'라고 부른다.

하나회는 육군사관학교 11기와 12기 졸업생들 중심으로 조직된 군내 사조직으로 경상도 출신 위주로 구성되어 있었다. 박정희의 암묵적 비호하에 세력을 키우던 중 1979년 10월 26일에 박정희 대통령이 사망하자 12.12 군사 반란을 일으키고 1980년 5.17 내란(5.17 비상계엄 전국 확대 조치)으로 서울의 봄을 짓밟고 5.18 민주화운동을 무력으로 진압한 후 초법적 기관 국가보위비상대책위원회를 설치해 다단계 쿠데타로 정권을 장악했다.

1980년 8월 27일, 하나회의 수장이었던 전두환이 통일주체국민회의에서 제11대 대통령으로 선출되어 대한민국 제5공화국 헌법과 민주정의당을 만들고 제5공화국의 대통령이 된다. 신군부 인사들은 1990년대 초까지 대한민국 정관계의 요직 곳곳에 배치되며 영화를 누렸으나 1993년 김영삼 대통령이 취임한 후 하나회 숙청을 통해 대부분 현직에서 물러났고 1996년 역사바로세우기를 통해 법정에 세워져 대부분 유죄 판결을 받았다.

| 제8차 헌법 개정

신군부의 대두와 개헌 과정

10.26 사건 이후 1979년 11월 10일 최규하 대통령권한대행은 담화를 통해 유신헌법 개정과 새로운 헌법 질서의 수립을 약속했다. 갑자기

찾아온 서울의 봄은 12월 12일 12.12 군사 반란으로 신군부 세력이 부상하면서 꽃을 피우지 못했다. 1980년 5월부터 전국적으로 민주화를 요구하는 학생 시위가 발생했다. 1980년 5월 12일 국회의 여야 총무는 5월 20일 오전 10시에 국회를 소집하여 비상계엄 해제안 등 정치 현안을 접수하고 개헌안 논의를 본격화하기로 합의했다. 하지만 신군부는 비상계엄 전국 확대 · 국회 해산 · 국보위 설치를 골자로 하는 집권 시나리오를 계획하고 군부 주도로 정국을 끌어 나가기로 했다. 신군부는 5월 17일 24시 비상계엄령을 전국으로 확대하면서, 계엄포고령 10호를 선포하여 정치활동 금지 · 보도 검열 강화 · 휴교령 등의 조치를 내렸다. 이와 동시에 여야 주요 정치인과 재야인사를 체포하고 군병력으로 국회의사당을 봉쇄해 임시국회를 무산시켰다. 신군부는 5.17 쿠데타에 항거한 5.18 광주민주화운동을 진압하고 사전 계획대로 5월 31일에 국가보위비상대책위원회를 설치해 내각을 조종 · 통제해 나가 실질적으로 정권을 장악했다.

신군부는 개헌 문제를 주도하던 국회와 내각을 무력화하고, 국가보위비상대책위원회를 통해 군부 인사 중심으로 개헌안을 논의하기 시작했다. 최규하 대통령이 8월 16일 사임하자, 8월 27일에는 전두환 국가보위비상대책위원회 상임위원장이 통일주체국민회의에서 제11대 대통령으로 선출됐고, 9월 1일에 대통령으로 취임했다. 국가보위비상대책위원회는 1980년 9월 9일에는 헌법 개정안을 확정 지었다. 계엄하에 치러졌기에 논란이 일지만, 10월 22일 국민투표를 통해 확정돼 10월 27일에 제5공화국 헌법이 공포 · 발효됐다. 1981년 3월 3일 제5공화국은 선진 조국 건설을 다짐하고 출범했지만, 쿠데타를 통한 집권과정을 거쳐 민주적 정당성을 결여한 정권이기에 국민의 저항은 점점 커지게 됐고, 이는 1987년 6월 항쟁과 개헌으로 연결된다.

주요 내용

헌법 제9호는 유신헌법에서 나타난 여러 독소 조항이 상당수 제거됐다. 주요 내용으로는 대통령은 간접 선출이지만(제39~41조) 7년 단임제로 규정했다(제45조). 또한 임기 또는 중임금지에 관한 헌법 개정은 개정 당시의 대통령에게는 효력이 없게 해 장기 집권을 배제하고(제129조 2항), 긴급조치는 폐지하는 한편, 이를 대신하는 비상조치의 요건 등은 강화했다(제51조). 또한 통일주체국민회의를 폐지하고, 국정조사권을 인정하며(제97조), 법관의 임명권을 다시 대법원장에게 부여함으로써 사법부의 독립을 도모했다(제105조 3항). 또한 국가의 사회복지 의무에 관한 규정을 설치하고(제32조), 경제 질서에 대한 공법적 규제를 확대했다. 기본권에 대해서도 대체로 제3공화국의 조항 수준으로 회귀했고, 행복추구권(제9조)이나 연좌제의 금지(제12조 3항), 사생활의 보호(제16조), 환경권(제33조) 등의 조항도 신설됐다. 헌법 개정에는 국민투표를 통한 개정만 가능하도록 규정해 절차를 일원화시켰다(제131조).

헌법 제9호의 전문에서는 유신체제와의 차별성을 나타내기 위하여 '제5공화국'이란 용어를 사용하여 당시의 정부를 규정하였는데, 제5공화국은 유신체제와 일부 조항만 다를 뿐 기본적인 구조, 즉 간접선거를 통한 대통령의 선출이나 국회해산권의 존속 등을 살펴볼 때 이전의 공화국 구분과는 다른 어떠한 정치적 이념이나 지표를 가지고 있는 것이 아니었다. 따라서 이를 두고 "5공화국 헌법은 사실상 제2기 유신헌법, '전대미문의 난센스'"라는 평과 "제5공화국은 우리 헌법의 공화국의 변천에 있어서, 결코 제5공화국이 될 수 없다고" 하는 견해가 있다.

| 제9차 헌법 개정(현행 헌법)

6.10 민주 항쟁, 6월 민주 항쟁은 6월 10일부터 6월 29일까지 대한민국에서 전국적으로 벌어진 반정부 시위이다. 전두환의 4.13 호헌 조치와 부천경찰서 성고문 사건, 박종철 고문치사 사건 그리고 이한열 최루탄 피격 사건 등이 도화선이 되어 6월 10일 이후 전국적인 시위가

▶ 1987년 6월 시민들이 대통령 직선제를 외치며 시위하고 있다.

발생하였고, 이에 6월 29일 노태우의 수습안 발표로 대통령 직선제로의 개헌이 이루어졌다. 이후 1987년 12월 16일 새 헌법에 따른 대통령 선거가 치러졌다. 6월 항쟁은 대한민국의 민주화에 큰 영향을 주었으며, 사회운동이 비약적으로 상승하는 효과를 가져왔다. 이 항쟁은 한국 도심의 중심 경복궁을 중심으로 동서남북으로 최루탄이 터지며 시작이 되었음을 알려주었다. 이한열을 비롯한 학생들이 최루탄을 맞거나 박종철 열사와 같이 고문으로 죽게 되는 학생들도 몇 있었다.

민주화와 개헌 과정

제5공화국을 거치면서 풀리지 않고 축적된 국민의 민주화에 대한 열망은, 1987년 6월 항쟁으로 폭발하게 된다. 간접선거에 대해 반발하는 국민과 야당은 직선제로의 개헌을 요구하였고, 1985년의 국회의원 선거에서 승리한 야당들은 이러한 과정에 더욱 큰 힘을 더하는 결과를 가져왔다. 결국 당시 민주정의당 대표위원이던 노태우는 6월 29일에 6.29 선언을 발표하여, 여야 합의하의 대통령직선제 개헌을 통한 평화적인 정권 이양, 정치범의 전면적 사면과 복권, 언론의 자유 보장을 위한 제도의 개선, 대학 자율화 등의 8개 항을 약속하였다. 곧바로 불과 3개월도 안 되는 기간 동안 여야는 4명씩 대표단을 꾸려 8자 회담을 열었고, 여기서 개헌안을 만들어 9월 18일 발의했다. 이 법안은 10월 12일 국회에서 의결됐고, 27일 국민투표를 거쳐 29일 공포됐다. 시민들의 민주화 열기가 살아 있을 때, 전두환과 노태우가 다른 짓을 하기 전에 재빨리 해치워 버린 개헌이라고 할 수 있겠다. 9차 개헌은 헌정사상 최초로 여야 간 합의에 따라 국회 의결과 국민투표까지 거쳐 확정된 개헌이다. 이로써 제6공화국이 출범할 기틀이 마련됐고, 제6공화국은 지금까지 이어지고 있다. 9차 개헌에서 가장 중요한 것은 역시 대통령 직선제이다. 대통령의 임기는 5년 단임으로 줄었고, 국회해산권과 비상조치권을 폐지하는 등 그동안 무소불위의 권력을 행사해 오던 대통령의 권한이 축소됐다. 반면 국회의 국정감사권이 부활하는 등 국회의 권한은 커졌다. 헌법재판소는 1960년 3차 개헌 때 설립된 후 1962년 5차 개헌 때 폐지됐다가 1987년 9차 개헌 때 부활했다. 특히 이때 재설치된 헌법재판소는 박정희가 집권하자마자 없앤 기관인데 이후 그 기관에서 그의 딸이 탄핵 심판을 받게 된다.

이 밖에 지방자치 확대, 최저임금제 보장, 군의 정치적 중립 의무화, 언론검열 폐지, 집회 및 결사의 자유 보장, 최저임금제 시행, 노동자 단체행동권 보장, 사회적 약자 권익 보호, 체포 및 구속 시 가족 통지 의무화 등 시민의 기본권 보장도 강화됐다. 또 대한민국의 뿌리가 임시정부에 있으며 4.19 민주 이념을 계승한다는 점도 분명히 했다. 번갯불에 콩 구워 먹듯 한 개헌이라 지금 헌법에는 문법상 오류도 많고, 전두환이 노후 보장을 위해 설치한 국정자문회의가 국가원로자문회의로 이름만 바꿔 살아남는 등 실책도 있었다. 또 대통령 5년 단임제가 과연 우리에게 맞는 옷인지에 대해서도 충분히 논의하지 못한 채 성급하게 봉합해 버린 측면이 있다는 지적도 나오고 있다.

주요 내용

제6공화국 헌법, 즉 현행 헌법은 전문과 본문 10장, 130조, 부칙 6조로 구성되어 있다. 이전의 다른 헌법과 비교할 때 특징적인 점은 여러 가지가 있다.

우선 기본권의 보장이 강화되었다. 또한 대통령을 국민이 직접 선거토록 하고 있으며, 임기는 5년으로 중임할 수 없다. 또한 대통령은 국회해산권을 가지지 않으며, 비상조치권이 아니라 긴급명령권, 긴급재정 · 강제처분 및 명령권을 갖는다. 국회는 국정감사권을 가지며, 회기 제한이 사라졌다. 또한 임시회의 소집 요건이 완화되었다. 이처럼 이전의 헌법과 비교할 때, 대통령의 권한이 약화되고 국회의 지위가 강화되었다. 헌법위원회 제도가 폐지되고 헌법재판소가 설치되어 그 역할을

▶ 1987년 7월 9일 서울시청 앞 광장에서 열린 이한열 열사 장례식에 100만 명 이상의 시민이 모여들고 있다.

담당하게 되었다. 지방자치의 경우 그전에 이루어지지 못했던 여러 가지 부분을 실현하기 위한 조항이 추가되었다.

대한민국 9차례 개헌의 역사

차수	시기	주요 내용
제헌	1948년 7월 17일	대통령제, 국회 단원제
1차 개헌	1952년 7월 7일	대통령 직선제, 국제 양원제
2차 개헌	1954년 11월 29일	초대 대통령 연임제한 폐지, 국무총리 폐지
3차 개헌	1960년 6월 15일	내각책임제, 헌법재판소 설치
4차 개헌	1960년 11월 29일	부정선거 관련자, 반민주행위자 처벌 소급입법
5차 개헌	1962년 12월 26일	대통령제, 국회 단원제 환원, 헌법재판소 폐지
6차 개헌	1969년 10월 21일	대통령 3선 허용, 국회의원 겸직 금지
7차 개헌	1972년 12월 27일	대통령 간선제, 임기 6년, 연임 무제한, 통일주체국민회의 신설, 국회 권한 축소
8차 개헌	1980년 10월 27일	대통령 7년 단임, 비례대표제, 연좌제 금지
9차 개헌	1987년 10월 29일	대통령 직선제, 5년 단임, 국회 국정감사권

☑ 요점 학습

◎ 5.16 군사 반란 이후 제5차 헌법 개정으로 마련된 헌법안은 미국식 대통령제에 가까운 제도를 취하고 국민의 기본권을 신장한 것처럼 보였지만, 이후 “운영 실제에 있어서는 공작정치, 선거 부정, 국론분열 등 전형적인 후진국 정치의 모습”을 띠면서 3선개헌과 함께 박정희 장기 집권의 노골적 독재정치로 나아가게 되었다.

◎ 유신헌법의 경우 이후의 박정희 1인 독재를 확고히 만드는 기반이 되었다. 또한 국민의 기본권에 대해 상당한 제한을 가하는 위험한 헌법이다. 또한 대통령 1인에게 3권을 집중시킴으로써, 권력분립의 원칙에 어긋났다. 이것은 "그 자체가 이미 정상적인 입헌주의의 궤도를 일탈한 헌법"이며, 남북 대치 상황의 안보 위기를 조작 내지 왜곡시켜 국가적 위기 상황으로 포장시켜 국회 의결도 없이 위헌적인 개헌 절차에 의하여 개정된 것에 해당한다.

◎ 신군부 반란 이후 헌법 제9호의 전문에서는 유신체제와의 차별성을 나타내기 위하여 '제5공화국'이란 용어를 사용하여 당시의 정부를 규정하였는데, 제5공화국은 유신체제와 일부 조항만 다를 뿐 기본적인 구조, 즉 간접 선거를 통한 대통령의 선출이나 국회해산권의 존속 등을 살펴볼 때 이전의 공화국 구분과는 다른 어떠한 정치적 이념이나 지표가 없다.

◎ 1987년 6월 항쟁 이후 9차 개헌에서 가장 중요한 것은 역시 대통령 직선제이다. 대통령의 임기는 5년 단임으로 줄었고, 국회해산권과 비상조치권을 폐지하는 등 그동안 무소불위의 권력을 행사해 오던 대통령의 권한이 축소됐다. 반면 국회의 국정감사권이 부활하는 등 국회의 권한은 커졌다. 헌법재판소는 1960년 3차 개헌 때 설립된 후 1962년 5차 개헌 때 폐지됐다가 1987년 9차 개헌 때 부활했다. 이 헌법재판소에서 중대한 위헌을 범한 대통령들이 파면되었다.

☑ 숙의 토론

1. 군사 반란 이후 헌법과 시민혁명 이후 헌법의 차이는 무엇인지 생각해 봅시다.

2. 헌법이란 그 시대 민중과 지배자 사이 힘의 관계나 수준을 규정한 최고 규범이라는 의미에 대해 생각해 봅시다.

3. 87년 6월 항쟁 이후 만들어진 헌법의 장단점에 대해 생각해 봅시다.

■ 헌법의 기능

헌법은 국가의 최고법으로서 다음과 같은 기능을 한다.

첫째, 헌법은 국가를 창설한다.

헌법은 국가 기관의 구성 · 운영에 대해 국민이 합의한 내용을 담고 있다. 따라서 이러한 헌법에 근거해서 국가 기관이 구성되고 운영된다. 우리나라는 물론 일제하에 임시정부 헌법은 있었지만, 해방 이후 1948년 7월 12일 헌법을 제정하고, 헌법을 토대로 그해 8월 15일 대한민국 정부를 수립하였다.

둘째, 헌법은 국민이 주권자이며 권력의 주체로서 국민주권 사상을 표출하는 국민적 최고 규범이다. 최고 규범에 의해 정치적 참여 보장과 각종 기본권을 보장한다. 헌법은 존엄한 인간으로서 국민의 자유와 권리를 명시하여 행복한 존재로서 살아가는 것을 보장한 권리장전이다. 헌법의 두 축인 기본권 보장과 국가 기관의 구성 · 운영은 병렬적인 관계가 아닌 목적과 수단의 관계이다. 즉, 기본권의 보장은 목적이고, 국가 기관의 구성 · 운영은 기본권 보장을 위한 수단이다. 헌법 재판 중 헌법 소원 심판은 헌법의 기본권 보장 기능과 관련이 깊다.

셋째, 헌법은 민주주의와 공화적 공동체를 유지 · 통합한다.

헌법은 국민이 추구하는 민주주의와 공화적 가치와 그 가치를 구현하기 위한 원리, 제도, 질서를 담고 있어서 지속할 수 있는 공동체를 유지하고 통합할 수 있도록 한다.

넷째, 헌법은 국가 기관을 조직하는 조직 규범이자, 각 기관에 권한을 부여하는 수권 규범이다. 즉, 국회, 행정부, 법원 등 국가 기관은 헌법에 근거하여 조직된다. 또한 헌법은 국회, 행정부, 법원 등 국가 기관이 어떤 권한을 가지는지 규정함으로써 각 국가 기관에 일정한 권한을 부여한다. 헌법 재판 중 권한 쟁의 심판은 헌법의 수권 규범과 관련이 깊다.

다섯째, 헌법은 정치적 평화를 실현한다. 헌법은 정치권력의 행사 방법과 절차, 그 한계 등을 규율함으로써 힘의 논리에 따른 정치를 억제하여 공동체의 평화를 실현한다.

■ 헌법의 기본 원리

헌법의 기본 원리는 헌법이 추구하는 이념을 실현하기 위한 실천적 원리이다. 따라서 헌법의 기본 원리는 국가 기관을 구성 · 운영하면서 추구해야 할 내용이며, 헌법의 개별 조항이나 법령을 해석할 때 기준이 된다. 헌법의 기본 원리는 명시적인 조항이 있는 것이 아니라 해석을 통하여 도출한 것이다. 따라서 우리나라 헌법의 기본 원리가 무엇인지에 대해서는 다양한 견해가 있을 수 있다. 그렇지만 기존에 통용되는 우리 헌법의 기본 원리는 국민주권주의, 자유민주주의, 복지 국가 원리, 문화 국가 원리, 국제 평화주의, 평화 통일 지향으로 설명할 수 있다.

| 국민주권주의 |

국민주권주의는 국가 의사를 결정하는 주권이 국민에게 있어야 한다는 원리이다. 따라서 특정한 개인이나 집단이 국가의 주인으로 행세하는 것, 이들이 독점적으로 국가권력을 행사하거나 이들만을 위해 국가권력이 행사되는 것은 허용되지 않는다. 그러나 선거제도, 정당정치로 이루어지는 대의제가 헌법 제1조 2항의 '주권은 국민에게 있고, 권력은 국민으로부터 나온다'라는 국민주권주의를 제대로 실현하지 못해 실질적으로 국민 정치참여의 제도화(국민발안, 국민소환, 국민투표, 정책 투표제, 시민공론장, 시민의회 등)의 필요성이 높아지고 있다.

| 민주주의, 공화주의 |

민주주의는 개인의 존엄성과 자유를 소중하게 생각하여 개인의 자유에 대한 국가의 간섭을 최소화할 것을 요구한다. 이와 같이 개인의 자유를 보호하기 위해서는 법에 따라 국가 기관을 구성하고 운영하는 법치주의가 요구된다. 한편, 민주주의는 국가권력의 창설과 행사가 국민의 합의와 참여에 근거할 것을 요구한다. 우리 헌법은 민주주의를 구현하기 위해서 개인의 자유를 기본권의 형식으로 보호하고, 복수정당제를 기반으로 자유로운 정당 활동을 보호하고 있다. 특히 법치주의를 구현하기 위하여 권력분립, 법치 행정, 법률에 따른 재판, 적법 절차 등을 규정하고 있다. 따라서 자유민주주의를 선거로 위임받은 정치인이 하는 대의제 정치로 편협하게 이해하지 않고 주권자인 시민이 참여와 결정권을 갖는 세계의 보편적 민주주의, 공동체적 공화주의로 이해하는 것이 필요하다.

| 사회 복지 국가 원리 |

복지 국가 원리는 자유민주주의가 결핍하기 쉬운 사회경제적 평등을 통한 국민에게 인간다운 생활을 할 권리를 보장하기 위하여 국가가 적극적인 역할을 해야 한다는 원리이다. 우리 헌법은 사유재산 제도를 원칙으로 하면서, 시장 경제의 문제를 해결하기 위하여 국가가 경제에 관해 규제하고 조정할 수 있음을 명시하고, 모든 국민의 인간다운 생활을 보장하기 위하여 사회권을 기본권으로 보장하고 있다. 복지 국가 원리를 실현하기 위하여 우리 헌법은 수정 자본주의 시장 경제 질서, 최저임금제 등을 규정하고 있으며, 정부는 사회 보험, 공공 부조, 소득 재분배정책, 경제 민주화, 독점 규제, 소비자 보호 정책 등을 추진하고 있다. 그런데 헌법에는 복지 국가 원리를 구현하기 위한 구체적 제도가 다른 헌법 원리를 구현하기 위한 것에 비해 상대적으로 적게 규정되어 있다. 따라서 복지 국가 원리를 구체적으로 실현하기 위해서는 헌법 개정을 통해 복지 체제를 구체화하고 이에 대응하는 정부와 국회의 역할이 중요하다.

| 문화 국가 원리 |

문화 국가 원리는 국가가 국민의 자율적인 문화 활동을 보장하고, 문화 풍토를 조성 보호해야 한다는 원리이다. 근대 이전에는 국가가 문화에 깊숙이 개입하여 문화가 국가로부터 자율적이지 못하였으나, 근대 시민혁명 이후 국가로부터 문화의 자율성이 보장되기 시작하였다. 그러나 현대에 들어오면서 문화가 경제에 종속되고, 제3 세계의 문화가 선진국의 문화에 종속되는 폐해가 나타났다. 이에 따라 국가는 문화의 자율성을 최대한 존중하면서도 이러한 폐해를 해결하기 위하여 문화 환경을 조성하고 보호하는 기능을 담당하게 되었다. 문화 국가 원리를 실현하기 위하여 우리나라는 민족 문화를 계승하고, 이를 활용하기 위한 법률과 문화 예술 교육을 지원하는 법률 등을 제정하고 이와 관련한 다양한 정책을 집행하고 있다.

| 국제 평화주의 |

국제 평화주의는 국가가 국제 관계를 형성하면서 평화를 추구하여야 한다는 원리이다. 이러한 국제 평화주의가 헌법적 차원에서 조명을 받은 것은 대량 인명 살상을 가져온 제1 · 2차 세계대전 이후이다. 우리 헌법은 침략적 전쟁을 부인하고 국제법을 존중하며, 국제법과 조약에 따라 외국인의 지위를 보장한다고 선언하고 있다. 우리나라는 국제 평화주의를 실현하기 위해 개발도상국에 국제 협력 요원을 파견하여 그 지역의 발전을 돕기 위한 법률, 국내 거주 외국인이 사회에 적응할 수 있도록 지원하는 법률 등을 제정하고 이에 따른 정책을 집행하고 있다.

| 평화 통일 지향 |

평화 통일 지향은 우리나라가 북한과 관계를 형성하면서 평화를 추구하며 남북통일도 평화롭게 달성하여야 한다는 원리이다. 우리는 해방과 함께 분단된 이후 군사적 긴장 속에 분단이 지속되고 있다. 이를 극복하기 위하여 한반도 평화 체제를 구축하고 남북통일도 평화롭게 달성하여야 한다. 우리 헌법은 대한민국은 통일을 지향하며, 자유 민주적 기본 질서에 입각한 평화적 통일 정책을 수립하고 이를 추진하도록 하는 내용을 특별히 규정하고 있다. 우리는 평화 통일을 지향하기 위해 남북 관계 발전을 위한 법률 등을 제정하고 이에 따른 정책을 집행하고 있다.

대한민국헌법

[전문개정 1987.10.29. 헌법 제00010호]

전문

유구한 역사와 전통에 빛나는 우리 대한국민은 3.1 운동으로 건립된 대한민국임시정부의 법통과 불의에 항거한 4.19 민주이념을 계승하고, 조국의 민주개혁과 평화적 통일의 사명에 입각하여 정의·인도와 동포애로써 민족의 단결을 공고히 하고, 모든 사회적 폐습과 불의를 타파하며, 자율과 조화를 바탕으로 자유 민주적 기본 질서를 더욱 확고히 하여 정치·경제·사회·문화의 모든 영역에 있어서 각인의 기회를 균등히 하고, 능력을 최고도로 발휘하게 하며, 자유와 권리에 따르는 책임과 의무를 완수하게 하여, 안으로는 국민생활의 균등한 향상을 기하고 밖으로는 항구적인 세계평화와 인류 공영에 이바지함으로써 우리들과 우리들의 자손의 안전과 자유와 행복을 영원히 확보할 것을 다짐하면서 1948년 7월 12일에 제정되고 8차에 걸쳐 개정된 헌법을 이제 국회의 의결을 거쳐 국민투표에 의하여 개정한다.

o 우리 헌법 전문은 헌법 제정의 성립 유래, 헌법 제정의 목적, 헌법 제정권자 및 헌법의 기본 원리를 선언하고 있으며, 헌법재판소는 헌법 전문 재판 규범성을 인정하고 있음(헌재 1989.1.25. 선고, 88헌가7 등)

o「3 · 1 운동으로 건립된 대한민국임시정부의 법통과 불의에 항거한 4 · 19 민주 이념을 계승」

o「조국의 민주개혁과 평화적 통일의 사명에 입각하여」

o「자율과 조화를 바탕으로 자유 · 민주적 기본 질서를 더욱 확고히」

o「정치 · 경제 · 사회 · 문화의 모든 영역에 있어서 각인의 기회를 균등」

o「안으로는 국민 생활의 균등한 향상을 기하고 밖으로는 항구적인 세계평화와 인류 공영에 이바지」

o「국민투표에 의하여 개정」

o「유구한 역사와 전통에 빛나는…문화의 모든 영역에 있어서」

제1장 총강

제1조

① 대한민국은 민주공화정이다.

o 국호와 국가형태

- 우리나라의 국호는 대한민국이고, 국가형태는 민주공화정임
- 민주공화정의 의미는 우선 우리나라의 국가형태에서 군주제를 부정하며 또한 전제 · 독재 · 전체주의 · 인민공화국 등을 부정하는 민주주의적 공화국이어야 함을 의미함

② 대한민국의 주권은 국민에게 있고, 모든 권력은 국민으로부터 나

온다.

o 국민주권주의

- 주권이라 함은 국내에 있어서는 최고의 권력이고, 국외에 대하여는 독립의 권력을 의미하는 것으로서 이러한 주권의 핵심적 주체가 국민임을 규정함
- 우리 헌법은 국민주권주의를 구체화하기 위해 간접민주정치(의회제도, 대통령과 국회의원의 선거제, 공무담임권의 보장 등)를 원칙으로 채택하면서 예외적으로 직접 민주정치(중요한 국가 정책 및 헌법 개정안에 대한 국민 투표제)를 이용하여 이를 보충함
- 민주주의의 본질로서 국민에 의한, 국민을 위한, 국민의 정치를 의미함

제4조

대한민국은 통일을 지향하며, 자유민주적 기본 질서에 입각한 평화적 통일 정책을 수립하고 이를 추진한다.

o 평화통일원칙

- 본 조는 제9차 개정 헌법에서 신설되었으며, 통일정책의 방향을 천명하고 있음
- 통일을 지향한다고 함은 비록 한반도가 현재는 남북으로 분단되어 있지만, 장차 남북통일이란 국가 목표를 달성하기 위하여 한국이 계속 노력한다는 의지를 밝힌 것임
- 대통령은 취임 시에 조국의 평화적 통일을 위해 그 직책을 성실

히 수행할 것을 선서하고, 대통령은 조국의 평화적 통일을 위한 성실한 의무를 지며, 자문기구로 민주평화통일자문회의를 둘 수 있고, 통일에 관한 중요정책을 국민투표에 부칠 수 있음

- 정부조직법은 통일 및 남북대화 · 교류 · 협력에 관한 정책의 수립, 통일교육 기타 통일에 관한 사무를 관장하기 위하여 통일부를 두도록 규정함(정부조직법§ 28)

o 자유민주적 기본 질서

▶ 민주적 기본 질서의 내용: 국민주권주의, 기본권 보장, 권력분립, 법치주의, 복수정당제, 사회 · 경제적 민주주의, 국제평화주의, 기타(의회주의, 정부의 책임성, 사법권 독립, 지방자치제)

제5조

① **대한민국은 국제 평화의 유지에 노력하고 침략적 전쟁을 부인한다.**

- 본 항은 헌법 전문에서 「밖으로는 항구적인 세계평화와 인류 공영에 이바지」한다고 선언한 국제 평화주의를 국제법 존중 주의(헌법§ 6①), 외국인의 지위 보장(헌법§ 6②) 등과 더불어 이를 구체화하는 규정임

② **국군은 국가의 안전보장과 국토방위의 신성한 의무를 수행함을 사명으로 하며, 그 정치적 중립성은 준수된다.**

- 본 항 전단에서는 국가의 안전보장과 국토방위의 신성한 의무를 수행하기 위해 국군을 설치하였음을 선언하고, 후단에서는 군의 정치 개입으로 인하여 헌정사에 오점을 남긴 우리의 경험에 비추어 군의 정치적 중립성의 준수를 명시하고 있음

- 국군의 정치적 중립 규정은 제9차 개정 헌법에서 신설되었으며, 군인복무규율(대통령령) 제4조 제1항에서는 「국군은 국민의 군대로서 국가를 방위하고 자유민주주의를 수호하며 조국의 평화적 통일에 이바지함을 그 이념으로 한다」라는 국군의 사명을 규정함

제7조

① 공무원은 국민 전체에 대한 봉사자이며, 국민에 대하여 책임진다.

o 공무원의 국민에 대한 책임(헌법§ 7①)

② 공무원의 신분과 정치적 중립성은 법률이 정하는 바에 의하여 보장된다.

제8조

① 정당의 설립은 자유이며, 복수정당제는 보장된다.

② 정당은 그 목적 · 조직과 활동이 민주적이어야 하며, 국민의 정치적 의사 형성에 참여하는 데 필요한 조직을 가져야 한다.

- 정당의 목적 · 조직 · 활동이 민주적이어야 한다는 것은 정당의 강령 또는 기본정책과 당헌이 민주적이어야 하며, 정당의 내부에 있어서 의사 형성, 당원의 권리 · 의무, 당의 운영 등이 민주적일 뿐만 아니라 정당의 활동이 민주적이어야 한다는 것을 말함
- (내부 질서) 정당은 강령과 당헌을 가져야 하며, 이를 공개하여야 함(정당법§ 28)
- (민주적 활동) 각급의 당직자는 당원에 의하여 선출, 후보자의

추천은 해당 지역의 전체 당원의 참여하에 행할 것, 하의상달식 의사결정 등

③ 정당은 법률이 정하는 바에 의하여 국가의 보호를 받으며, 국가는 법률이 정하는 바에 의하여 정당 운영에 필요한 자금을 보조할 수 있다.

④ 정당의 목적이나 활동이 민주적 기본 질서에 위배될 때에는 정부는 헌법재판소에 그 해산을 제소할 수 있고, 정당은 헌법재판소의 심판에 의하여 해산된다.

제9조

국가는 전통문화의 계승 · 발전과 민족 문화의 창달에 노력하여야 한다.

제2장 국민의 권리와 의무

제10조

모든 국민은 인간의 존엄과 가치를 가지며, 행복을 추구할 권리를 가진다. 국가는 개인이 가지는 불가침의 기본적 인권을 확인하고 이를 보장할 의무를 진다.

(※인간의 존엄성 실현→민주주의의 근본 이념)

- 모든 기본권의 이념적 전제인 동시에 목적임
- 본 조문은 우리 헌법상의 기본권 존중 주의를 규정한 근본규범이자 모든 기본권 규정을 해석하는 근본원리로 헌법 개정의 한계를

이룸

- 따라서 인간을 권력의 단순한 지배 객체로 보고 국가목적을 달성하기 위한 수단으로 이용하는 모든 공권력 작용은 허용될 수 없는데 인간을 실험의 대상으로 삼는 일, 수사 과정에서의 일체의 가혹 행위, 강제 단종, 집단학살 등이 그 대표적 예임
- 헌법재판소는 헌법 제10조가 다른 헌법 규정을 기속하는 최고의 헌법 원리이며 헌법 이념의 핵심인 인간의 존엄과 가치를 보장하고 있다고 함
- 또한 헌법재판소는 "헌법 제10조는 모든 기본권 보장의 종국적 목적이라고 할 수 있는 인간의 본질이며 고유한 가치인 개인의 인격권과 행복추구권을 보장하고 있다. 개인의 인격권 · 행복추구권에는 개인의 자기운명결정권이 전제되는 것이고, 이 자기운명결정권에는 성적 자기결정권 특히 혼인의 자유와 혼인에 있어서 상대방을 결정할 수 있는 자유가 포함되어 있다"라고 함
- 헌법재판소는 행복추구권은 하나의 독자적인 기본권이지만 다른 여타의 개별적 기본권과는 달리 포괄적이고 일반적인 성격을 갖는 보충적 기본권이라고 밝힘

제11조

① 모든 국민은 법 앞에 평등하다. 누구든지 성별 · 종교 또는 사회적 신분에 의하여 정치적 · 경제적 · 사회적 · 문화적 생활의 모든 영역에 있어서 차별을 받지 아니한다.

- 평등권은 원칙적으로 국민의 권리나 외국인에게도 일정한 조건

에서 인정될 수 있음

- 평등의 원칙에 대하여 헌법재판소는 국민의 기본권 보장에 관한 우리 헌법의 최고 원리로서 국가가 입법하거나 법을 해석 및 집행함에 있어 따라야 할 기준인 동시에 국가에 대하여 합리적 이유 없이 불평등한 대우를 하지 말 것과 평등한 대우를 요구할 수 있는 모든 국민의 권리로서 국민의 기본권 중의 기본권이라 밝힘

제12조

① 모든 국민은 신체의 자유를 가진다. 누구든지 법률에 의하지 아니하고는 체포 · 구속 · 압수수색 또는 심문을 받지 아니하며, 법률과 적법한 절차에 의하지 아니하고는 처벌 · 보안처분 또는 강제노역을 받지 아니한다.

② 모든 국민은 고문을 받지 아니하며, 형사상 자기에게 불리한 진술을 강요당하지 아니한다.

③ 체포 · 구속 · 압수 또는 수색할 때는 적법한 절차에 따라 검사의 신청에 의하여 법관이 발부한 영장을 제시하여야 한다. 다만, 현행범인인 경우와 장기 3년 이상의 형에 해당하는 죄를 범하고 도피 또는 증거인멸의 염려가 있을 때는 사후에 영장을 청구할 수 있다. (←영장주의)

④ 누구든지 체포 또는 구속을 당한 때에는 즉시 변호인의 조력을 받을 권리를 가진다. 다만, 형사피고인이 스스로 변호인을 구할 수 없을 때는 법률이 정하는 바에 의하여 국가가 변호인을 붙인다.

⑤ 누구든지 체포 또는 구속의 이유와 변호인의 조력을 받을 권리가 있음을 고지받지 아니하고는 체포 또는 구속을 당하지 아니한다. 체포 또는 구속을 당한 자의 가족 등 법률이 정하는 자에게는 그 이유와 일시 장소가 지체 없이 통지되어야 한다. (←미란다의 원칙)

- 형사소송법 제87조, 제209조는 피의자, 피고인을 구속할 때는 변호인이 있는 경우에는 변호인에게, 변호인이 없는 경우에는 피의자 · 피고인의 법정대리인 · 배우자 · 직계친족, 형제자매와 호주 등 피의자 · 피고인이 지정한 자에게 피의 · 피고 사건명, 구속 일시 · 장소, 구속의 이유와 변호인을 선임할 수 있는 취지를 알리도록 하고, 위 통지는 지체 없이 서면으로 하도록 규정

⑥ 누구든지 체포 또는 구속을 당한 때에는 적부의 심사를 법원에 청구할 권리를 가진다. (←구속적부심사청구권)

- 구속적부심사제도란 수사기관의 구속에 대한 사법적 심사제도로서 수사기관의 위법 · 부당한 구속으로부터 피의자를 구제하려는 인신보호제도임
- 형사소송법 제214조의 2 제1호에 따르면 구속적부심사를 피의자, 그 변호인, 법정대리인, 배우자, 직계친족, 형제자매, 호주, 가족이나 동거인 또는 고용주가 청구할 수 있다고 규정

⑦ 피고인의 자백이 고문 · 폭행 · 협박 · 구속의 부당한 장기화 또는 기망 기타의 방법에 의하여 자의로 진술된 것이 아니라고 인정될 때 또는 정식재판에 있어서 피고인의 자백이 그에게 불리한 유일한 증거일 때에는 이를 유죄의 증거로 삼거나 이를 이유로 처벌

할 수 없다. (←고문 방지)

제13조

① 모든 국민은 행위 시의 법률로 범죄를 구성하지 아니하는 행위로 소추되지 아니하며, 동일한 범죄에 대하여 거듭 처벌받지 아니한다. (←법률불소급의 원칙, 일사부재리의 원칙)

③ 모든 국민은 자기의 행위가 아닌 친족의 행위로 인하여 불이익한 처우를 받지 아니한다. (←연좌제금지)

제14조

모든 국민은 거주 이전의 자유를 가진다. (←거주이전의 자유)

제15조

모든 국민은 직업선택의 자유를 가진다. (←직업선택의 자유)

제16조

모든 국민은 주거의 자유를 침해받지 아니한다. 주거에 대한 압수나 수색할 때는 검사의 신청에 의하여 법관이 발부한 영장을 제시하여야 한다. (←주거의 자유)

제17조

모든 국민은 사생활의 비밀과 자유를 침해받지 아니한다. (←사생활 비밀의 자유)

- (의미) 이는 사생활의 내용을 공개 당하지 아니할 권리, 사생활의 자유로운 형성과 전개를 방해받지 아니할 권리, 자신에 관한 정보를 스스로 관리 · 통제할 수 있는 권리 등을 내용으로 하는 복합적 권리
- (내용) 사생활 비밀의 불가침, 사생활의 자유의 불가침, 자기 정보의 관리통제 등
- 사생활 비밀의 불가침은 개인의 사생활을 공개 당하지 않는 것을 말하며 개인에 관한 난처한 사적 사항의 불가침, 명예나 신용의 불가침, 인격적 징표의 불가침을 그 내용으로 함
- 사생활의 자유의 불가침은 사생활의 자유로운 형성과 전개를 방해받지 않는 것을 말하고 자기 정보의 관리통제권을 자기 자신에 대한 정보를 보호받기 위하여 그 정보를 자율적으로 결정하고 관리할 수 있는 권리를 말함
- 이를 위하여 1995년 1월부터 공공기관의 개인정보보호에관한법이 시행되고 있음

제18조

모든 국민은 통신의 비밀을 침해받지 아니한다. (←통신비밀의 자유)

제19조

모든 국민은 양심의 자유를 가진다. (←양심의 자유)

- (개념) 헌법 제19조에서 말하는 양심이란, 인간의 윤리적 · 도덕적 내심 영역의 문제이다. 헌법이 보호하려는 양심은 어떤 일의

옳고 그름을 판단함에 있어서 그렇게 행동하지 아니하고는 자신의 인격적인 존재가치가 허물어지고 말 것이라는 강력하고 진지한 마음의 소리이지, 막연하고 추상적인 개념으로서의 양심이 아님(헌재 1997.3.27. 선고, 96헌가11)

- (내용) 양심의 자유에는 널리 사물의 시시비비나 선악과 같은 윤리적 판단에 국가가 개입해서는 안 되는 내심적 자유는 물론 이와 같은 윤리적 판단을 국가권력에 의하여 외부에 표명하도록 강제받지 아니할 자유까지 포괄함(헌재 1998.7.16. 선고, 96헌바35)
- (양심의 자유의 제한; 헌법§ 37②) 양심 형성의 자유와 양심적 결정의 자유는 내심에 머무르는 한 절대적 자유라고 할 수 있지만, 양심 실현의 자유는 타인의 기본권이나 다른 헌법적 질서와 저촉되는 경우 헌법 제37조 제2항에 따라 국가안전보장 · 질서유지 또는 공공복리를 위하여 법률에 의하여 제한될 수 있는 상대적 자유라고 밝힘

제20조

① 모든 국민은 종교의 자유를 가진다. (←종교의 자유)

제21조

① 모든 국민은 언론 · 출판의 자유와 집회 · 결사의 자유를 가진다. (←언론 · 출판 · 집회 · 결사의 자유)

- 언론 · 출판의 자유란 자기의 사상이나 지식을 언어 · 문자 등으로 외부의 불특정다수인에게 표현하는 자유를 의미함

- 현대적인 언론 · 출판의 자유는 사상 또는 의사의 표명과 전달의 자유뿐만 아니라 알 권리 · 액세스권 · 언론기관설립권 · 언론기관의 자유까지도 그 내용으로 함
- 「집회」란 다수의 공동의 목적을 가지고 일정한 장소에 회합함을 말하며, 「결사」란 다수의 일정한 공통의 목적을 위하여 결합함을 뜻하는데, 이는 다수인을 전제하는 집단적 권리인 점에서 언론 · 출판의 자유와 대비됨

② 언론 · 출판에 대한 허가나 검열과 집회 · 결사에 대한 허가는 인정되지 아니한다.

- 정기간행물의등록등에관한법률에서는 정기간행물을 발행과 관련, 등록제를 규정하고 있으며, 사위 기타 부정한 방법으로 등록한 사실이 있는 때 또는 정기간행물의 내용이 등록된 발행 목적이나 발행 내용을 현저하게 반복하여 위반한 때 등에는 문화 장관이 등록을 취소할 수 있음을 규정

제22조

① 모든 국민은 학문과 예술의 자유를 가진다. (←학문 · 예술의 자유)

- 학문의 자유란 진리 탐구를 위한 학문적 활동에 어떠한 간섭이나 방해를 받지 아니할 자유를 말함
- 학문의 자유의 내용으로는 연구의 자유, 연구발표의 자유, 학문적 집회 · 결사의 자유 및 교수의 자유가 있음
- 예술의 자유란 창조적인 미의 추구를 위한 자유를 의미하는데, 여기에는 연구와 강학의 자유, 연구 결과 발표의 자유, 학문의

공동연구 및 발표를 위한 집회 · 결사의 자유, 대학의 자유까지 포함됨

제23조

① 모든 국민의 재산권은 보장된다. 그 내용과 한계는 법률로 정한다.

② 재산권의 행사는 공공복리에 적합하도록 하여야 한다.

- 이 의무는 단순한 윤리적 의무를 말한 것이 아니라, 엄격한 헌법적 의무를 부과한 것으로, 헌법상의 경제조항에서 동 의무의 내용이 명시되고 있으며, 각종 경제입법 등을 통해 구체화되고 있음
- 국토이용관리법상의 토지거래허가제에 대해 헌법재판소는 공공복리 적합성을 근거로 합헌으로 결정하였음

제24조

모든 국민은 법률이 정하는 바에 의하여 선거권을 가진다. (←선거권)

- 근대의 선거제도를 지배하는 기본 원리는 보통 · 평등 · 직접 · 비밀선거 · 거의 모든 헌법이 이 원칙을 선언하고 있음

제25조

모든 국민은 법률이 정하는 바에 의하여 공무담임권을 가진다. (←공무담임권)

- 공무담임권은 입법부 · 행정부 · 사법부뿐만 아니라 지방자치단체와 기타 일체의 공공단체의 직무를 담임하는 권리로서, 피선거권보다 더 넓은 개념임

제27조

① 모든 국민은 헌법과 법률이 정한 법관에 의하여 법률에 의한 재판을 받을 권리를 가진다. (←재판청구권)

③ 모든 국민은 신속한 재판을 받을 권리를 가진다. 형사피고인은 상당한 이유가 없는 한 지체 없이 공개 재판을 받을 권리를 가진다.

④ 형사피고인은 유죄의 판결이 확정될 때까지는 무죄로 추정된다. (←무죄추정의 원칙)

- 무죄추정의 원칙이라 함은 형사절차와 관련하여 피의자는 물론 공소의 제기가 있는 피고인이라도 유죄의 확정판결이 있기까지는 원칙적으로 죄가 없는 자에 준하여 취급하여야 하고 불이익을 입혀서는 아니 된다는 것임

⑤ 형사 피해자는 법률이 정하는 바에 의하여 당해 사건의 재판절차에서 진술할 수 있다.

☑ 요점 학습

◎ 헌법 제1조 2항 '대한민국의 주권은 국민에게 있고, 모든 권력은 국민으로부터 나온다'는 국민주권주의를 명시하고 있다. 주권이라 함은 국내에 있어서는 최고의 권력이고, 국외에 대하여는 자주적 권력을 의미하는 것으로서 이러한 주권의 핵심적 주체가 국민임을 규정하고 있다.

◎ 선거제도, 정당정치로 이루어지는 대의제가 헌법 제1조 2항의 '주권은 국민에게 있고, 권력은 국민으로부터 나온다'라는 국민주권주의를 제대로 실현하지 못해 실질적으로 국민 정치참여의 제도화(국민발안, 국민소환, 국민투표, 정책 투표제, 시민공론장, 시민의회 등)의 필요성이 높아지고 있다.

◎ 제10조에는 '모든 국민은 인간의 존엄과 가치를 가지며, 행복을 추구할 권리를 가진다. 국가는 개인이 가지는 불가침의 기본적 인권을 확인하고 이를 보장할 의무를 진다'고 규정되어 있다. 헌법재판소는 "헌법 제10조는 모든 기본권 보장의 종국적 목적이라고 할 수 있는 인간의 본질이며 고유한 가치인 개인의 인격권과 행복추구권을 보장하고 있다."

◎ 헌법 제19조에서 말하는 양심이란, 인간의 윤리적·도덕적 내심 영역의 문제이다. 헌법이 보호하려는 양심은 어떤 일의 옳고 그름을 판단하면서 그렇게 행동하지 아니하고는 자신의 인격적인 존재가치가 허물어지고 말 것이라는 강력하고 진지한 마음의 소리이지, 막연하고 추상적인 개념으로서의 양심이 아님(헌재 1997.3.27. 선고, 96헌가11)

☑ 숙의 토론

1. 헌법 탄생의 기원과 원인에 대해 이야기해 봅시다.

2. 헌법에는 국민주권주의와 인간의 행복권이 규정되어 있음에도 불구하고 실제 현실에서는 이루어지지 않고 있는데 원인과 주권자의 대처 방안에 관해 이야기해 봅시다.

3. 헌법의 역사는 주권자인 민중이 피를 흘리면서 지배세력과의 투쟁으로 획득한 기본권이나 정치적 권력 정도만 명문화한 것이라는 의미에 대해 이야기해 봅시다.

Ⅲ

대의제와 정당정치

1. 민주주의의 재발견

1) 그리스, 로마 민주정과 중세 자치도시

고대 아테네의 민주정은 300년 정도 그리스 전 폴리스와 로마 초기까지 이어졌다. 시민 모두가 참여하고 결정하는 정치적 평등권의 개념은 그리스 전역으로 확산하여 민주정이 고대 그리스 문명을 일으키는 데 결정적인 역할을 했다. 그리고 마케도니아에 의해 아테네가 무너진 후에도 민주정의 전통과 정신은 원형 그대로 혹은 변형되어 전수되었다. 따라서 민주정의 전통은 로마의 민회와 호민관으로 이어졌으며, 로마가 제국을 건설하고 세계의 패권을 차지하면서 혼합적 공화정이라는 정치제도가 창시되는 데 뿌리가 되었다. 로마인들은 고대 아테네의 민주정을 그대로 받아들이지는 않았지만, 그들의 군주제와 혼합적인 공화정(Respubica)은 민주정의 철학과 원형을 상당히 인용한 것이었다. 3만여 명에 불과한 아테네 시민의 인구에 비해, 로마시 40~50만 명 인구 규모에서 민회를 소집하는 것은 매우 어려웠을 것이다. 그러나 로마는 아테네의 민회처럼 자주 민회(병사회, 평민회)를 소집하여 수만 명의 시민이 모여 공적 논의하고 법을 만들고 정책을 결정함으로써 국력을 시민이 자율적으로 모아나가는 로마 제국의 토대를 닦았다.

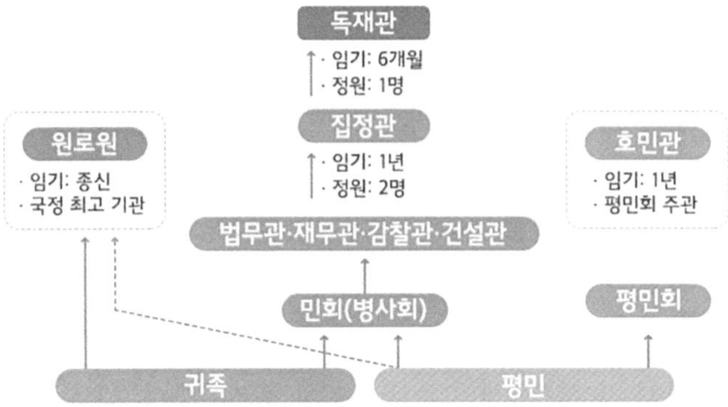

장 자크 루소는 사회계약론(The Social Contract)에서 "로마는 위대한 도시였다고 생각한다. 최후의 국세 조사는 무기를 든 40만 시민을 기록하였다. 사람들은 도시와 그 주변에서 엄청난 수의 주민을 빈번히 소집하는 것은 틀림없이 어려웠으리라 짐작한다. 그러나 실제로 로마 국민을 집합하는 데는 며칠이 걸리지 않았다. 로마인은 주권뿐만 아니라 정부의 권한 일부까지도 행사했다. 그들은 어떤 종류의 사건들을 다루고 소송을 심판하였다. 공공의 집회에 모인 전 국민은 시민이자 행정관이었다"라면서 로마 공화정을 칭송했다. 그러면서 "집합된 국민! 얼마나 터무니없는 환상인가! 오늘날 그것은 환상이다. 그러나 2천 년 전에는 그렇지 않았다. 사람들의 본성이 그토록 달라졌을까? 정신의 영역에서 가능성의 한계는 우리가 생각하는 만큼 협소하지 않다. 이 한계

를 좁히는 것은 우리 자신의 나약함, 우리 자신의 결함, 우리 자신의 편견이다. 저속한 자들은 위대한 인간을 믿지 않는다. 천박한 노예들은 자유란 말에 조롱 섞인 미소로 대한다"[1]라고 말하면서 정치적 공론으로부터 단절된 현대인을 천박한 노예로 묘사한다.

근대 시민혁명의 사상적 지침서였던 사회계약론에서 언급한 루소의 이러한 평가는 그가 얼마나 민회에 참여하는 시민들의 정신 수준과 인간 품성을 고결하게 평가했는지 그리고 인간의 정신세계와 품성이 공동체의 민주주의 정신에 따라 얼마나 달라질 수 있는지 말해 준다. 이것은 현대인에게도 그대로 적용된다. 현대인에게 공동체의 현안에 참여하는 것은 일상적 정상이 아닌 특별한 행위이다. 간혹 지역의 참여 행사를 알리는 길가의 현수막은 개인의 사생활을 경시하는 아주 불편한 문구에 불과하다. 특히 주말에 지역 현안에 관심을 가지고 참여하는 것은 현대인의 개인주의적 가치관과는 맞지 않는다. 그러나 루소가 볼 때, 현대인의 이러한 모습은 자신도 모르게 스며든 노예적 근성에 불과하다. 자신의 정치적 결정권의 숭고한 가치를 모르는 것은 자본주의 물질문명에 길든 천박한 인성의 결과이기 때문이다. 원숭이에게 베토벤의 아름다운 운율이 소음으로 들리는 것과 같은 이치로 비유한 것이다.

이렇듯 로마에서도 아테네, 그리스처럼 시민들에게 정치적 평등권이 보장된 민회와 대중법정 제도가 계속되었다. 로마의 원로원과 호민관은 아테네의 500인 평의회에서 영향을 받은 것이다. 로마의 공화정

1 루소, 『사회계약론』, 200.

은 인류에게 매우 진화된 정치체제로서 이후 많은 정치 사상가로부터 칭송의 대상이었고 근대 대의제의 모델이 되었다. 공화정이 시민의 직접 정치를 의미하는 민주정과는 다른 개념이지만, 공적 사안에 대한 민회를 통한 정치적 결정이나 숙의적 논의라는 점에서는 아테네 민주주의의 철학이 가진 민주성과 공익성 모두를 담고 있었다. 아테네의 민주정은 로마의 공화정에만 영향을 끼친 것이 아니라, 중세의 농촌공동체나 자치도시에도 계속해서 영향을 미친다. 우리는 중세 하면 1천 년 동안 고대의 민주주의가 단절되고 인간의 이성과 자치가 사라진 암흑의 시대라고 알고 있지만, 사실상은 그렇지 않다. 이러한 이유는 정치 역사가들의 고대 민주주의에 대한 정치적 편견과 부실한 연구에서 기인한다. 아테네의 민주주의의 철학은 중세의 궁전이나 지배층에서는 사라졌지만, 농촌공동체나 민중에서는 계속되었다. 마을공동체에서 민회와 대중 재판은 자치적으로 계속되고 있었다. 마을에서는 아테네처럼 모든 마을 사람이 모여 논의하고 법을 만들었으며, 거리의 대중적 재판을 통해 시민 직접 참여의 전통을 이어가면서 민주주의는 계속되면서 시대에 맞게 변화되고 있었다.

농촌공동체는 공동소유, 공동노동, 공동배분이라는 자족적 경제공동체이면서 관습법에 기초한 주권, 재판권, 입법권을 소유했고, 구성원들의 사회적 요구 대부분을 충족시켰다.[2] 이곳은 자유와 자치를 통해 구성원들의 생활과 복지가 동등하게 보장된 곳이었다. 이들은 자신들의 행정 · 정치적인 문제가 발생하면 이것을 중재하기 위해 권력을 집

2 크로포트킨, 2009: 84.

중해서 해결하는 대신(현대의 대의제처럼) 스스로 재판하거나 이웃의 제삼자와의 연대와 협력을 통해 해결하는 자치적 운영 능력을 발휘했다. 이 때문에 그들은 직접 연합한다. 그들은 형제단을, 정치적 · 종교적 결사를, 수공업자 조합을 결성한다. 중세 유럽인들은 이것을 길드라고 불렀고, 카빌족은 소프라고 부른다. 이들 연합에서는 형제 정신이 실천되었다.[3]

중세의 자유도시에서는 행정, 법률 기관을 자치적으로 운영한다. 상업의 발전으로 인해 신흥 부유층이 생기면서, 과거 농촌공동체의 공동 소유와 공동 분배의 관습은 느슨해지기 시작했지만, 각각의 거리와 교구는 옛 농촌공동체에 해당하는 공유지 개념의 토지 체제였다. 이들은 농촌공동체의 자치적 운영의 전통을 이어받아 자신만의 거리의 장 혹은 교구장, 거리 민회(民會), 법정, 선출된 성직자, 수비대, 깃발과 인장을 갖는다.[4] 다른 거리들 그리고 교구들과 연합을 결성하는 때도 이들은 독립성과 자치성을 유지한다. 민회와 법정은 고대 아테네식 광장정치에 해당한다. 수공업의 발달로 농촌 경제공동체의 일부가 길드라는 수공업 조합으로 변해 가면서, 길드는 국가와 왕의 간섭을 배제하고 자치적 의사결정 체계를 가지기 시작한다. 따라서 이러한 자치공동체는 농촌공동체와 농촌공동체, 자치도시와 자치도시를 그물망처럼 이으면서 연대와 협력으로 최대의 번성을 구가했다. 이러한 정신적 · 물적 토대 위에서 르네상스가 꽃피기 시작하면서 인간의 존엄과 이성을 향한

---

3 크로포트킨, 2009: 86.

4 크로포트킨, 2009: 97.

시민혁명을 잉태하고 있었다.

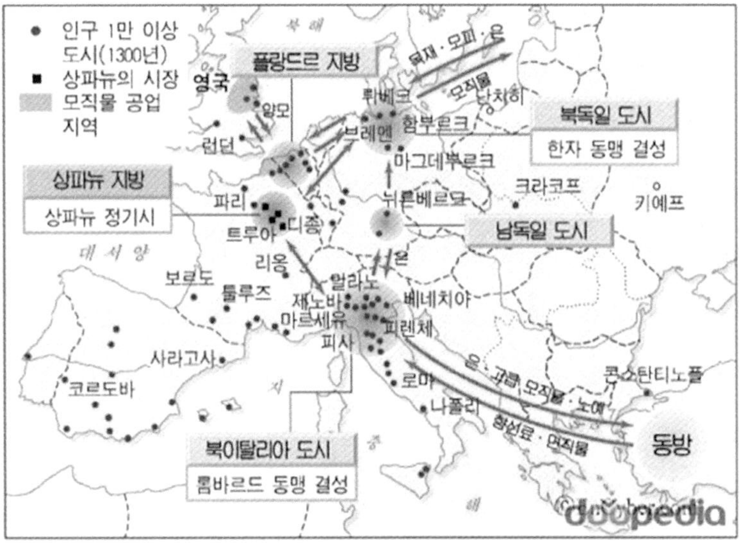

▶ 한자동맹 등 중세 유럽의 이탈리아를 중심으로 상업 무역이 발달한 유럽의 자치도시 [출처: 구글]

11세기 말 북부 이탈리아의 여러 공동체에서는, 즉 황제와 교황의 법적 통제권 주장에 맞서 자신들의 재판 업무를 담당할 '행정관'을 세웠다(Skinner, 1992: 57-69). 12세기 말에 이르러 집정권 체제는 새로운 자치 정부 형태로 대체되었다. 시민으로 구성된 통치 평의회를 구성하고 거기서 사법 및 집행 업무에서 최고권을 행사하는 포데스타라는 행정관을 장으로 선출하는 정부 형태가 그것이다. 그런 평의회는 피렌체, 파도바, 피사, 밀라노, 시에나 등에 존재했으며, 이를 바탕으로 12세기 말에 이르러 실질적으로 이들 도시는 독립적인 도시국가 또는 도시 공화정이 되었다. 더욱이 포데스타는 임기가 엄격히 제한된 선출직이었기 때문에 선출 기구인 평의회와 도시의 시민들에게 무거운 책임을 져야 했다. 당시 촌락공동체에서는 고대 아테네처럼 시민의 정치적 결정권을 보장하는 민회 제도가 있었지만, 도시 공동체에서는 추첨을 통해 선정된 평의회를 두고 여기서 추첨으로 구성된 자체적 선발 위원회에서 3인의 후보자를 추천해서 의장인 집정관을 선출했다. 물론 도시 공화국의 이러한 자치적 제도를 인민주권이나 민주주의라고 규정할 수는 없다. 사실 르네상스 공화주의의 몇몇 특징들은 민주정치의 형태라기보다는 귀족적 공화주의의 형태로 생각하는 것이 훨씬 타당하다.[5]

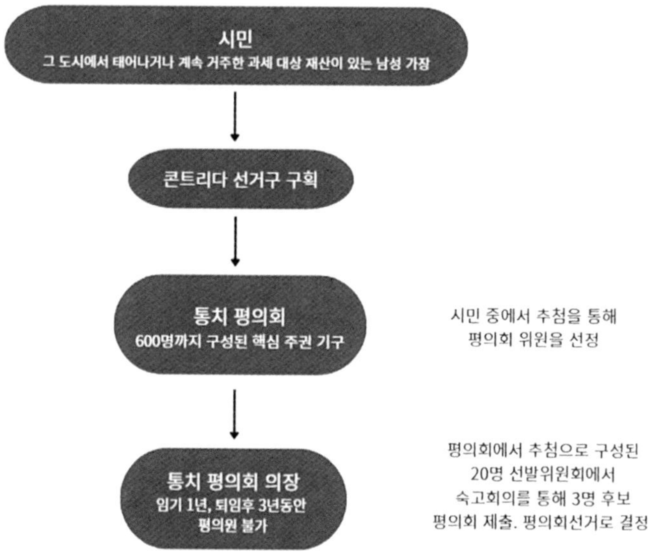

▶ [출처: Held, 『민주주의의 모델들』]

---

5 Held, 『민주주의의 모델들』, 74.

그럼에도 불구하고 교황, 왕권, 귀족들이 무력에 의한 지배층을 이루고 있는 엄혹한 중세 시대에 도시 공동체의 이러한 자치적 제도는 매우 혁명적이었다. 마치 19세기 이후 마르크스주의가 폭력혁명이라고 공격받았던 불온성보다 당시 '자치'는 더 불온한 언어였다. 이후 도시 공화정이 민주주의 이론과 실천에 기여한 바는 상당히 크다. 도시 공화정은 고전 시대 이후의 정치사상에서 자기 결정과 인민주권을 지향하는 논의와 주장이 계발된 최초의 사례로 기록된다. 그리고 그것은 이탈리아뿐만 아니라 종교개혁과 17, 18세기 정치적 담화의 부활 이후 유럽과 미 대륙에까지 광범위한 영향을 미치게 되었다. 온전한 공동체는 '궁극적인 주권적 권위를 보유 · 유지해야' 하며, 공동체의 여러 통치자나 최고 행정관들에게 '선출된 공직자 지위 이상의 지위'를 부여해서는 안 된다(Skinner, 189, 105). 그런 '통치자들'은, 공동체 자체의 덕을 촉진하기 위해 공동체에 의해 창출된 법이 효과적으로 집행되도록 보증해야 한다. 왜냐하면 그들은 전통적 의미에서 지배자가 아니라 정의의 대행인 또는 집행인이기 때문이다.[6] 이렇듯 중세 자치도시의 공화정은 비록 시민 모두가 정치적으로 평등한 고대 아테네 민회 정치는 아니었지만, 추첨제, 포데스타(행정관)를 추첨으로 구성된 평의회에서 추천하고 선정하면서 시민이 행정관에 대한 강력한 견제력을 가졌다는 점에서는 르네상스 시기 이탈리아 도시 생활의 독특한 발전은 정치권력, 인민주권, 시민의 관심사 등에 대한 새로운 개념과 인식을 촉발했다. "도시의 공기는 자유를 만든다"라는 말은 당시 유행어였다. 따

---

6 Held, 『민주주의의 모델들』, 75.

라서 당시 베네치아, 피렌체 등 자치도시에서는 사람들이 자유롭게 모여 모임이나 결사체를 만들면서 사적 · 공적 담론을 형성해 나갔다. 이것이 이후 중세의 구체제(앙시앵 레짐)를 무너뜨리는 근대 시민혁명의 토대가 되었다.

☑ 요점 학습

◎ 장 자크 루소는 사회계약론(The Social Contract)에서 "로마는 위대한 도시였다. 마지막 국세 조사에 의하면 무기를 든 시민은 40만 명을 기록하였다. 사람들은 도시와 그 주변에서 엄청난 수의 주민을 빈번히 소집하는 것은 틀림없이 어려웠으리라 짐작한다. 그러나 실제로 로마 국민을 집합하는 데는 며칠이 걸리지 않았다. 로마인은 주권뿐만 아니라 정부의 권한 일부까지도 행사했다"고 언급한다.

◎ 아테네의 민주주의의 철학은 중세의 궁전이나 지배층에서는 사라졌지만, 농촌공동체에서는 계속되었다. 마을공동체에서 민회와 대중 재판은 자치적으로 계속되고 있었다. 마을에서는 아테네처럼 모든 마을 사람이 모여 논의하고 법을 만들었으며, 거리의 대중적 재판을 통해 시민 직접 참여의 전통을 이어가 민주주의는 계속되면서 시대에 맞게 변화되고 있었다.

◎ "도시의 공기는 자유를 만든다"라는 말은 당시 유행어였다. 따라서 당시 베네치아, 피렌체 등 자치도시에서는 사람들이 자유롭게 모여 모임이나 결사체를 만들면서 사적·공적 담론을 형성해 나갔다. 이것이 이후 중세의 구체제(앙시앵 레짐)를 무너뜨리는 근대 시민혁명의 토대가 되었다.

숙의 토론

1. 고대 아테네 민회 민주주의가 로마와 중세, 근대 혁명에 미친 영향에 대해 생각해 봅시다.

2. 베네치아, 피렌체 등 중세 자유도시의 자치 정치에 대해 생각해 봅시다.

2) 근대 시민혁명

따라서 고대 그리스와 유사한 중세의 자치도시는 근대 시민혁명이 폭발하는 데 사상적 · 정치적 뿌리가 된다. 이후 홉스, 로크, 루소와 같은 자유주의 사상가들의 혁명사상인 사회계약론은 자유도시를 모델로 한 것이다. 현대 민주주의의 뿌리가 된 시민혁명(영국혁명, 미국 독립선언, 프랑스 대혁명)은 억압적인 봉건적 구체제에 대한 인간의 자유와 평등을 향한 저항이다. 소수의 왕과 귀족에겐 천국이고, 평민과 농노들한테 지옥이었던 중세의 억압과 착취에 저항한 1789년 프랑스 대혁명의 인권선언은, '나도 인간답게 행복하게 살고 싶다'라는 인간해방 선언인 것이다. 바로 인간은 존엄하고 평등하다는 고대 아테네의 민주주의 사상이 시민혁명으로 전면에 부활한 것이다.

프랑스 대혁명

우리는 왜 시민혁명과 민주주의를 연결할까? 프랑스 대혁명에서 민주주의를 전면에 내걸지 않았음에도, 우리가 민주주의를 대혁명과 연관시키는 이유를 아는 것은 중요하다. 그것은 역사상 모든 시민혁명의 정신에는 고대 민주주의 사상에서 유래하는 인간의 존엄성과 정치적 평등사상을 담고 있기 때문이다. 1789년 이 프랑스 대혁명으로 중세의 왕정 체제는 몰락한다. 왕정 체제가 몰락하면서 대를 이어 왕이나 귀족이 되던 신분제도도 없어지기 시작한다. 아마 시민혁명이 없었다면, 우리의 대부분은 지금도 귀족이나 양반의 몸종으로 살고 있을 것이다. 프랑스 혁명은 특권인 신분제와 상류계급이 갈취하던 각종 세금과 부역이라는 억압과 불공정의 사회를 무너뜨리고 자유와 공정의 사회를 향한 시민들의 저항이었다.

고대 아테네인들은 행복과 공동체의 번영은 자신이 직접 공동체의 정치에 참여하고 결정할 때 가능하다고 생각했다. 자신이 스스로 결정하는 정치체제가 바로 민주주의라고 생각했다. 따라서 자유와 평등, 행복은 스스로가 참여하고 행동(자치)함으로써 획득된다는 프랑스 대혁명의 사상과 고대 아테네의 민주주의 사상은 일맥상통한다고 할 수 있다.

'짐이 곧 국가다'라고 말한 태양왕 루이 14세의 뒤를 이은 루이 15세와 루이 16세가 베르사유 궁전에서 화려한 생활을 누리고 있을 때, 98% 차지하는 평민들은 가난과 억압에 신음하고 있었다. 당시 프랑스는 성직자, 귀족, 평민의 세 신분으로 나뉘어 있었는데, 제1신분인 성직자와 제2신분인 귀족들은 많은 땅을 가지고 있으면서도 한 푼의 세금도 내지 않고 높은 관직을 독점했지만, 인구 대부분을 차지하는 제3신분인 평민은 무거운 세금을 부담하고 생계가 힘들었지만, 정치에 참여할 수가 없어서 자기들의 권리를 주장할 방법이 전혀 없었다.

혁명 전의 프랑스의 사회 구조

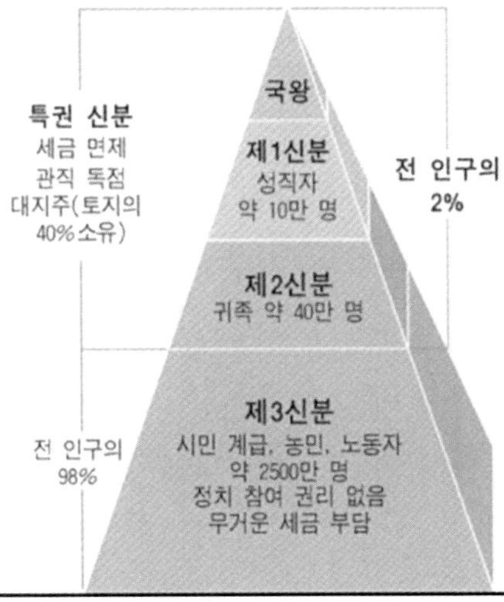

특히 지식인, 전문인, 부유한 상인과 같은 제3신분 중 상층의 시민계급은 불공평한 계급사회에 대한 불만을 살롱인 토론모임을 만들어 표출하기 시작하였다. 그들은 살롱에 모여 문학작품을 읽고 감상하다가 자연스럽게 정치사회의 부조리를 주제로 토론하고 비판하는 공론장 문화를 만들었다. 국민주권을 주장한 루소의 주장에 공감하고 있던 이들은, 아메리카에서 일어난 영국 국왕에게 대항한 미국의 자유와 주권을 향한 독립전쟁에 영향을 받고는 그들도 자유롭고 평등한 나라를 만들겠다며 중세의 구체제에 저항하기 시작했다. 결국, 제3신분인 시민

계급은 혁명을 통해 절대적인 권력을 누리던 왕을 처단하고는 불평등하고 불합리한 제도를 하나씩 없애기 시작했다. 혁명의 구호로 내걸었던 자유, 평등, 박애의 이념은 이후에 다른 나라에까지 전파되었다. 프랑스 혁명 덕분에 인간이 자유롭고 평등한 새로운 사회로 변화하는 길이 열리기 시작하였다. 그런데 인간의 역사에서 자유와 평등, 박애(상호이해)에 대해 가장 잘 실천하면서 정치적 평등과 민주주의에 대한 영감을 준 시대는 고대 아테네였다. 그래서 당시 사상가와 혁명가들의 아테네 민주주의에 대해 다시 관심을 두면서, 혁명 이후 모든 인권선언에 맞는 시민의 자유와 정의를 보장할 수 있는 정치체제를 고민하기 시작하였다. 따라서 프랑스 시민혁명의 인간 존중과 평등사상은 비록 상층 시민계급에 한정되면서, 아테네식 민회 정치가 아닌 소수 엘리트가 중심이 되는 공화정을 만들었지만, 혁명 이후 공화정 체제의 정신

▶ 〈바스티유 습격(La prise de la Bastille)〉, 장피에르 루이 로랑 위엘, 1789, 종이에 수채

에는 인간 모두의 자유와 평등, 행복을 향한 첫걸음으로써, 민주주의로 발전해 나가는 초석을 닦는 데 역사적 의미가 있었다. 민주주의를 상징할 수 있는 역사적 혁명은 많지만, 대표적으로 고대 그리스 아테네의 직접민주주의와 프랑스 대혁명의 인권선언이 현재의 민주주의 사상과 어느 정도로 유사한가를 비교해 보면, 민주주의의 철학 및 역사에 대해 좀 더 다가갈 수 있을 것이다.

프랑스 혁명의 전개 과정

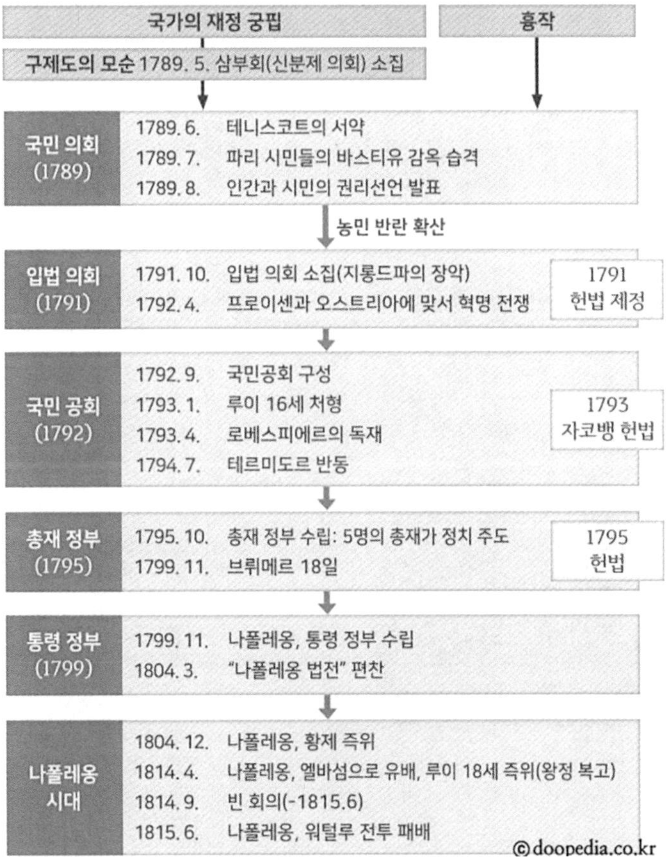

고대 아테네와 프랑스 대혁명으로부터 나온 민주주의의 가치와 정신

우리는 고대 그리스 아테네와 프랑스 대혁명을 현대 민주주의 사상의 뿌리라고 말한다. 그 이유는 여기서부터 평등사상과 민주주의의 정신이 유래했기 때문이다. 고대와 근대 시민혁명으로부터 다음의 3가지를 추출할 수 있다. 이 3가지의 사상을 기준으로 그 나라의 정치체제가 얼마나 민주주의에 근접하는지를 판단할 수 있을 것이다.

1. 인간 모두는 존엄한 존재이다.
2. 누구나 자유롭고 평등하며, 행복할 권리를 가지고 있다.
3. 권력은 국민으로부터 나온다(국민주권 사상). 주권은 국민에게 있다.

프랑스 인권선언

프랑스 인권 선언(1789년)
(총 17조: 자유, 평등, 정의, 주권재민 등)

1조: 인간은 나면서부터 자유로우며 평등한 권리를 지닌다.

3조: 모든 주권의 원리는 본질적으로 국민에게 있다. 어떤 단체나 개인을 막론하고 국민으로부터 직접 유래하지 않는 어떠한 권한도 행사할 수 없다.

6조: 법은 일반 의지의 표현이다. 모든 시민은 직접 또는 대표자를 통하여 법의 제정에 참여할 권리를 가진다.

제12조: 인권과 시민권의 보장을 위해서 공권력이 필요하다. 공권력은 모든 사람의 이익을 위해 존재할 뿐 공권력을 위임받은 사람들의 개인적인 이익을 위해 존재하지 않는다.

고대 아테네 그리스	프랑스 대혁명	민주주의 사상
모든 권력은 시민 전체에게 있다.	모든 주권의 원리는 본질적으로 국민에게 있다.	**〈국민주권 사상〉** 주권은 국민에게 있고, 모든 권력은 국민으로부터 나온다.
모든 사람은 자유로우며 평등하게 누구나 정치에 참여할 수 있다. (정치참여의 평등)	인간은 나면서부터 자유롭고 평등한 권리를 가진다.	**〈인간존엄성과 평등사상〉** **〈행복할 권리〉**
우리 자신이 스스로 내리거나 적절한 토의에 회부한다. (민회)	법은 **일반의지**의 표현이다. 모든 시민은 직접 또는 대표자를 통하여 법의 제정에 참여할 권리를 가진다.	**〈참여와 정치적 평등사상〉** 참여와 자치. (협치, 주민자치, 풀뿌리 민주주의, 마을공동체–직접민주주의)

▶ 동학(천도교)을 창도한 수운 최제우 대신사의 동상. 그의 탄생지이자 득도한 곳이며, 경북 경주의 천도교 성지 용담에 서 있다.

3) 한국 민주주의의 태동 동학농민혁명

1894년(고종 31) 동학(現 천도교의 전신) 세력이 주축이 되어 일으킨 민란. '동학 농민운동', '동학농민전쟁', '갑오농민전쟁', '동학란(東學亂)', '동학민란'으로도 불린다. 조선의 양반이자 사상가인 최제우가 창시한 동학의 개념은 인간의 존엄성 존중을 바탕으로 하는데 당시 대부분의 농민은 조선 말기 순조 시대부터 시작된 세도정치와 탐관오리들의 수탈에 크게 시달리고 있었던 상황이었기에 많은 사람들이 새로운 세계를 찾듯 자연스럽게 동학에 매료될 수밖에 없었다. 기본적으로 국가와 관리들에 대한 대중적인 불신, 농민들의 분노로 인해 발생한 혁명이다. 1876년 강화도 조약 이후 조선은 서양 열강들과 통상 조약을 맺어 문호를 개방했지만 불평등 조약이었기에 조선의 이권이 침탈당하고 내륙까지 외국 상인들이 드나드는 처지가 된다. 이런 상황에서 지주들은 쌀을 외국에 팔아 이득을 얻었지만, 소작농들은 생계조차 위협받을 정도로 고통받았다. 또한 조선 상인들과 객주, 여각 등 포구의 상인들도 침투해 오는 일본, 중국 상인들에게 밀려 몰락하였다. 또한 일본 화폐의 유통 확대, 정부의 화폐 정책 실패, 과중한 세금은 안 그래도 고통스러운 민중들을 더욱 옥죄었다.

이런 상황에서 농민층의 항쟁도 격화되어 갔다. 19세기 들어 농민들은 소지(所志)를 작성하여 수령에게 억울한 일을 해결해 줄 것을 요구하는 정소 운동(呈訴運動)을 벌였다. 정소 운동은 문자를 깨우친 농민적 지식인층이 형성되었기에 이루어질 수 있었던 것으로, 훗날 동학 농민 혁명의 지도자인 전봉준도 농민들의 소지를 대신 작성해 주는 일을 하고 있었다. 이들 지식인층은 농민 봉기의 지도자가 되기도 했다. 지식인들 외에도 농민들의 민회나 리회 등의 농민 집회가 고을마다 있었고 두레 같은 농민 공동체도 있어 농민들의 조직 역량 또한 발전해 갔다. 농민 봉기 이외에 처음부터 무장봉기를 계획한 반란도 빈발했다. 1869년 광양에서 민회행(閔晦行)이 일으킨 광양란, 1871년 이필제가 일으킨 이필제의 난이 좋은 예시다. 또한 정감록 같은 도참 비기는 반란의 사상적 근거가 되었으며 지식인층은 동학이나 도참 비기에 의지하여 반란을 일으켰다. 동학 농민 혁명은 이러한 흐름이 합쳐져 벌어진 거대한 사건이었다.

19세기 말에 동학농민혁명이 일어나면서 우리나라에서도 민주주의에 대한 사상이 태동한다. **비록 동학농민혁명은 실패했지만, 당시의**

인간 중심의 사상과 외세 배척이라는 자주권 사상은 이후 한국 독립과 민주주의의 초석이 되었다. 특히 집강소는 마을 자치 조직으로서 서구의 민회와 같은 성격을 갖는다 할 수 있었다. 우리도 역사적으로 민의 자치의 개념이 어색하지 않다. 최시형은 하늘을 모시는 '시천주'에서 나아가 하늘을 기르는 '양천주(養天主)'를 주장하며 수양을 강조했다. 그는 사인여천(事人如天)을 경(敬) 개념과 결부시켜 경천(敬天) · 경인(敬人) · 경물(敬物)로 나누어 구체화하였으며, 하늘과 사람만이 아니라 사물에 대해서도 경건하고 겸손한 삶의 태도를 지녀야 한다고 주장했다. 마치 고대 아테네 민주주의와 관련된 신화에서 나오는 경의(reverence)와 정의(justice) 개념과 유사하다. 인간이 자연 속에서 하늘의 섭리를 이해하고 지혜와 덕을 가지고 조화롭게 살아야 한다는 것이다.

동학은 인본주의(人本主義)를 기반으로 인간 평등과 사회 개혁을 주장하여 사회의 변화를 갈망했던 민중의 호응을 얻었다. 동학은 사람은 본래 하늘의 성품을 가졌으므로 사람이 곧 하늘이요, 하늘이 곧 사람이 될 수 있다고 하였다. 그리고 자신을 포함한 모든 사람이 하늘처럼 존귀하므로 사람 대하기를 하늘을 섬기는 것처럼 경건하고 겸손하게 해야 한다고 강조하였다. 소수의 양반 사회에서 비참하게 살아왔던 노예 같은 백성들에게 '사람은 다 존귀하고 평등하다'라는 사상은 자신의 삶과 생명에 대한 희망의 빛으로 다가왔다. 이러한 동학은 민중들에게 새로운 사회의 전망을 제시해 주며, 성리학의 지배 이념에 대항하는 민중의 저항 이데올로기로서 역할을 하였다. 동학은 지배체제를 옹호하고 있던 성리학과는 달리 당시 사회의 구조와 질서를 부정하는 혁명적인 성격을 지니고 있었다. 인간은 나면서부터 존귀하고 평등하다는 서구 근대 시민혁명의 사상과 유사하다. 폐정개혁안 12조를 보면, 중세 구체제의 신분적 억압과 과중한 세금 착취에 저항하던 프랑스 대혁명 인권선언의 정신을 느낄 수 있다. **탐관오리 · 양반유림 · 토호들의 농민에 대한 탄압과 가렴주구를 없애고, 신분상의 모든 차별 대우 철폐를 위해 노예제 폐지를 주장한다.**

사료 읽기 **폐정 개혁안 12개조**

1. 동학교도는 정부와의 원한을 씻고 모든 정사에 협력한다.
2. 탐관오리는 그 죄상을 조사하여 엄중히 징벌한다.
3. 횡포한 부호(富豪)를 엄중히 징벌한다.
4. 불량한 유림과 양반의 무리를 징벌한다.
5. 노비 문서를 소각한다.
6. 7종의 천인 차별을 개선하고, 백정이 쓰는 평량갓은 없앤다.
7. 젊어서 과부가 된 여성의 개가를 허용한다.
8. 무명잡세를 일체 거두지 않는다.
9. 관리 채용에는 지벌을 타파하고 인재를 등용한다.
10. 왜와 통하는 자는 엄중히 징벌한다.
11. 공채이든 사채이든 기왕의 것은 모두 무효로 한다.
12. 토지는 균등히 나누어 경작하게 한다.

– 오지영, "동학사"(1940) –

▸ 1894년 6월, 전주(全州)를 점령한 동학농민군의 지도자 전봉준(全琫準)이 관군과의 휴전 조건으로 제시한 12개 조항의 정치개혁안이 폐정개혁안

동학혁명은 양반과 상놈이라는 신분제 철폐를 주장했다는 점에서, 조선 봉건 질서에 대한 저항이라 할 수 있다. 신분제 폐지는 사람은 나면서부터 모두가 존귀하고 행복할 권리가 있다는 인간 평등사상에 기반한다. '사람이 하늘이다'라는 인내천 사상은 "① 인간 모두는 존엄한 존재이다. ② 누구나 자유롭고 평등하며, 행복할 권리를 가지고 있다"라는 프랑스 선언에 나오는 혁명 사상과 아주 유사하다. 프랑스 인권선언의 핵심인 인간 존중에 기반한 자유와 정의, 평등사상은 이후 민주주의와 공화주의를 표방하는 근대 민족국가의 핵심 철학이 된다. 비록 동학혁명의 실패로 조선에서는 서구처럼 민주주의와 공화주의가 실현되지는 않았지만, 19세기 말의 동학은 일제 식민지 지배하에서 불굴의 독립 정신으로 이어지고, 현대에 이르러 4.19 혁명, 5.18 광주항쟁, 6.10 시민혁명, 촛불혁명의 사상적 근원이 되면서 이후 한국 민주주의가 발전하는 데 정신적 지주 역할을 했다. 그래서 동학혁명의 정신은 앞으로도 한국 민주주의가 발전하는 데 지속적인 영향을 미칠 것으로 생각된다.

동학의 인내천 사상은 인간은 선하게 태어난다는 것으로 고대 아테네의 민주주의 본성 사상과도 일치한다. 아테네인들은 인간은 신으로부터 본능적으로 공동체를 지혜롭게 운영할 수 있는 경의와 정의를 부여받았다고 믿었다. 동학 인내천의 신은 만유평등(萬有平等)의 내재적 신이 되는 동시에 인간성에서 신의 원천을 발견한다. 즉, 신의 원천은 인간 밖에 있는 것이 아니라 인간 안에 있다는 것이다. 따라서 인간은 상호 존중과 진화의 공동체를 만드는 본능을 갖는다. 아테네인들에게 폴리스의 공동체가 본성적이듯이, 조선 사람들에게도 공동체는 보편적이다. 토지 균작 사상은 평등사상이다. 사람은 모두 똑같이 존귀하므로, 재산이나 지위도 평등해야 하는 것은 당연하다. 가난한 사람들이 생존에 신음하고 고통을 당한다면, 사람이 존귀하다는 사상은 거짓이기 때문이다.

▶ 동학농민혁명 당시 주민자치 기구인 집강소(執綱所) 가운데 유일하게 남아 있던 '원평 집강소' 건물이 복원됐다. 1882년에 지어진 이 건물은 정면 4칸의 초가로 동학혁명 당시 백정 출신 동록개가 동학 지도자인 김덕명 원평 대접주에게 "신분 차별 없는 세상을 만들어 달라"며 헌납한 것으로 알려졌다. 이 건물은 동학농민군 최고지도자인 전봉준 장군을 비롯한 여러 농민군 지도자의 회의 장소로도 사용됐다.

| 민중의 자치 조직인 집강소

특히 당시 폐정개혁안이 체결되고 동학군이 점령한 지역을 중심으로 설치된 집강소는 관군을 대체하는 자치 사상을 담고 있다. 집강소는 마치 고대 아테네의 민회나 500인회, 대중 법정과 같은 제도와 같다고 할 수 있다. 승리한 동학군은 정치개혁안을 요구하면서도, 관아 안에 집강소 설치를 인정받았다는 것은 민중은 자신이 권력을 잡으면, 스스로 그 권력을 운영하려는 본능을 갖는다는 것을 말한다. 남에게 권력을 맡기면, 권력이 남용되고 민중 스스로한테 불리하다는 것을 오랜 경험으로 느껴왔기 때문이다. 농민군의 집강소는 1894년 2월 무장봉기 이래 점령지 군현에 대한 계속된 장악과 그곳의 여러 가지 민정(民政)을 처리하려고 접주(接主)나 접사(接司)를 둔 데서 비롯되었다. 이러한 집강소 체제는 농민군이 전주성을 물러난 뒤인 7월 초 전봉준과 전라도 관찰사 김학진이 농민군 측과 정부 측이 협력하여 도내의 안정과 치안 질서를 바로잡고 그 구체적인 실행 방법으로서 군현 단위로 집강소를 두기로 하는 관민상화책(官民相和策)에 합의함으로써 전면화되었다.

그리하여 전봉준은 전주성 안에 농민군의 총본부인 전라 좌우도 대도소(大都所)를 설치한 뒤 군현 단위로 집강을 두도록 하여 집강소 체제를 갖추었다. 그 결과 나주 · 남원 · 운봉 등 몇 곳은 양반 지주들의 강력한 반대에 부닥쳐 설치되지 못한 곳도 있지만, 호남 대부분의 고을에 집강소가 농민군에 의해 설치되었다. 원래 집강소는 지방행정을 원활히 수행하려고 수령의 보조 기구로서 면리 단위에 근원을 두었던 집강에서 유래한 것이지만, 이후의 집강소는 농민군의 지방 통치조직이 되었다. 아테네의 민회처럼 민이 권력을 행사하는 곳이었다. 각 고을의 관아 안에 설치된 집강소에는 1인의 집강 아래 서기 · 성찰(省察) · 집사 · 동몽(童蒙) 등의 임원을 두어 각 지방의 대민 행정업무를 처리하였다. 각 군현에는 비록 군수나 현령 · 현감 등의 지방관이 있었지만, 농민군이 호남 일대를 장악한 상태에서 그들의 지위는 형식적인 것에 불과했고 집강소가 징세와 행정을 장악했다.

집강소는 주로 관민상화책에 따라 무기 관리와 치안 유지 그리고 합법적인 범위 안에서의 폐정개혁 활동을 벌였지만, 곳에 따라서는 독자적으로 부정한 지방관과 아전들에 대한 반관투쟁(反官鬪爭), 지주들에 대한 반부민투쟁(反富民鬪爭) 그리고 양반을 대상으로 하는 신분 해방투쟁을 지속해서 벌이기도 하였다. 이렇게 지방행정을 실질적으로 장악했던 집강소는 그해 10월 농민군이 2차 봉기를 하였을 때 농민군을 조직 · 동원하는 중요한 기능을 수행했으나, 이후 농민군이 전쟁에서 패함으로써 집강소 체제도 무너지고 말았다. 이같이 집강소는 한시적이기는 하지만 당시 농민의 계급적 입장을 대표하면서 폐정개혁의 실시를 지향한 농민군의 지방 자치 기구였다(네이버 두산백과).

☑ 요점 학습

◎ 프랑스 시민혁명의 인간 존중과 평등사상은 비록 상층 시민계급에 한정되면서, 아테네식 민회 정치가 아닌 소수 엘리트가 중심이 되는 공화정을 만들었지만, 혁명 이후 공화정 체제의 정신에는 인간 모두의 자유와 평등, 행복을 향한 첫걸음으로써, 민주주의로 발전해 나가는 초석을 닦는 데 역사적 의미가 있다.

◎ 19세기 말에 동학농민혁명이 일어나면서 우리나라에서도 민주주의에 대한 사상이 태동한다. 비록 동학농민혁명은 실패했지만, 당시의 인간 중심의 사상과 외세 배척이라는 자주권 사상은 이후 한국 독립과 민주주의의 초석이 되었다. 특히 집강소는 마을 자치 조직으로서 서구의 민회와 같은 성격을 갖는다 할 수 있었다.

◎ 당시 폐정개혁안이 체결되고 동학군이 점령한 지역을 중심으로 설치된 집강소는 관군을 대체하는 자치 사상을 담고 있다. 집강소는 마치 고대 아테네의 민회나 500인회, 대중 법정과 같은 제도와 같다고 할 수 있다. 비록 한시적이기는 하지만 당시 조선왕조 신분 체제를 혁파하는 폐정개혁의 실시를 지향한 농민군의 자치 기구로서 국민주권적 성격을 가졌다.

☑ 숙의 토론

1. 3대 시민혁명 사상과 민주주의 사상의 유사점에 대해 이야기해 봅시다.

2. 프랑스 혁명 인권선언에 명시된 '국민주권주의'가 의미하는 것이 무엇인지에 대해 생각해 봅시다.

3. 서구의 시민혁명과 우리나라 동학혁명의 공통점에 대해 생각해 봅시다.

2. 대의제

1) 대의제의 기원

1648년의 영국의 명예혁명, 1786년의 미국의 독립선언, 1789년의 프랑스의 시민혁명은 사람이 대를 이어 높고 낮음이 정해지고, 사람이 사람을 지배하는 신분제 사회가 종식하는 계기가 되었다. 이러한 3대 근대 혁명을 통해 인간 모두는 자유롭고 평등하며 행복할 권리가 있는 존엄한 존재라는 것을 확인하였다. 사람들은 시민혁명 이후 인간의 자유와 해방을 실현하는 정치제도를 고민했다. 그래서 이러한 시민혁명의 정신을 구체적으로 실현하는 방안으로 인권선언이나 헌법을 만들어 국가의 규범을 정하려고 하였다. 그래서 헌법은 인간의 자유와 평등, 정의 등 시민혁명의 정신을 선거로 선출되는 정부, 입법부 등 권력기관에 의한 실현 절차나 방안에 대한 최고 규범이다. 당시 혁명가들은 프랑스 인권선언을 실현하는 정치제도로서 고대 아테네의 직접민주주의가 아닌, 간접민주주의를 채택하였다. 그들은 고대 폴리스처럼 작은 도시국가가 아닌 큰 나라에서 전체 시민이 모여 토론하고 결정하는 것은 불가능하다며 아테네 제도의 민회를 없앴다. 그러고는 민회 권한을

500인 평의회가 대신 사용하는 의회제도를 만들었다. 아테네에서는 추첨제를 통해 시민이면 누구나 평의원이 될 수 있었다면, 이젠 출마한 사람 중에서 선거를 통해 선택된 사람으로 구성된 의회가 민회를 대신해 정치적 권력을 행사하는 대의제가 탄생했다. 이것이 현재 의회제의 시초이다.

대의 정부(Representative)라는 용어는 자유주의 사상가인 존 스튜어트 밀(Mill)이 저술한 『대의 정부론』에 처음 나오는 말이다. 이 책에서 그는 최고의 정치제도는 고대 아테네식의 직접민주주의지만, 여건상 차선책으로 대의 정부를 선출할 수밖에 없다고 말한다. 그는 고대 아테네의 민회같이 시민들이 다 모이는 것은 더는 불가능하다면서 선거를 통해 뽑힌 소수의 사람으로 국회를 구성한 후 시민들이 국회에 와서 자유롭게 토론하면 이상적 정치체제가 된다고 생각했다. 국회가 시민들의 주권이 행사되는 자유로운 공론장이 된다고 생각했다. 그러나 선거로 국회의원이 선출되자마자, 국회의원이 권력자가 되면서 국회가 시민의 공론장이 되기는 어렵다. 그리고 대의제 의회의 공론장에 참여하는 시민들의 수는 아주 제한적이다. 밀(J. S. Mill)이 언급한 시민의 자유와 자치가 만개하는 의회의 공개 토론장은 소수 전문 지식인의 직업적으로 활동하는 공간에 불과하였다. 즉, 대의제는 시민 공론장 형성에 실패하면서 입법 과정에 시민의 개입이라는 주권의 의미는 퇴색해 버리고 전문가 중심의 정치체제가 되었다. 따라서 밀(Mill)이 강조한 발전적 민주주의[7]의 의회 대의제 역시 근대 시민혁명으로부터 발전

---

7 J. S. Mill은 보호 민주주의와 발전적 민주주의로 나누어 전자가 개인의 자유에 치중한다면, 후

해 온 참여와 자치 개념의 중대성은 존중하려고 했지만, 권력의 주체인 시민이 정치참여 과정에서 배제됨으로써 비민주성을 드러냈다.

쉽게 말하면, 대의제는 최고의 권력인 주권을 선거로 위임을 받은 공직자들이 국민을 대표해서 국가를 통치하는 정치체제를 말한다. 보통 간접민주주의를 대의제로 생각한다. 정치인이 주권자인 시민으로부터 위임받은 권력을 가지고 대신 통치하기 때문에 권력의 주인은 시민이라는 개념이 중요하다. 그래서 대의제에는 권력을 위임하는 선거제도가 가장 큰 비중을 차지한다. 제정 헌법이 국민투표를 통해 통과되는 순간 시민 자신의 권력을 정치인에게 위임하는 것이 된다. 우리나라 헌법 제1조 2항에 '대한민국의 주권은 국민에게 있고, 권력은 국민으로부터 나온다'라는 국민주권주의는 비록 권력을 정치인에게 위임한다고 하더라도 모든 권력은 시민의 행복과 공익(공공선)을 위해서만 사용되어야 한다는 것을 의미한다. 그러나 당선된 정치인들은 공공선이 아니라 정파 간 권력투쟁에 몰두하면서 정당정치가 시민주권의 민주주의로 발전하는 데 한계를 보인다. 빈부격차를 줄이고 모두가 골고루 평등하게 잘 사는 데 권력을 사용하는 것이 아니라, 권력자들은 지배자가 되고 잘사는 사람은 더 잘살고 가난한 사람들은 더 가난해지는 양극화가 발생한다. 사회 기득권층의 특권과 반칙에 분노하는 시민들의 외침은 권력과 자본의 강고한 야합 앞에 무기력하기만 하다. 결국 시민들은 정치인이 시민의 진정한 대표자라고 생각하지 않으면서 정치에 무관심하고 냉담해진다. 따라서 대의제가 민중의 아픔과 목소리를 가

자는 정치참여를 통한 인간의 계발에 치중한다고 언급하였다.

장 잘 대변하는 정치체제라는 사람들의 주장을 더 이상 신뢰할 수 없게 되었다.

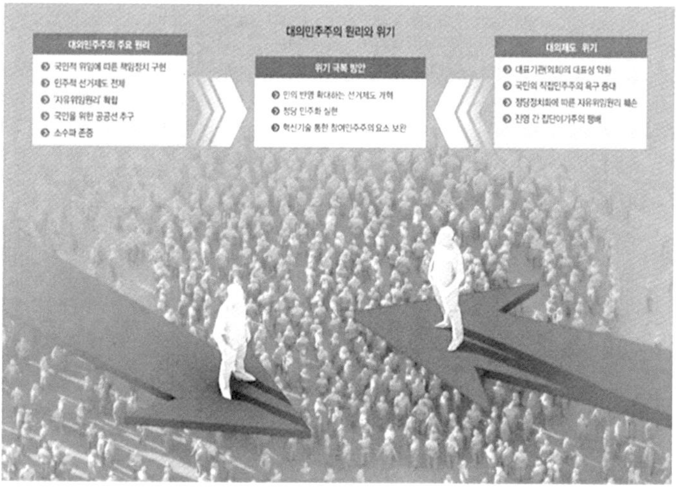

▶ 출처: 문화일보 기사에서의 그림

근대 이후 국민의 자유와 권리를 확보하기 위한 현실적 방편으로 대의제가 정착됐지만, 주권 위임자인 국민과 수탁자인 대의기관 사이에는 항상 긴장이 이어져 왔다. 우선 대의제는 대표성 논란을 피하기 어렵다. 보통 제정된 헌법에 대한 찬반 국민투표 시, 그 특성상 주권의 양도가 가능한가에 대해서는 묻지 않기 때문에 주권 대표성의 정당성에 결함이 있다. 개인의 재산도 타인에게 양도할 땐 본인한테 의사를 확인하는데 주권을 양도할 땐 의사 타진 없이 자동 양도되는 것은 불법 상황이다. 또한 A가 나를 대신한다고 해도, 나는 나이고 A는 A이다. 그리고 나를 대신하는 A가 할 수 있는 것이 있고 없는 것이 있다. 주권 수임인이 전쟁을 선포했다고 주권자가 그 전쟁에 찬성했다고 할 수 없다. 주권은 자유의지의 총합이라는 점에서, 의지를 대표할 수는 없기 때문이다. 따라서 주권이 대표될 수 있는 것과 없는 것이 있다는 점에서, 주권자에게 의사 타진 없이 주권 전체를 일방적으로 대표한다고 선언하는 대의제는 민주주의라고 할 수 없다.

선거에서도 마찬가지이다. 가령 소선거구제를 택하고 있는 한국에서는 투표자의 절반보다 단 한 표만 더 받아도 지역구 국회의원에 당선된다. 만 18세 미만 국민에게는 투표권이 주어지지 않으며, 투표권이 있는 유권자가 모두 투표에 참여하는 것도 아니다. 후보가 난립하면 지역구민 전체 25% 정도의 지지만으로도 국회의원에 당선될 수 있다. 시작부터 75%의 국민이 배제될 수 있는 구조인 셈이다. 나라에 따라 정도 차는 있지만, 주요 정당의 공천이 50대 이상 고학력 남성, 특히 법조인 등의 전문가 위주로 이뤄지면서 소외당하고 경제적으로 취약한 계층의 목소리를 대변하지 못한다. 소수 정당의 원내 진입이 쉽지 않은 것도 대표성 논란을 증폭시키는 요인이다. 따라서 젊은 층과 여성, 저학력자, 블루칼라 계층 등은 피선거권 면에서 소외될 뿐만 아니라 의회 내에서 제대로 대변되기도 어렵다. 이러한 한국 대의제는 헌법 제1조의 국민주권주의에 정면으로 배치되고 있다.

선거로 뽑힌 국민의 대표는 국민주권주의에 따라 국민 전체의 이익, 즉 공공선(公共善)을 구현해야 하는 책임이 있다. 자신을 뽑아준 선거구 유권자나 국민의 뜻에 전적으로 예속되지 않는 '자유 위임 원칙'이다. 우리 헌법도 46조 2항에서 "국회의원은 국가이익을 우선하여 양심에 따라 직무를 행한다"라고 규정하고 있다. 지역구 국회의원이라도 자기 지역구의 이익만 고집해선 안 되고 전체적으로 국가이익을 증진하는 쪽으로 직무를 수행해야 한다는 뜻이다. 국민 일반이 아닌 개별 국민으로서는 자신이 제대로 대변되지 못한다고 느낄 수 있다. 루소가 "시민들이 자유롭다고 생각하지만, 대의민주주의에서는 선거 기간에만 자유를 누릴 뿐이고 대표자를 선출한 후에는 노예가 된다"라고 말한 것은 이 같은 대의제의 한계를 지적한 것이다. 더욱이 국민의 대표자가 '공공선 구현'이라는 기본 책임을 망각하고 이른바 '정파 진영의 대변자'로 나서면 국민 일반과의 긴장은 더 높아진다.

대의제는 주권을 대표하는 것이 아니라, 주권 위임을 허락한 일부 유권자의 제한된 범위의 정치 행위를 대의하는 정치체제일 뿐이다. '주권적 권력' 중에서 자유의지와 관계없는 실무적 행위와 정책집행을 제외한, 타인이 대표할 수 없는 '주권적 의지'는 작동하도록 해야 그나마 대의제가 민주주의라는 수사에 정당성을 가지게 된다. 또한 인민의 지배와 참여(인민주권의 원리)를 민주주의라고 정의할 때, 과연 주권을 타인에게 양도하는 대의제가 민주주의가 될 수 있는가이다. 현대 사회에서 인민의 직접 정치라는 민주주의는 불가능하므로, 대의제는 그것을 대신하는 민주주의라는 것이 그의 논리지만, 인민에게 모든 권력이 귀속되는 직접 정치와 선출된 소수의 대표자에게 모든 권력이 귀속되는 과두제와는 근본적으로 정치체제가 다르다는 점이다. 운영에 따라 주권자의 생명, 자유, 행복 등이 심각하게 영향받을 뿐 아니라 위임 자체가 불가능한 인간 최고의 자유의지인 주권의 타인에 대한 위임은 절차적 적법성이나 정당성에서 많은 문제를 갖는다.

장 자크 루소[Jean-Jacques Rousseau, 1712.6.28 ~ 1778.7.2]

영국 인민은 자신이 자유롭다고 생각한다. 크게 착각하는 것이다. 그들은 오직 선거 때만 자유롭고 선출이 끝나면 다시 쇠사슬의 노예이다. 자유를 가지는 짧은 기간에 그것을 사용하는 것을 보면, 그들이 자유를 상실하는 것은 당연하다.

따라서 선거로 주권을 위임하는 대의제는 고대 아테네 민주주의의 정신과는 다른 미완성의 민주주의라 할 수 있다. 공화정이라고 일컫는 대의제는 국민주권주의에 맞는 더 성숙하고 완성도가 높은 민주주의로 나가는 과정에 있는 정치 형태에 불과하다. 그래서 직접민주주의와 간접민주주의를 상호 비교하면서 장단점을 잘 이해해야, 대의제의 결함을 극복하고 시민주권이 실현되는 진짜 민주주의를 발전시킬 수 있게 된다. 직접민주주의는 고대 그리스 아테네처럼 시민이 직접 참여하여 민회에서 국정을 결정하는 것이라면, 간접민주주의는 시민을 대신하여 선거를 통해 선출된 대표자들이 국회와 정부에서 국정을 결정하는 제도이다. 타인에게 맡기는 자신의 의사와 행위가 간접적으로 가능한 것이 있고, 불가능한 것이 있는 법처럼, 주권 행사도 남이 간접적으로 할 수 있는 것이 있고, 전혀 불가능한 것이 있다는 것을 아는 것이 바로 국민주권주의를 올바르게 이해하는 것이다. 단적인 예로 공동체와 개인의 운명에 심대한 영향을 미치는 전쟁 선포나 무력행사 등과 같이 타인이 대신해서 행사할 수 없는 것이 있다는 것을 알아야 대의제와 민주주의의 다른 점을 알게 된다.

따라서 정기적 선거를 통해 선출된 정치 공직자가 주권자의 권력을 대신 사용하는 것이기 때문에, 대의제 정치체제는 임기 중 국민을 대신해 권력자들의 권력 사용의 정신, 원칙과 기준 및 방법 등을 규정한 최고의 법률인 헌법을 제정하게 된다. 헌법에는 주권자인 국민의 기본권을 비롯하여 차별받지 않고 행복하게 살 권리 등 사회권이 규정되고, 모든 권력은 국민에게 있다는 국민주권주의와 권력분립에 입각한 민주공화정의 조직 체계와 선거방식을 규정하게 된다. 정당은 헌법기관으로서 민주공화정 권력 기관의 자리를 차지하려는 사람들이 모인 공적 정치집단이라 할 수 있다. 대통령이나 국회의원, 지방자치단체장에게는 막강한 권력이 위임되기 때문에 공직을 맡으려는 치열한 경쟁을, 정당을 통해서 하도록 헌법에 규정한다. 또한 국민은 정치 지망생들의 정당 활동을 보고 인간적 가치관이나 이념 및 자질을 검증하게 된다. 그러한 의미에서 정당정치는 선거로 이루어지는 대의제 정치체제에서 매우 중요한 기능을 한다고 할 수 있다. 따라서 정당정치는 민주공화정의 국민주권주의에 충실하면서 국가의 공공선을 실현하는 것에 최우선적 가치를 두는 것은 당연하다. 그런데 주권적 권력을 위임받고자 만든 정치적 결사체인 정당이 보편적 공공선보다는 정파적 이익을 우선하면서 정당정치 대의제가 민주주의의 발전에 오히려 역행하는 것에 대한 우려가 발생한다.

최근 전 세계적으로 시민들이 정치적 대리인을 거치지 않고 직접 행동에 나서는 직접 정치(self-governance)의 사례가 크게 늘었다. 그야말로 참여민주주의, 직접민주주의, 숙의민주주의의 시대다. 사회 · 경제적 양극화가 심화하는 상황에서 의회가 주권자 국민과 무관한 '그들만의 리그'로 변질됐다고 느끼는 사람이 많다는 방증이다. 특히 정보기술(IT) 발달과 SNS 보편화로 시민들의 정치에 대한 일상적 의사 표명과 조직화는 갈수록 쉬워지고 있다. 참여민주주의나 직접 행동 면에서 한국은 첨단을 달린다고 해도 과언이 아니다. 문재인 정부가 마련한 청와대 국민 청원에는 정치권이 미처 다루지 못한 이슈나 각종 억울한 사연 등에 대한 국민의 목소리가 봇물 터지듯 했다. 때로는 수십만~수백만 명의 동의를 얻은 청원이 제도 개선이나 정부의 대응을 끌어내기도 한다. 유력 정당이나 정치인의 팬클럽을 중심으로 한 일반 시민이 온오프라인을 넘나들며 정치적 압력을 행사하는 사례도 갈수록 늘고 있다. SNS로 조직화한 이들은 이미 각 당 지도부 선출과 공천 등 주요 결정에 막대한 영향력을 행사하고 있다. 정당 지도부와 국회의원들도 이들을 무시하기 어렵다. 이렇게 SNS를 통한 비대면 정치참여나 개입도 필요하지만, 더욱 중요한 것은 대면적 숙의를 통한 정치참여와 병행하는 것이어야 한다. 토론이나 숙의 없는 의사 표명은 군중심리에 쏠려 비민주적이고 독선적 정치 풍토를 만들기 때문이다. 이른바 특정한 정치인을 중심으로 벌어지는 최근의 정치 팬덤 현상이 좋은 예이다. 주권자가 주인이 되어야 하는데 추종자로 전락하는 것은 대의제가 민주주의로 발전하는 데 방해가 된다. 대의제를 민주주의와 친근하게 만드는 방안으로는 시민의 정치적 결정권을 확보하여 개인과 공동체를 진화시키는 제도적 장치를 만드는 것이다.

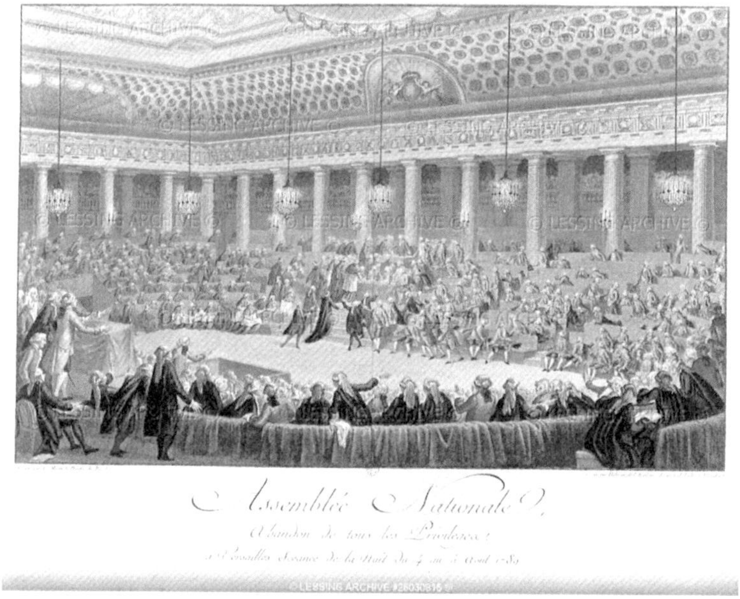

▸ 중세 신분제 의회인 프랑스 혁명 이전의 삼부회의 [출처: 구글]

☑ 요점 학습

◎ 대의제는 최고의 권력인 주권을 선거로 위임을 받은 공직자들이 국민을 대표해서 국가의 공공선을 위해 통치하는 정치체제를 말한다. 우리나라 헌법 제1조 2항에 '주권은 국민에게 있고, 권력은 국민으로부터 나온다'라는 국민주권주의는 모든 권력은 시민의 행복과 공익(공공선)을 위해서만 사용되어야 한다는 것을 의미한다.

◎ 그러나 대의제의 문제로 선출된 공직자의 대표성 결함이 지적된다. 즉, 국가의 공공선보다는 정파 간 권력투쟁에 치중하는 현상, 힘없는 사람의 배제와 사회 기득권층 간의 정경유착, 지지율이 과반에 못 미치는 소선거구제 제도 등 주권을 위임받은 정치인이 국민의 공익을 대표하지 못하는 대표성의 문제가 있다.

◎ 최근 전 세계적으로 시민들이 정치적 대리인을 거치지 않고 직접 행동에 나서는 직접 정치(self-governance)의 사례가 크게 늘었다. 그야말로 참여민주주의, 직접민주주의, 숙의민주주의의 시대다. 대의제를 민주주의와 친근하게 만드는 방안으로는 시민의 정치적 결정권을 확보하여 개인과 공동체를 진화시키는 제도적 장치를 만드는 것이다.

☑ 숙의 토론

1. 대의제의 장단점에 관해 이야기해 봅시다.

2. 대의제를 보다 좋은 민주주의로 발전시키는 방안에 대해 이야기해 봅시다.

2) 대의제 변화의 역사

대의제는 국민주권의 정신을 표출했던 근대적 시민혁명의 산물이 아니라, 고대-중세의 유산이라는 점이다. 버나드 마넹(Bernard Manin)은 그의 저서 『대의 정부의 원리(The Principles of Representative Government)』에서 대의제의 선거제도를 신랄히 비판하면서 선거는 중세적 귀족성의 유일한 원천이었다고 말한다.[8] 또한 몽테스키외는 영국 정부의 근원에 대한 유명한 구절에서 대의제가 중세적 관습과 봉건제를 낳았던 바로 그 게르마니아의 살림에서 왔다면서, '인류를 타락시키고, 인간이라는 이름을 모독하는 사악하고 부조리한 통치에서 유래되어 오늘날까지 이어져 온 것이다(Bernard Manin, 1997: 119)'라고 말한다. 그는 대의제의 선거제도가 근본적으로 봉건제 잔재를 근대 혁명에 슬쩍 도입함으로써 '시민의 지배'라는 민주주의 정신과는 근본적으로 배치된다고 주장했다. 지금의 대의제 의회제도의 유래는 중세 시대 왕권의 자문기구였던 신분제 의회였다. 성직자와 귀족들이 신분제 의회의 발언권을 주도하고 있어, 시민들의 참여는 유명무실했다. 이마저도 절대왕권에 걸림돌이 된다고 여기면서 제대로 열리지도 않았다. 프랑스의 경우 신분제 의회는 중앙집권이 강화된 1614년 이후 160년 넘게 개최되지 않았다가 1789년 프랑스 혁명 직전에 열린 것이 마지막이었다. 의회는 역사적으로 중앙집권적 권력의 보조 기능적 성격을 가졌다는 점에서, 시민이 직접 권력을 행사하는 틀과 제도를 가지는 시민

8 마넹, 『선거는 민주적인가』, 곽준혁 역, 후마니타스, p.34.

주권의 내용을 담을 수 없었다. 설사 영국처럼 의회가 왕권에 대한 견제력을 가졌다고 하더라도, 왕권에 대한 견제 권력은 자신들의 권력을 확장하려는 귀족들의 것이었지 평민, 시민은 아니었다.

이렇듯 대의제의 본산인 신분제 의회는 왕권의 보조기능을 담당하면서 성직자나 귀족층의 기득권과 사회적 지위를 유지하는 기능을 담당한다. 프랑스의 경우 구체제의 모순이 격화되어 구세력들의 영향력이 급격히 위축되면서 제3신분인 시민계급이 신분제 의회의 헤게모니를 장악한다. 이에 신분제 의회가 국민의회로 변화되면서 혁명의 전초기지가 되지만, 그렇다고 국민의회가 시민주권을 실현하는 정치체는 아니었다. 국민의회 위원들의 구성은 유산자 시민계급이 대부분이었기 때문이다. 과거엔 신분제 의회를 성직자와 귀족계급이 주도했다면, 이젠 유산자 시민계급이 주도하는 것만 달라졌을 뿐이다. 즉, 신분제 의회의 주도 계급만 달라졌을 뿐, 국민의회에서 프랑스 인권선언인 '주권은 국민에게 있고, 주권은 대표자 혹은 직접 발휘한다'라는 조항은 실현되지 못했다. 주권은 소수 자산 시민계급에 있었고, 가난한 사람들과 여성들은 발언권이나 시민적 권리를 갖지 못했다. 따라서 근대 대의제가 그동안 많은 변화를 겪어 왔지만, 그 뿌리는 중세의 왕권의 보조기관인 신분제 의회에 있다는 점에서 소수 엘리트의 과두제적 성격을 가진다. 그래서 지금 대의제에서 나타나는 귀족적이고 반민주적 모습은 대의제 정치체제 자체가 중세적 속성의 소산이기 때문이다.

원래 선거는 여러 사람 중 가장 뛰어난 사람을 선출해 제한된 임기 동안만 국가 운영을 맡기는 것이기 때문에, 권력 집중을 막는 탁월한 시스템이라고 생각했다. 독립선언 이후 미 공화주의의 창시자인 매디슨은 선거제도는 유능하고 탁월한 국가의 지도자를 추려내는 아주 뛰어난 제도라고 말했다. 물론 선거를 통해 훌륭하고 능력 있는 정치가를 뽑으면, 나라가 발전하지만, 그렇지 못하면 나라는 망하거나 국민이 불행해진다는 점이다. 선거에서 무조건 이겨야 하는 정당들은 국민적 이익보다는 정파적 이익이 우선인 것은 어느 나라나 마찬가지이다. 그래서 세계적인 정치학자 마넹은, 명성과 재력을 통해 정파적 권력을 앞세우는 출마자들이 서민의 아픔과 고통을 대변하는 데는 한계가 있을 수밖에 없다고 말한 것이다. 영어로 투표를 나타내는 Election은 엘리트(Elite)에서 유래한 것처럼, 보통선거에서 당선되는 정치가는 사회적 지위가 높은 자산 있고 학력이 높은 사람일 수밖에 없다. 그런데 문제는 기득권층 엘리트가 소외되고 가난한 서민들의 입장을 대변해 주지는 못한다는 것이다. 그래서 타인에게 정치를 위임하더라도 자신의 이익을 잘 대변하는지 감시하거나, 아니면 직접 정치에 참여하는 것은 어쩌면 국민 자신을 위해서 당연한 일인 것이다. 그래서 300년 전 정치사상가인 장 자크 루소는 "주권은 양도되거나 대표되지 않는다"라고 주장했다. 국민주권주의는 국가의 최고 권력의 주인인 국민이 그 권력을 공익적이고 지혜롭게 행사할 때 국민이 가장 행복하고 미래의 운명을 아름답게 개척한다는 의미인 것이다.

시민혁명의 인권선언에는 모든 사람이 자유롭고, 평등하며 주권이 모든 국민에게 있다고 했지만, 초창기 대의제에서 투표권은 재산세 내는 남성들에게만 있었고, 가난한 노동자와 여성에게는 없었다. 근대 시민혁명 이후 신분에 의해 사람을 차별하는 신분제는 없어졌지만, 재력에 따라 사람의 귀천이 나뉘는 불평등사회는 여전했다. 새로운 시민계급은 등장했지만, 시민혁명에서 강조한 평등의 문제를 대의제 정치를 통해 해소하는 데는 한계가 있었다. 왕과 귀족의 시대는 끝났지만, 이제는 돈 많은 사람이 대우받고 세상을 좌지우지하는 금권사회가 된 것이다. 시민혁명 때 맨 앞에서 싸운 사람은 가난한 노동자와 여성들이 대부분이었지만, 혁명의 인권 선언문을 작성한 사람들은 지식인, 변호사, 상인, 금융인 같은 사회 기득권자들이었다. 글을 논리적으로 잘 쓰고 정치에 대한 식견이 높은 지식인이나 혁명가들이 혁명 이후의 정치를 주도하면서 시민 대중이 참여하는 민주주의보다는 자신들 소수가 정치권력을 잡을 수 있는 선거제도와 대의제 정당정치인 공화정 체제를 구상한 것이다. 그래서 시민혁명 이후 민주주의는 반쪽 민주주의였다고 할 수 있다.

▶ 좌측은 대의제 국회 의회, 우측은 스위스의 직접민주주의인 란츠게마인데 [출처: 구글]

그러나 정치적 결정으로부터 소외되어 차별당하는 가난한 노동자들과 여성들은 '우리도 인간답게 살고 싶다'라고 외치며 자신들에게도 참정권을 달라고 가열하게 투쟁했다. 세계 이곳저곳에는 자유와 평등을 요구하는 인간의 자연스러운 본능을 잠재울 수는 없었다. 결국, 프랑스 시민혁명이 일어난 지 60년이 지난 1848년 차티스트 운동의 결과 노동자들에게도 투표권이 주어졌으며, 여성들도 줄기차게 선거 참여를 요구하는 투쟁을 전개하였고, 많은 희생으로 20세기 중반에 가서야 여성 참정권이 가능해졌다. 이렇게 시민혁명으로 공화정의 배는 출항하고, 대의제를 바다에 띄웠지만 2백 년이 걸려서야 참정권의 평등이 이뤄진 것이 대의제 역사이다. 가난한 사람이나 여성들이 투표권을 요구하면서 긴 세월 동안 고난을 감수하고 생명을 희생한 이유는, 참정권이 있어야 자신들의 존엄성과 행복을 실현할 수 있다고 믿었기 때문이다. 실제 참정권이 생기자, 노동자들은 노동당을 만들고 출마하여 국회의원이 많이 당선되었고 나중엔 집권당이 되었다. 지금도 유럽에서는 노동당과 사회민주당이 집권도 하고 국가의 주류 정당으로 지지를 받는 것도 이러한 노동자, 여성들의 인간해방운동과 관련 있다. 이곳 여성은 남성과 비슷한 비율로 국회의원이나 공직, 임원을 차지하고, 남성과 여성의 임금 격차가 없는 등 여성의 정치 · 경제적 지위는 향상되었다. 대의제 정당정치에서 참정권 획득의 역사는 바로 과두제인 공화정이 민주주의로 발전해 가는 역사이다. 대의제에서 모든 사람에게 투표권을 주는 보통선거권은 민주주의의 기본 척도가 되었고, '공화정' 앞에 '민주'를 붙여 '민주공화정'이라는 정치체제가 나타나기 시작했다. 우리의 경우는 87년 6월 민주항쟁 이후 정치적 민주화가 진행되었다. 이전에는 국민이 직접 대통령을 뽑지 못하고, 정권이 구성한 통일주체국민회의 위원들이 장충체육관에 모여 대통령을 뽑았는데 6월 민주항쟁 이후 헌법을 고치고 국민이 직접 대통령을 뽑는 직선제 개헌을 하고 지금에 이르고 있다. 직접 국민이 대통령을 뽑게 되고 민심을 표출할 수 있게 되면서, 정당이나 정치인들은 국민을 나라의 주권자로 보기 시작하였고 국민의 주장을 무서워하기 시작했다고 할 수 있다.

대의제가 발전해 오면서 참정권도 전 국민에게 확대되었고, 정당정치를 통해 국민의 인권이나 기본권, 복지정책 등이 발전해 온 것은 사실이지만, 그러나 현대의 대의제는 한계에 직면하고 있다. 원래 근대 시민혁명의 가치와 정신이고 오랫동안 인권과 인간해방을 위해 싸워온 국민이 주권자가 아니라, 정치의 방관자로 전락했기 때문이다. 특히 대통령제에서 대통령에 대한 과도한 권력 집중 현상이나 정당정치의 심각한 파당성으로 인해, 전문가들은 '권력은 국민으로부터 나온다'라는 국민주권에 대해 의문을 제기하고 있다. 그러면서 대의제 정치체제가 민주주의가 아니라 특수한 사람들을 위한 귀족적 성격이 강하다고 주장한다. 그래서 정치학자 슘페터(Schumpeter, 1975)는 대의제의 귀족성과 엘리트 민주주의 개념의 유사성을 지적한다. 대의제는 형식적으론 모든 시민에게 피선거권이 보장된 것처럼 보이지만, 사실 선거에 나갈 수 있는 지위와 재력이 있는 사람과 그렇지 못한 시민 간의 차별을 전제로 성립한다. 시민인 유권자는 조작과 선동, 매수, 이권 동맹의 대상으로 정치적으로 정보가 부족하고 속이기 쉬운 존재로 여겨지지만, 지배 엘리트는 투표로 선출된 지배자에 해당한다. 국민주권은 단지 다음 선거에서 권력자를 자리에서 축출할 수 있고, 다른 지배자를 승인하는 권한으로 한정된다. 통치는 지배 엘리트가 하고 투표하는 것은 시민이라는 정치적 분업은 시민들의 정치적 소외감과 냉소주의를 초래하고, 소위 정치 전문가들은 주권자인 시민을 대표하는 대신 이를 대체하면서 기술 관료적 민주주의를 강화시킨다. 시민들의 정치적 참여는 거의 사라진 상태에서 수년에 한 번씩 하는 선거만이 중대한 정치 참여인 것처럼 과대 포장된다. 반면, 이러한 가식적인 후보자나 정당에 냉소적인 유권자의 기권 행위는 비정치적인 것으로 매도된다. 이렇게 수년에 한 번씩 매우 제한된 후보자 중에서 선택하는 투표 행위를 통해 시민은 점점 자신의 권력인 주권 행사에서 멀어지고, 그 결과 주권자 민주주의는 점차 귀족적 민주주의로 변해 간다. 결국, 강자가 약자를 지배하는 귀족적 통치를 무너뜨리겠다고 주장해 온 자유주의 대의제는 결국 새롭고 더 강력하고 심지어 더 영속적인 귀족정이 되고 만다(패트릭 드닌, 『왜 자유주의는 실패했는가』, 191).

그래서 주권자인 시민은 어렵게 쟁취한 공화정 대의제가 진짜 민주주의로 잘 발전할 수 있도록 보완하고 성장시키는 노력을 해야 한다. 링컨의 '시민의, 시민에 의한, 시민을 위한 정치'는 인류가 나아가야 할 민주주의의 정신 및 형태를 잘 말해 준다. 주권자인 시민의 참여와 자치는 대의제의 한계를 보완하고 극복하는 유일한 길이다. 대표성의 결함으로 인해 국민의 공공선보다는 정파적 이익과 기득권층에 유리한 대의제를 극복하는 길은 주권자인 시민의 정치적 참여와 자치를 통해 대의제의 장점은 살려내고, 단점을 없애는 것이다. 대의제의 단점을 극복하는 것은 누구를 위한 것이 아니라, 강한 민주주의를 통해 바로 시민의 행복과 복리를 창조해 나가는 것이다. 정치가 문제가 많다고 외면하는 순간, 공공선과 희망의 미래를 위해 활용할 수 있는 유력한 무기를 포기하는 것과 같다. 세계 선진 나라를 보더라도, 국민의 정치 참여율이 높고, 정치의식이 높아 민주주의 지수가 높을수록, 잘 사는 나라가 되고 국민의 행복지수가 높다. 정치인이 청렴하고 민주주의에 투철한 이유는, 주권자인 시민의 정치적 문해력이 높아 정치적 판단 능력이 높아지면서 시민이 그러한 정치인의 상을 요구하기 때문이다. 정치의식이 높은 나라의 정치인은 시민의 공복일 수밖에 없기 때문이다. 따라서 근대 대의제를 잘 보완 · 극복하기 위해 고대 아테네 민주주의의 기본 원리와 정신을 잘 이해하여 국민주권주의에 입각한 민주주의에 대한 시민의 정치의식을 높이는 것이 중요하다. 결국 대의제를 민주주의로 발전시키는 주체는 주권자인 시민 자신이다. 시민의 주권 의식과 민주적 정치의식이 높을수록, 대의제는 정치인들의 권력 각축장에 머물지 않고, 국민주권의 민주주의로 성장할 수 있다.

| 대의제 보완 및 극복 방안

1. 대역 민주주의인 대의제 대신 자치 민주주의를 강화해야 한다. 시민이 정치에 직접 참여, 정책 결정과 법을 제정하는 제도를 도입한다(국민투표, 국민발안제, 국민소환제 정책투표제 등).
2. 참여와 주민자치가 마을이나 지역 단위에서 내실화될 수 있도록 주민자치법을 제정하고 주민자치회에서 예산 1차 심의권을 갖는다(마을공동체 운동, 주민자치회, 주민총회의 제도화, 주민투표, 주민 발안, 시민의회).
3. 민주시민교육센터를 설립하여 체계적이고 지속적인 정치참여와 시민자치에 관한 주권자 교육을 통해 정치적 문해력 향상과 시민

사회를 강화한다.

4. 시민공론장 법을 제정해 시민이 자유롭게 토의하고 숙의한 내용을 정책에 반영시키는 제도적 장치를 마련한다.

민주주의는 그 나라 국민의 의식 수준과 정치 능력에 따라 발전한다. 따라서 지금의 각 나라 민주주의의 발전 수준은 서로 다르다. 영국의 이코노미스트지는 매년 한 나라의 민주주의 수준을 '완전한 민주주의', '결함 있는 민주주의', '민주주의와 권위주의 혼합형', '권위주의' 4단계로 조사하여 발표한다. 그러나 세계에서 유례없이 민주화운동의 역사는 강렬했지만, 우리의 민주주의 수준은 아직도 '결함 있는 민주주의'를 벗어나지 못하고 있다. 대한민국의 민주주의 지수가 낮은 이유는 설문 60개 문항 중 정치참여와 숙의 토론에서 점수가 낮기 때문이다. 따라서 정치참여와 숙의 토론을 활성화할 수 있는 국가적인 민주시민교육 체계의 구축이 필요하다. 민주주의 지수에서 시민의 자치능력 수준이 매우 중요하다. 자치능력과 정치적 판단 능력이 높을수록, 시민은 자신에게 가장 유리한 대표자를 선출하는 능력도 높아지기 때문이다. 자신에게 해를 끼치는 정치인을 선택하지 않는 것이 민주주의에서 중요하다. 따라서 시민의 자치력과 올바른 투표는 함께 발전한다고 할 수 있다. 주권자인 시민이 권력을 지혜롭고 능숙하게 잘 사용하는 자치능력과 권력을 대신 잘 운영할 대표자를 선출하는 능력은 같다. 결국, 대의제를 극복하고 국민주권의 민주주의로 발전하기 위해서는 바로 국가와 시민이 헌법과 법률에 시민의 참여와 자치력 향상을 위한 조항과 방안을 규정하고 실천하는 것이다.

☑ 요점 학습

◎ 대의제는 국민주권의 정신을 표출했던 근대적 시민혁명의 산물이 아니라, 고대 중세의 신분제 의회의 유산이다. 선거는 지배계급층 내에서 대표자를 뽑는 중세적 귀족성의 산물이다.

◎ 장 자크 루소는 "주권은 양도되거나 대표되지 않는다"라고 주장했다. 국민주권주의는 국가의 최고 권력의 주인인 국민이 그 권력을 공익적이고 지혜롭게 행사할 때 국민이 가장 행복하고 미래의 운명을 아름답게 개척한다는 의미이다.

◎ 대의제를 민주주의로 발전시키는 주체는 주권자인 시민 자신이다. 시민의 주권 의식과 민주적 정치의식이 높을수록, 대의제는 정치인들의 권력 각축장에 머물지 않고, 국민주권주의 민주주의로 성장할 수 있다.

☑ 숙의 토론

1. 대의제를 국민주권의 민주주의로 발전시킬 방안에 대해 이야기해 봅시다.

2. 주민자치회나 마을공동체 시민사회 단체활동의 중요성에 대해 이야기해 봅시다.

Hundreds of university students gather in Yeouido, South Korea, on December 7, 2024, holding placards demanding the impeachment and resignation of President Yoon Suk Yeol, accused of treason after his failed attempt to declare martial law. (Chris Jung/NurPhoto via Getty Images)

▶ 스웨덴 예테보리대학 산하 민주주의 다양성 연구소(V–Dem)는 지난 13일(현지 시각) '민주주의 보고서 2025' 보고서를 내고 민주주의 지수를 발표했다. 보고서에 따르면, 한국은 민주주의 지수는 41위에 그쳤다. 1위 덴마크, 4위 스웨덴, 5위 노르웨이 등 북유럽 국가들이 상위권을 차지했다. 이 기관은 해마다 3월에 보고서를 발간해 세계 각국의 민주주의 지수를 측정해 자료화하고 있다. 전 세계 179개 국가를 △자유민주주의 △선거민주주의 △선거 독재체제 △폐쇄된 독재체제로 나눠 분류하고 있다. 이 기관은 한국을 지난해 '자유민주주의' 나라라고 판단했으나 올해는 그에 못 미친 '선거민주주의' 나라로 분류했다.

3) 시민사회와 공론장

1) 시민사회란?

사회적으로 시민사회(civil society)라는 용어는 사용하는 사람에 따라 그 의미와 개념이 다르다. 시민단체의 성원들은 시민사회를 시민단체와 혼용해서 사용하면서 NGO의 개념으로 사용한다. 언론에서는 시민사회를, 시민단체를 포함해서 현안에 관심을 나타내는 시민들 군까지 포괄해서 사용하기도 한다. 학술적으로 시민사회는 시민단체, 사회단체뿐 아니라 인간들의 사적 · 공적 집합적 결사체나 모임 등 모두를 포괄적으로 언급할 때 사용하기도 한다. 따라서 시민사회는 자발적인 사적 · 공공 및 사회 조직과 기관의 총체를 일컫는 말로서, 사회에서 국가 및 시장과 구별되는 영역이다. 시민사회는 정부와 기업과는 구별되는 사회의 "제3의 부문"으로 이해될 수 있으며, 가족과 사적 영역을 포함한다. 다른 저자들에 따르면, 시민사회는 시민의 이익과 의지를 증진시키는 비정부 기구와 기관의 집합체 또는 정부로부터 독립된 개인과 조직의 의미로 사용된다. 이럴 때 범위는 시민단체보다는 넓고 시민보다는 작은 영역으로서 추상적으로 보이지만 사실 대단히 광범위하다. 학계에서는 시민사회를 국가나 시장과 구분되는 영역으로 정의하는 학술적 개념으로 사용한다. 정리하면, 시민사회는 경제와 국가 사이에 존재하는 사회적 상호작용 영역으로, 무엇보다도 친밀한 영역(특히 가족), 결사체(특히 자발적 결사체)의 영역, 사회운동(민중운동, 반정부운동), 시민운동 공적 의사소통의 형태(담론 형성의 공론장) 들로 구성되어 있는 영역이라 할 수 있다.

특히 시민사회는 악마적인 국가권력에 대한 해독제에 해당한다. 고유의 독자적 영역을 자치한다고 볼 수 있고 고정적이지 않고 사회관계 변함에 따라 그것도 자발적으로 발전, 진화한다고 할 수 있다. 따라서 시민사회의 개념은 국가권력이 인간의 자유와 행복에 미치는 영향력과 구속력에 따라 그것이 어느 시기에 사용되던 개념이냐에 따라 상이한 실체들과 결부되어 있다. 특히 혁명과 인간해방의 기억을 상실하고 점차 퇴화하는 현대인에게 시민사회가 부상되는 이유를 이해하는 것이 가장 중요하다. 중세 신분제로부터 해방되자마자 타인에게 자신이 직접 결정한 적도 없는 사회계약이라는 이름으로 주권을 위임하는 현대판 신분제로의 전환을 민주주의라고 착각하는 현대인은 자신이 반쪽 자유인, 반쪽 노예라는 사실을 깨닫게 되는 순간 필연적으로 완전한 자유를 찾으려 모색하고 고군분투하게 된다. 이때 시민사회는 반쪽 자유인인 인간이 완전한 자유인으로 진화하는 공적 공간이 된다. 시민사회는 추상적 수준에 머물거나 학술적 분석 개념을 넘어 인간의 자유와 해방, 시민이 권력을 행사하는 진짜 민주주의를 향해 나아간다. 국가와 시장으로는 성취하지 못하는 인류의 공공선이 시민사회라는 공적 공간을 통해 성취될 수 있다는 사실적 · 논리적 가능성이 존재한다면, 그것에 무관심하거나 방치하는 것은 인류적 범죄에 해당한다. 따라서 이것은 혁명이냐 개혁이냐는 오래된 관념에서 벗어나 인간의 삶과 공동체가 진화하느냐 퇴보하느냐라는 인류 생존의 문제이다.

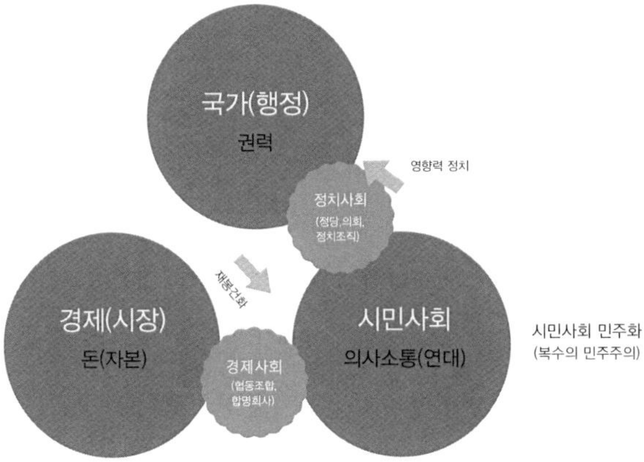

특히 인류의 진화와 진보에 있어 자유의 개념은 본질적이다. 정신적으로 진보하지 못하면 육체적 뇌세포가 진화하지 못하고 오히려 퇴화한다는 것을 알지 못하는 것처럼 어리석은 것은 없다. 즉 정신적 진화와 뇌세포의 진화는 같이 간다. 그런데 진보와 진화에서 자유는 본질적이다. 그러나 과연 자유민주주의와 대의제의 후광에서 사는 인간은 자유로운가? 설사 자유롭다고 하더라도 온전한 자유를 향유하는가? 온전한 자유는 사적 자유와 공적 자유로 나뉜다. 인류는 구속하고 억압하는 그래서 생산물을 착취하는 국가권력에 대항해 사적 자유를 쟁취하기 위해 싸워왔고 부르주아 시민혁명 이후 사적 자유는 꾸준히 확대되어 왔다. 자본주의 물질문명의 생산력 발전과 맞물려 사적 자유를 찾으면서 개인화되었고 이기주의화 되어 왔다. 그러나 반쪽짜리인 사적 자유만 누리고 있다면 인류는 반쪽 노예인 것이다.

이러한 측면에서 시민사회는 반노예 상태에서 탈출을 통해 온전한 자유를 채워줄 공적 자유를 찾는 인간의 소중한 생명과 진화의 공간이다. 이 공간의 의미를 제대로 알려면 사적 영역과 공적 영역 각자의 범위와 명확한 차이는 무엇을 의미하는지 이해하는 것이 필요하다. 더불어서 사적 자유와 공적 자유는 상호 별도로 구분되어 있지 않고 상호 유기적으로 연관되며 상호 보충적이라는 것을 아는 것도 필요하다. 자본주의의 물화 현상에 젖은 현대인들은 개인의 취향적 · 성적 · 소비적인 것에 대한 자유로운 선택인 사적 자유만이 자신의 행복과 정신적 진화를 위한 유일한 자유라고 잘못 생각한다. 개인의 취향적 · 성적 · 소비적인 사적 자유는 공적 자유와의 유기적 관계와 소통을 통해 보다 조밀하고 높은 심미적 자유로 발전하고, 공적 자유는 올바른 사적 자유를 통해 성원들의 물질적 조건을 확대하고 사회적 제약과 억압으로부터 벗어날 수 있는 토대를 형성한다는 것을 이해해야 하기 때문이다. 그래서 시민사회에서 차지하는 사적 영역과 공적 영역의 범위는 무엇인가? 사적 영역과 공적 영역이 시민사회에서 중요하게 부각되는 의미는 무엇인지에 대한 물음이 제기된다. 따라서 사적 영역과 공적 영역에 대한 이해는 시민사회를 새롭게 이해하는 기준이 되기도 한다. 왜냐하면 그동안 사람들은 국가는 공적 영역이고 시민사회는 사적 영역이라고 생각하고 국가에 대한 대항적 의미로서만 사용했다면, 이제부터는 시민사회는 공적 영역과 사적 영역이 공존하는 영역으로 설명된다. 인간을 반노예 상태에서 탈출시키는 공적 자유는 시민사회의 공적 영역인 공론장에서의 의사소통 행위를 통해 확보되는 것이기 때문이다. 그래서 현대의 시민사회 운동은 반노예 상태를 벗어나려는 인류의 노예해방 운동인 것이다.

(2) 생활세계의 식민화와 신사회운동

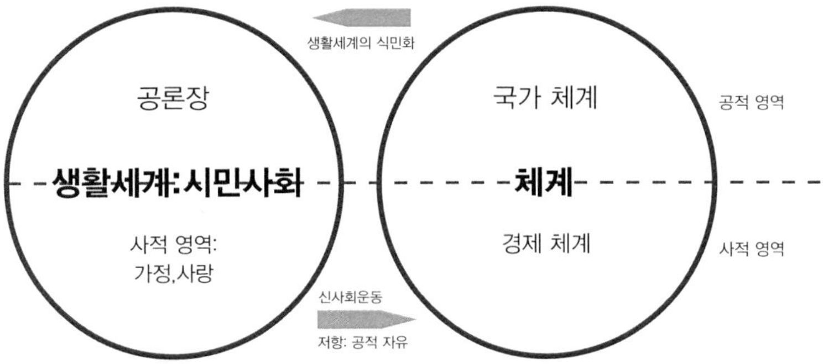

▶ 하버마스가 분류한 생활세계와 체계. 생활세계는 공적 영역과 사적 영역으로, 체계는 국가와 시장으로 분류한다.

하버마스는 1980년대 초반 발표한 『의사소통행위이론』에서 기존의 국가와 시민사회를 체계와 생활세계 모델로 나눈다. 하버마스는 근대화에 따른 시민사회의 내부 분화, 곧 경제 영역의 합리화에 따른 사회로부터의 경제의 분화 현상에 주목하여 현대 사회를 시장과 국가로 구성되는 '체계'와 사적 영역과 공론장으로 구성되는 '생활세계'로 양분한다. 각기 독립적인 그러나 상호 작용하는 이 두 영역은 근대화가 진행함에 따라 그 관계가 변화한다. 곧 근대화의 진전과 고도화에 따른 체계의 복합성과 강제성의 증대는 생활세계를 위협하는 병리 현상을 야기한다. 이러한 병리 현상은 두 가지 형태로 나타난다. 첫 번째 그것은 체계의 과도한 발달이 생활세계의 일상적 삶을 위협하고 파괴하는 형태를 띤다. 두 번째 그것은 지식생산이 제도화되면서 등장하는 전문가 문화가 일반인의 문화적 참여를 차단함으로써 초래되는 생활세계의 문화적 빈곤이다. 하버마스가 진단하는 현대 서구사회의 위기는 체계의 기능 혼란(대량 실업, 생태 위기 등)이 체계 영역 내부에서 제기되는 것이 아니라, 그것을 생활세계의 하부구조에 전가하는 것, 다시 말해 체계의 기능 상실이 상징적 재생산의 영역에서 혼란을 낳고, 그것이 다시 의미 상실, 아노미, 노이로제 등과 같은 정신적 병리 현상을 증폭시키는 것으로 구체화된다. 체계에 의한 생활세계의 이러한 병리 현상을 하버마스는 이른바 '생활세계의 식민화'로 개념화한다.

하버마스에게 신사회운동이란 바로 이러한 생활세계의 식민화를 저지하고 방어하기 위한 것이다. 공론장을 통해 합리적이고 실천적인 의사소통을 제도화하려는 일련의 새로운 사회운동들을 지칭한다. 이 운동들은 그 갈등이 생활 형태의 문법, 반권위주의, 문화 재생산, 생태, 여성 등 일상과 사회화 분야에 대한 질문에서 점화된다는 점에서 이제까지 체계의 생산 및 재생산 영역에서 발생했던 계급투쟁 및 권력투쟁과는 다르다. 하버마스에 따르면, 이러한 신사회 운동들은 체계에 대항하는 잠재력의 성격에 따라 '해방운동', '저항운동', '퇴각 운동'으로 구별할 수 있다. 1960년대 미국의 민권운동과 여성운동이 새로운 영역을 확장하려는 해방운동의 사례라면, 환경 · 평화 · 시민 주도 · 녹색당 · 농촌 코뮨 등 다양한 대안 운동들은 저항 및 퇴각 운동에 속한다. 현재 여성운동의 사례를 제외한다면 대다수 저항 및 퇴각 운동들은 새로운 영역을 정복하는 데 목표를 두는 것이 아니라 의사소통의 행위 영역을 지키려는 방어 전략을 취하고 있다는 데 그 공통점이 존재한다. 간단히 말해, 관료제의 강화와 자본주의의 심화에 대항하여 자율과 연대로 상징되는 시민주권의 진정한 민주주의의 가치를 옹호하려는 급진 민주주의적 정치 기획이 다름 아닌 신사회운동이라는 것이다.

신사회운동은 시민을 정치의 방관자로 만드는 대의제를 비판하면서 참여민주주의를 등장케 한다. 그러나 참여민주주의가 대의제의 모순에 도전하면서 시민참여의 중요성을 부각한 것은 역사적 의미를 갖지만, 결사체 방식을 통한 시민참여 역시 한계에 부딪힌다. 시민운동을 하는 시민은 소수일 수밖에 없다는 점과 그것 역시 정치인들이 권력의 주인공이고 시민은 역시 부차적 압력 기관에 불과하기 때문이다. 시민은 여전히 국가와 시장이 주도하는 사회에서 방관자로 구조화되기 때문이다. 시민사회가 소수의 시민단체를 넘어서 다양한 결사체들이 자유롭게 담론을 형성하고 독자적 권한을 행사할 수 있도록 국가 차원의 공적 지원 방안이 나와야 한다. 시민에게 정치참여의 영역은 넓어졌지만, 권력 행위의 당사자로서 시민의 위상은 여전히 낮기 때문이다. 또한, 시민단체에 소속된 소수의 활동가가 마치 전체 시민을 대표하는 것처럼 되면서, 대다수 시민은 여전히 참여와 자치의 관람객으로 머무르지 않도록 시민사회의 대대적인 활성화와 재구조화가 필요하다. 시민사회의 민주화가 요구되는 것이다.

시민사회의 개념의 역사

5-Step Ordering Process

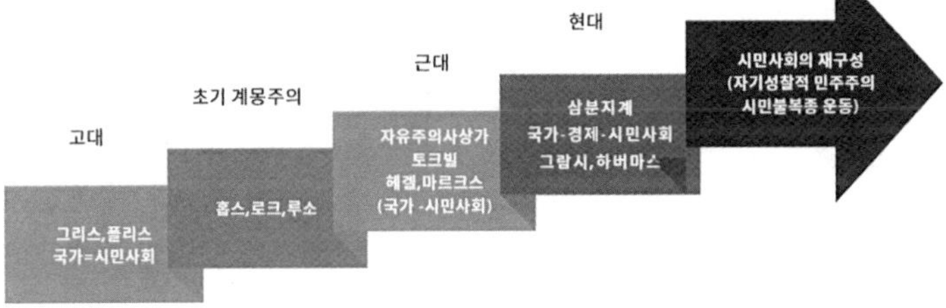

☑ 요점 학습

◎ 시민사회는 경제와 국가 사이에 존재하는 사회적 상호작용 영역으로, 무엇보다도 친밀한 영역(특히 가족), 결사체(특히 자발적 결사체)의 영역, 사회운동(민중운동, 반정부운동), 시민운동 공적 의사소통의 형태(담론 형성의 공론장) 들로 구성되어 있는 영역이라 할 수 있다. 시민사회는 악마적인 국가권력과 거대 자본의 공격에 대한 방파제이면서 동시에 해독제에 해당한다.

◎ 서구의 신사회운동은 물질주의와 이에 기반하는 전통적인 좌-우파 정치의 이분 구도를 넘어서서 비경제적인 탈물질적 가치를 지향하는 동시에 직접 참여의 운동이다. 1990년대 이후 한국의 사회운동도 기존의 노동·계급운동 중심의 운동으로부터 지역·시민운동으로 구성되는 신사회운동이 주요 시민사회의 운동으로 대두되고 있다.

◎ 하버마스가 진단하는 현대 서구사회의 '생활세계의 식민화'는 체계의 기능 혼란(대량 실업, 생태 위기 등)이 체계 영역 내부에서 제기되는 것이 아니라, 그것을 생활세계의 하부구조에 전가하는 것, 다시 말해 체계의 기능 상실이 상징적 재생산의 영역에서 혼란을 낳고, 그것이 다시 의미 상실, 아노미, 노이로제 등과 같은 정신적 병리 현상을 증폭시키는 것으로 구체화된다.

☑ 숙의 토론

1. 시민사회와 '생활세계의 식민화'에 대해 이야기해 봅시다.

2. 신사회운동과 공론장에 대해 이야기해 봅시다.

3. 정당정치

1) 정당과 역사

정당(party)은 정치적 목적을 같이하는 사람들이 모여서 만든 결사체에서 시작되었다. 이것이 발전되어 이념이 같은 사람들이 모인 정당으로 발전하게 된다. 정당의 기원은 영국의 토리당과 휘그당이다. 토리당(Tory Party)은 현재 보수당의 전신으로 한때 잉글랜드 왕국의 정당이었다. 찰스 2세 시대인 1678년부터 1681년 사이 왕위 계승 문제를 둘러싸고 가톨릭교도였던 왕의 아우 요크 공작 제임스의 즉위를 인정하는 사람들을 가리켜 "토리(Tory)"라고 말했던 게 시작이다. 1660년 청교도 혁명 이후 왕정복고를 통해 즉위한 찰스 2세는 적자가 없었고 다음 잉글랜드 왕으로 찰리의 동생 요크 공작 제임스를 주목하고 있었다. 그러나 제임스는 로마 가톨릭 신자이기 때문에, 성공회를 국교로 삼는 영국에서 가톨릭교도를 국왕으로 받아들이는 것에 대한 찬반 논쟁이 촉발되었다. 이 후계 문제는 영국 의회에서도 제임스의 즉위를 인정하는 측과 인정하지 않는 측으로 나뉘어 격렬한 논쟁을 벌였던 것이 정당의 유래가 되었다.

제임스의 즉위를 인정하지 않는 집단이, 인정하는 집단을 가리켜 〈토리〉(Tory)라고 부른 것이 그 시작이다. "토리(Tory)"는 아일랜드어의 "toraidhe"에 유래되었으며, 그 의미는 "불량" 혹은 "도적"이라는 뜻이다. 한편, 즉위를 인정하는 자들은 즉위를 인정하지 않는 자들을 가리켜 〈휘그〉(Whig)라고 불렀고, 스코틀랜드어에서 "모반자", "말 도둑"이라는 의미였다. 상대 정당을 서로 악의적으로 호칭함으로써 자신들의 정당성을 찾으려는 정당의 기본 속성은 이때부터 유래한 것이다. 휘그는 제임스의 왕위 계승권을 박탈하는 법안을 의회에서 통과시키려고 시도했지만, 이것은 토리의 반대를 받아 인정되지 않았다. 결국 제임스의 대관식은 인정되었고, 1685년, 영국 왕 제임스 2세로 왕위에 즉위하게 된다. 이 당시의 휘그, 토리는 현재와 같은 강령과 정책에 기반한 정당(Party)이 아닌, 어디까지나 제임스의 즉위 문제에만 한정된 찬, 반 집단이었다.

의원내각제의 기원도 영국이다. 토리당과 휘그당이 정당체계를 갖추기 시작하고 번갈아 정권을 담당하게 되면, 그 정당에서 최고 통치자인 수상(PM)을 선정하면서 정당정치의 전통인 의원내각제가 유래하게 되었다. 최초의 수상인 월폴은 "휘그" 소속으로, 초기 현대 영국의회는 휘그의 우세로 진행되었는데, "토리"가 정당으로 보수당이라고 할 수 있는 체계를 갖춘 것도 이 시기였다. "토리"에서 처음 수상이 선출된 것은 1762년 3대 뷰트 백작 존 스튜어트의 시기로 월폴이 선출된 40년 이후였다. 이후의 정권 교체는 보수당, 휘그당이 번갈아 가며, 20년에서 40년간 정권을 담당하는 형태가 되면서 정당정치의 형태를 만들었다. 현재와 같은 정기적인 정권 교체라고 말할 수 있게 된 것은 "보수당"이 초대 웰링턴 공작 아서 웰즐리, 휘그당이 제2대 그레이 백작 찰스 그레이를 배출한 시대인 1830년대부터였다. "토리당"과 "휘그당"이라는 양대 세력이 발달한 결과 영국 의회에서는 양당제 형식의 정당정치가 발달했다는 평가를 받고 있다.

▶ 1808년경 영국 하원의 모습을 그린 그림. 이보다 훨씬 전인 17세기 무렵 최초 정당인 토리당과 휘그당이 나타났다. 의회에 칼을 차고 들어왔어도 가운데 선을 넘어 상대방을 찌르진 않고 말로 써 싸우는 전통이 영국 의회민주주의를 만들어냈다. [출처: 위키미디어]

토리당은 지주 계층을 정권의 지지 기반으로 하고 지주 계층의 이권을 보호하는 정책을 취하면서 보수당으로 정착하였다. 지주 계층의 이권을 보장하는 정책으로 당시 곡물법이 있었다. '보수'(Conservative)라는 이름은 1830년부터 쓰이기 시작하였으며 1834년 로버트 필이 신임 당 대표에 취임하면서 공식적으로 쓰이기 시작하였다. 필은 휘그당과는 차별되는 정당으로서 근대적인 재편을 위해 '보수당'으로 재창당하면서, 토리당 선거운동의 공약집에 사용하면서 공식적으로 쓰기 시작하였다.[9] 반면, 영국에서는 "휘그"를 가리켜 "자유주의" 그 자체를 대변하는 용어로 이용되었다. 산업혁명의 진전으로 1830년대에서 1860년대에 걸쳐 도시에서 노동자가 증가하고 그들은 차티스트 운동을 통해 선거권 확대, 선거법 개정, 소득향상 등의 청원 운동을 전개하기 시작했다. 또 1868년에는 제2회 선거법 개정을 통해 그들의 요구가 인정되어 도시 노동자에게 선거권이 주어졌다. 이 노동자 운동은 의회정치에도 영향을 발휘하였고, 1830년대 이후 영국 의회정치는 정계 재편의 바람이 불었다. 팔머스턴 자작 시절에 휘그당은 '자유당'(Liberal Party)으로 명칭을 변경했다. 따라서 토리당과 휘그당이 일상적인 정권 교체를 할 수 있게 된 1830년대 이후는 영국 의회정치에 의원내각제가 뿌리를 내리는 시기였다.

1800년대에 보수당과 자유당이 의회제를 통한 정당정치를 해오던 중, 점차 자본주의 모순에 의해 계급 대립 및 갈등이 심화되어 나가자, 1900년에 들어와서 제임스 키어 하디가 노동자의 정치 세력화를 목표로 노동당을 창당하였다. 노동조합이 전국적으로 활발하게 만들어지고, 노동 삼권을 쟁취하면서 1920년대부터는 자유당을 제치고 보수당과 함께 영국의 양당으로 자리를 잡게 되었고 이후 유럽 전역으로 사

9 Blake, The Conservative Party from Peel to Major (1997) pp.6-7.

민당이 확산되는 계기가 되었다. 노동당은 전후 건강 보험을 실시한 클레먼트 애틀리, 1960년대에서 1970년대 집권하며 사형제를 폐지하는 등 진보적 정책을 펼친 해럴드 윌슨, 그리고 제3의 길을 표방하며 영국의 경제 성장을 이룬 토니 블레어를 총리로 배출하였다. 1990년대 이전까지 노동당은 민주사회주의를 표방하는 정당이었으나, 토니 블레어가 당수로 선출된 이후 노동당은 '신노동당'(New Labour)이라는 구호를 내걸며 사회민주주의 노선을 포기하고, 당 강령에서도 사회민주주의를 삭제하였다. 노동당(Labour Party)은 영국의 중도좌파 정당으로 사회민주주의와 민주사회주의를 지향하고 있다.[10] 현재 당 대표는 키어

▶ 왼쪽부터 스웨덴의 올로프 팔메, 오스트리아의 브루노 크라이스키, 독일의 빌리 브란트. 이들은 20세기 유럽을 대표하는 사회민주주의 지도자들이다.

10 민주사회주의냐 사회민주주의냐라는 전통적 선택적 질문에 대해 우리는 모두 민주사회주의이자 사회민주주의자라고 답할 수 있을 것이다. 이 답은 다음 슬로건과 같은 의미다: "이상은 높

스타머 영국 총리이다. 현재 원내 의석수는 413석으로 과반 의석수를 차지하는 집권 여당이며, 과거 영국의 유럽연합 탈퇴 이전의 유럽 의회에서는 사회민주진보동맹에 속해 있었다.

2) 의원내각제

의회제(parliamentary system)는 행정부의 성립과 존속이 의회(입법부)의 신임에 근거하는 정부 형태로서 대의제 정치체제의 골간이다. 군주제 및 대통령제와는 달리, 의회제에서는 군주나 대통령이 국가원수로서 존재할 수는 있으나 정부 수반과는 분리되어 실권을 가지지 않는다. 의회제에서는 의회로부터 나온 총리가 행정부 수반으로서 내각

게, 현실은 낮게" 혹은 "Be realistic, demand the impossible."

을 구성하고 정부를 운영하며, 의회는 내각 불신임권을 행사함으로써 국정에 대한 책임을 물어 내각을 해산할 수 있다. 역사상 인류 최초의 의회는 중세 시대로 거슬러 올라간다. 1188년 레온 왕국의 왕 알폰소 9세가 왕국의 3개 계층의 대표들을 소집한 레온 의회를 설립함으로써 처음 등장하였다.[11] 초기의 의원내각제 정부는 1581년 발생했던 네덜란드 독립 전쟁에서 네덜란드 의회가 당시 네덜란드와 벨기에 지역을 지배하던 스페인 왕국의 펠리페 2세로부터 주권과 입법권, 행정권을 인수함으로 인해 시작되었다.

하지만 일반적으로 현대적 의미의 의원내각제는 18세기 초에 성립된 영국의 정치체제인 웨스트민스터 시스템에서 시작된 것으로 본다. 1714년에 독일 하노버 가에서 온 조지 1세가 자식을 남기지 않고 죽은 앤 여왕의 후사를 잇게 되었으나 영어를 유창하게 하지 못함에 따라 각의를 주재하지 않게 됐고, 1721년부터 1742년까지 로버트 월폴(Robert Walpole)이 조지 1세의 신임에 따라 전권을 가지고 각의를 주재하면서 이른바 '각의의 수석', 즉 총리(Prime Minister: PM, First Minister)라는 개념이 생겼다. 1832년에는 선거법 개정이 이루어지면서 의회가 총리를 정하게 되었고 이로써 왕권에 대한 의회제의 우세가 공고해졌다. 제1차 세계 대전 이후 유럽에서는 의회주의의 확산이 가속되었고 특히 바이마르 공화국의 제도로부터 발전한 독일 등 유럽 대

11 존 키언(John Keane): 민주주의의 탄생과 소멸(The Life and Death of Democracy), London 2009, 169-176.

륙의 의원내각제는 웨스트민스터 체계와는 다소 구분되는 것으로, 이후 여러 국가의 내각제 성립에 영향을 끼쳤다. 의원내각제는 국가원수와 행정부 수반이 분리되어 있다. 즉, 국가원수의 권한은 대통령(공화제) 또는 군주(군주제)가 가지고, 행정부 수반의 권한은 총리가 가진다. 반면 대통령중심제는 대통령이 국가 원수이자 행정부 수반이기 때문에 국가원수의 권한과 행정부 수반의 권한을 대통령 1인이 모두 가진다. 이 점에서 의원내각제는 대통령중심제에 비해 권력이 분산되어 있다.[12]

UK Parliament

▶ 1834년에 준공된 영국 런던 템스강의 웨스트민스터궁(Palace of Westminster) 국회의사당(Houses of Parliament)이다. 영국의 상원과 하원 의회장이 모두 이 건물에 자리하고 있다.

12 신태훈, 『비교 정부론』, 학림, pp.110-115.

의원내각제는 행정부 수반을 의회에서 선출한다. 선출된 행정부 수반을 총리(또는 수상)라고 하는데, 총리는 국정에 관하여 의회에 책임을 진다. 즉, 의회는 내각 불신임권을 갖고 있어서 언제든지 총리에 대한 신임을 철회(해임)할 수 있다. 이에 대응하여 총리는 의회 해산권을 가진다. 가령 총리가 판단하기에 의회가 민심을 위배하고 있을 경우, 정부 정책의 강력한 뒷받침을 위해 더 많은 의석을 가진 여당이 필요한 경우, 자신에 대한 의회의 불신임 추진에 동의하지 못할 경우 총리는 의회를 해산하고 조기 총선을 치르는 정치적 승부수를 던질 수 있다. 조기 총선에서 여당이 승리하면 총리는 자신의 직위 및 정권을 유지할 수 있지만, 반대로 여당이 패하면 정권을 잃을 수 있다. 의원내각제에서는 다수 의석을 차지한 세력이 정부를 구성한다. 그러나 단독으로 과반 의석을 차지한 정당이 없을 때는 둘 이상의 정당이 연합하여 과반 의석을 이룬 뒤 정부를 구성하게 되는데, 이를 연립정부(연정)라고 한다.

특히 총선을 완전 비례대표제(스웨덴, 네덜란드, 덴마크 등) 또는 연동형 비례대표제로 치르는 국가들(독일, 뉴질랜드 등)에서는 정당의 지지율과 의석 비율이 일치하게 되어 다당제가 정착되고, 그 결과 한 정당이 과반 의석을 차지하는 일이 거의 발생하지 않는다. 따라서 이들 국가에서는 연정이 사실상 필수이며 일상적이다. 반면 대통령중심제는 승자독식 구조이기 때문에 연정은 잘 발생하지 않는다. 이처럼 내각제는 연정이 많이 이뤄진다는 점에서 대통령중심제에 비해 권력 분산적 성격이 있다. 내각제는 보통 여대야소이므로 행정부와 입법부가 융화되는 경향이 있다는 점에서는 권력 집중적 성격이 있는데 대통령중심제에서도 여대야소가 발생할 경우 유사한 상황이 펼쳐진다.[13] 내각제는 선거를 통해 국민에게 국민의 대표(의원)로 선출된 자만이 내각의 각료(총리 및 각 부 장관)가 될 수 있다. 이는 권력 행사의 민주적 정당성을 위한 것이다. 그리고 각료로 임명되더라도 의원직을 사퇴할 필요는 없다. 반면 대통령중심제는 대통령을 제외한 각 부 장관은 국민에게 선출된 자가 아니어도 된다. 국민에게 선출된 자, 즉 의원 중에서 임명할 수도 있지만, 그 경우에는 의원직을 사퇴해야 한다.

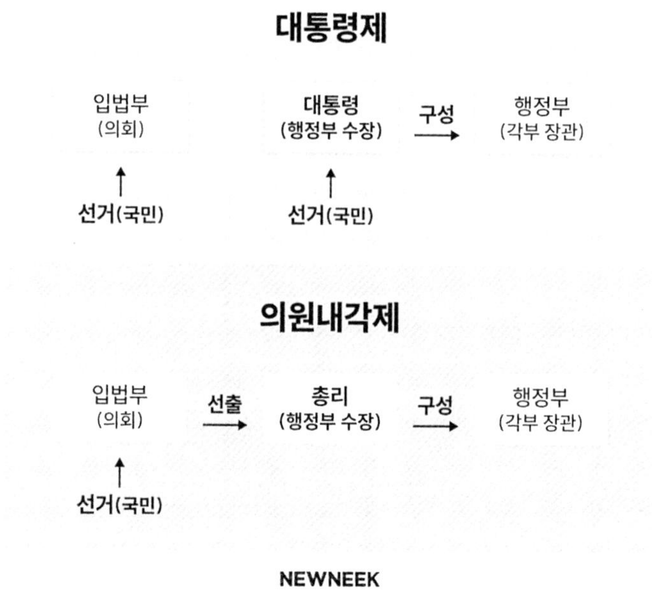

13 황만희, "대통령중심제와 내각제", 『사회과학논총』, pp.81-83.

3) 대통령제

대통령제의 직접적 기원은 미국으로, 미국 헌법의 모태가 된 1787년 필라델피아 헌법 회의 구성원들이 영국 의회제 및 민주주의에 대한 부정적 인식을 바탕으로 연방적 차원의 강력한 국가체제를 목표로 공화국 형태를 발전시킨 정부 형태이다. 몽테스키외의 권력분립 사상을 충실히 수용하여 탄생하였다. 미국 외에서는 19세기가 되면서, 1819년 그란콜롬비아[14]의 성립을 시작으로 남미 국가에서 대통령제가 시행되었고, 이후 아프리카와 아시아 대한민국이 채택하였다. 이 대통령이 국가 원수의 권한과 행정부 수반의 권한을 모두 가진다. 반면 내각제는 국가 원수의 권한은 대통령(공화제) 또는 군주(군주제)가 가지고, 행정부 수반의 권한은 총리가 가진다. 대통령제는 정부의 임기(대통령의 임기)가 보장됨이 원칙이다. 따라서 대통령이 무능하거나 국민으로부터 신임을 잃었더라도 대통령을 해임할 방법이 없다. 국가에 따라 대통령에 대한 탄핵제도가 있지만, 보통 중대한 법 위반 행위가 있는 경우 등으로 사유가 제한되어 있다. 반면 내각제는 의회에 내각불신임권이 있어 총리를 언제든지 해임할 수 있다. 그러므로 총리가 설령 중대한 법 위반 행위를 저지르지 않았더라도, 무능하거나 국민으로부터 신임을 잃으면 의회에 의해 즉각 해임될 수 있다.

대통령제는 의원의 임기도 보장된다. 의회해산권이 인정되지 않기

---

14 그란콜롬비아 또는 대콜롬비아(스페인어: Gran Colombia)는 1819년부터 1831년 사이의 콜롬비아 공화국을 가리킨다. 영토는 오늘날의 콜롬비아를 비롯한 베네수엘라, 에콰도르, 파나마 전체 및 코스타리카, 페루, 브라질, 가이아나의 영토도 부분적으로 포함하고 있었다.

때문이다. 대통령제는 대선에서의 1등(승자)이 모든 행정 권력을 독식하는 승자독식 구조다. 반면 내각제는 과반 의석을 차지한 정당이 없는 이상, 둘 이상의 정당이 연합하여 연립정부를 구성한다.[15] 대통령제는 입법부와 행정부의 영역이 엄격히 분리되어 있으므로, 정부의 법률안 발의권, 각료의 의회 출석권, 각료의 의회에서의 발언권이 인정되지 않는 것이 원칙이다. 내각제는 선거를 통해 국민으로부터 국민의 대표(의원)로 선출된 자만이 내각의 각료(총리 및 각 부 장관)가 될 수 있다. 이는 권력 행사의 민주적 정당성을 위한 것이다. 그리고 각료로 임명되더라도 의원직을 사퇴할 필요는 없다. 반면 대통령제는 대통령을 제외한 각 부 장관은 국민으로부터 선출된 자가 아니어도 된다. 국민으로부터 선출된 자, 즉 의원 중에서 임명할 수도 있지만, 그 경우에는 의원직을 사퇴해야 한다. 내각제에서는 국민에 의한 선거로 구성되는 기관이 의회뿐이므로 민주적 정당성이 일원화되어 있다. 반면 대통령제는 국민에 의한 선거로 구성되는 기관이 의회와 대통령이므로 민주적 정당성이 이원화되어 있다. 다만 여기서 주의해야 할 것은 대통령제에서의 대통령이 반드시 국민의 직접 선거에 의해서 선출되는 것은 아니라는 점이다. 미국 등에서 각 주의 국민이 선거인단을 뽑은 후 그 선거인단이 대통령을 최종 선택하는 선거에 의해서 선출되기도 한다.

15 지난 2월 총선에서 제1당을 차지한 중도우파 기독민주당 · 기독사회당 연합이 중도좌파 사회민주당과 연립정부 구성에 합의. 양당의 대연정은 2021년 12월 이후 약 3년 반 만이다. 다음 달 총리 취임이 유력한 프리드리히 메르츠 기민당 대표는 유럽연합(EU)의 중심 국가로서 적극적인 대응을 강조했다.

4) 정당의 유형

명망가 정당 · 근대적 정당

막스 베버는 정당조직의 역사적 변화에 주목하여 명망가 정당과 근대적 정당의 두 가지 형으로 정당을 구분했다. 명망가 정당은 근대적 의회정치의 초기 단계, 즉 제한 선거 시대의 정당형으로 의회 내에서의 막연한 인적 결합을 의미했으며, 당규율이란 거의 존재하지 않고 이합집산이 빈번한 유동적인 성격을 갖고 있었다. 또한 당비 제도나 정기적 집회가 따르는 지속적인 조직으로서의 지방선거구 조직은 아직 존재하지 않았고, 선거 시에만 지방 명망가의 정치집회가 임시로 열렸는데, 그 의장도 유력자가 임시로 맡는 형편이었다. 이러한 집회에서 입후보자가 선정되고 정책이 토의되었다. 정책은 입후보자나 의회의 정당에 일임되는 예도 많았다. 요컨대 지방선거구에서는 명망가가, 중앙에서는 개개의 의원이 정치의 주역이었다.

한편, 근대적 정당은 막스 베버가 말한 대로 "민주주의, 대중의 선거권, 대중운동과 대중조직의 필연성, 통일적 최고 지도와 엄격한 당규율의 발전"의 결과로 생긴 것이다. 근대적 정당 제도하에서 당비 납부제와 정기적 집회 및 각 단계 당 기관의 상호 관계를 수반하는 지방선거구 및 전국의 당 조직이 확립되고, 후보자 및 정강의 결정에 병행하여 당 조직이 선거비용의 조달과 지출의 업무를 담당하게 되었다. 그리고 의원은 당 대표의 지시를 받는 한편 원내의 행동에 관해서는 원내총무의 지시를 받게 되어 의원의 독립성은 점차 상실되어 갔다. 그러나 당 운영의 실권을 누가 장악하는가는 나라에 따라 다르며, 미국에서는 원외의 직업적 보스, 독일에서는 원내정당의 간부가 잡고 있다. 이러한 근대적 정당이 성립된 것은 미국에서는 1840년경, 영국에서는 1867년 이후였다.

간부정당 · 대중정당

뒤베르제는 정당을 간부정당과 대중정당의 두 가지 유형으로 구분하고, 보수정당이나 우익정당을 전자로, 사회주의당이나 노동당을 후자로 생각하고 있다. 간부정당은 선거를 그 목표의 중심에 두고 다수의 의원을 당선시키는 일에 집중적으로 노력을 기울인다. 따라서 이러한 정당에서는 선거에서 중요한 역할을 하는 소수의 명사(名士)가 중심적인 존재가 된다. 명망이나 권세가 있어 표를 모으는 데 유리한 영향력이 있는 명사라든가, 유권자의 취급과 선거운동에 유능한 전문가나, 선거비용을 댈 수 있는 재계의 유력자 등이 그러한 존재가 되는 것이다. 이같이 간부정당에 있어 중요한 것은 당 소속의 인원수보다 당 소속 인원이 선거전에서 얼마만큼의 역할을 할 수 있을 것인가 하는 점이다. 그러므로 일반유권자를 권유해서 당원으로 만들 필요는 그리 없다.

대중정당은 본질적으로는 선거를 위한 조직이 아니고 특정의 사회적 이익을 위한 정치운동이므로, 이 운동에 참가하는 당원의 수가 많으면 많을수록 조직은 강대해진다. 그 위에 당은 당원에 대해서 정치 교육을 실시하며 정치지도자를 양성하지 않으면 안 되며, 또 당의 활동자금을 소수 자본가의 기부에 의하지 않고 당비로 충당하므로 이 모든 의미에서 당원 수가 많을 필요가 있다. 조직 면에서는 대중정당은 긴밀하게 결속된 지부조직의 정당이며 중앙집권적인 전국 조직이 그 구조적 특색이다. 간부정당과 대중정당의 구별에는 역사적인 배경이 있다. 일반대중에게 선거권이 없고 따라서 정치적 영향력이 전혀 없던 시대에는 대중을 당원으로 조직한다는 것은 전혀 무의미한 일이었다. 우선 당원이라는 개념 자체가 제한 선거가 보통선거로 발전함으로써 생긴 개념이었다. 그러나 보통선거가 실현되면서 곧 대중정당이 출현한 것은 아니었다. 간부정당은 새로 선거권을 획득한 대중을 득표조직 속에 끌어들이기 위해 당을 대중에게 개방하는 자세를 취하기는 했으나 대중의 정치참여는 한정된 범위 내에서 인정한 데 불과했고, 당 운영의 실권은 여전히 소수 간부의 손에 머물러 있다. 대중정당의 출현은 사회당이나 노동당의 등장을 기다리지 않으면 안 되었다.

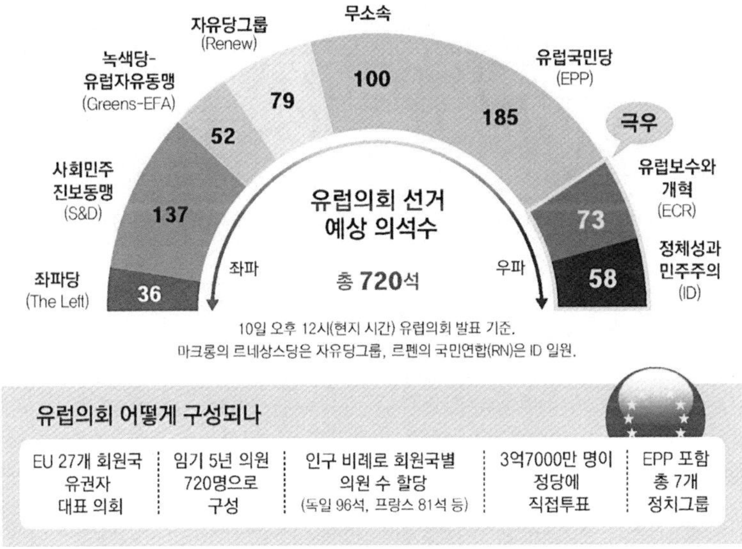

2024년 유럽 의회 전체 720석 중 399석(55%)을 차지한 중도파 연정이 주도했다. 유럽의회 1~3위 정치 그룹인 중도 우파 성향 유럽국민당(EPP), 중도좌파 사회민주진보동맹(S&D), 자유당 그룹(Renew Europe)을 중심으로 독일 · 프랑스 · 스페인 · 폴란드 · 그리스 · 네덜란드 정상이 참여했다. 연정은 폰데어라이엔 위원장 2기에 합의하고, EU 외교 · 안보 고위 대표에 카야 칼라스 에스토니아 총리, EU 정상회의 상임의장에 안토니우 코스타 전 포르투갈 총리를 각각 후보로 지명했다.

국민정당 · 계급정당

국민정당과 계급정당의 구분 기준은 주로 정치투쟁의 무기로서 이용되는 이데올로기의 성격이며 학술적인 것은 아니다. 즉 보수정당의 입장에서는 "정당은 공적 성격을 지닌 것으로 전 국민적 · 전 국가적인 이익의 추진을 목적으로 광범한 일반 국민으로부터 지지를 받아야 한다. 이것이 국민정당의 본분이며, 특정의 계급적 입장에서 계급적 이익의 증진을 도모하고, 주로 노동자계급의 지지를 얻으려고 하는 정당, 즉 계급적 정당은 특정 계급의 이익을 국가의 이익에 우선시키므로 의회민주주의 이념에 배치된다"라고 주장하는 한편 노동당이나 사회주의 정당의 주장은 "사회에는 현실에 있어 서로 대립하는 계급이 존재하는데, 특히 오늘날과 같이 국가의 사회적 · 경제적 간섭이 적극화된 시대에는 계급적 이익을 초월한 전 국민적 내지는 전 국가적인 이익이란 것이 성립될 수 없다. 국민정당을 주장하는 보수정당의 논리가 이해관계의 계급적 대립을 부정하는 것 그 자체가 지배계급의 이익과 일치되는 것이다"라고 주장한다.

보수정당 · 진보정당

보수정당은 보수주의의 입장을 취하는 정당이며 진보정당은 진보주의에 입각한 정당이다. 문제는 보수주의와 진보주의를 어떤 의미로 해석하는가에 있다. 이 구별을 매콜리(1800~1859년)는 인간 기질의 차이라고 보았다.

"모든 사회에는 보수주의자들이 존재하는데, 이들은 역사가 오래된 것이기만 하면 어떠한 사물에도 애착을 느껴, 어떤 개혁이 유리하다는 것을 명확히 알았을 때도 새로운 것에 대한 불안을 느껴 그 개혁에 동의하기를 꺼린다. 동시에 또 모든 사회에는 개혁주의자가 존재하는데,

이들은 희망에 불타 대담하게 사색하며, 항상 전진하기를 원하고, 현존하는 사물의 결함을 쉽게 발견하며, 개혁에 수반되는 위험이나 불편은 별로 고려치 않고, 모든 변화를 개혁으로 생각하려는 경향이 있다."

그러나 보수와 진보를 초역사적인 인간 본래의 기질에 둔다는 것은 타당치 않다. 그것은 어디까지나 현존의 사회적 · 경제적 · 정치적 질서에 대한 어떤 기본자세의 문제로서 포착되어야 할 것이다. 즉 현존의 전통과 질서를 방위 내지 옹호하려는 입장이 보수주의이며, 현존 불합리하고 불공정한 현 질서에 부정적인 입장을 취하는 것이 진보주의이다. 그러나 우리나라의 경우는 보수와 진보가 서구처럼 분류되어 있지 못하고 혼탁하게 잘못 분류되어 정치권에서 사용하고 있다. 서구의 좌파와 우파의 개념도 정확한 기준 없이 마구 오용하고 있다. 보수와 진보의 의미를 현존 질서를 기준으로 해서 생각할 때는 그 중간적 입장은 이론적으로 성립될 수 없다. 소위 중도정당은 실은 보수정당의 온건파와 진보정당 온건파의 집합체에 불과하다. 현존 질서의 기초에 중대한 위협이 가해질 때 중도정당이 항상 분열할 운명을 지니는 것은 그 때문이다. 그러나 최근 유럽에서는 좌파와 우파의 대립이 지나치게 정책이나 이념적 극단화 현상과 사회 기득권화로 인해 많은 시민이 양쪽을 다 경계하는 중도적 성향을 띠면서 중도정당(중도우파)이 최대 지지를 얻고 좌, 우파와 연정하는 정치적 특징이 나타나고 있다.

5) 정당정치의 위기

현대 민주정치는 선거로 주권을 위임받은 정치인들이 통치하는 대의정치를 특징으로 하고 있고 대의정치의 기본 요소는 바로 정당정치이다. 국민 각계각층의 다양한 입장이 정당을 통해 집약되고 표출되며 정당에 의해 국민 의사가 구체적인 정책으로 반영될 수도 있기 때문에 비록 간접적이고 취약할지라도 정당이 국민이 국가의 정책 결정 과정에 영향을 미치는 매개 역할을 한다. 따라서 현대민주정치의 핵심에 정당이 자리하고 있으며 정당은 민주주의를 확대 발전시키는 데 반드시 필요하다. 그렇지만 점차 세계 보편적인 현상으로 정당정치의 회의론과 쇠퇴론이 등장하기 시작하여 정당정치가 도전받고 있다. 서구의 안정된 선진민주주의 국가에서조차 정당이 민주적인 기능을 효율적으로 수행하지 못하여 정당의 불신이 높아 국민에게 외면당하는 실정이다. 정당이 정치 과정의 중요 존재로서 그 가치가 하락되었다는 사실은 영국 이탈리아 독일 프랑스 벨기에 스웨덴 덴마크 미국 캐나다 등 대한 경험적 연구 결과[16] 다양한 국면에서 일관된 추세로 나타나고 있다. 국민의 정치의식과 사회문화는 급속히 변하지만, 이러한 추세에 따라 스스로 변화하고 혁신하지 못하는 정당정치에 대한 불신과 혐오감이 높아지면서 지금 정당정치는 새로운 도전에 직면하고 있다. 그러나 정치 과정에서 정당을 대체할 만한 제도를 찾기도 쉽지 않은 게 사실이다. 그러나 정당이 시대의 흐름과 국민 의식의 변화에 맞게 개혁하고 혁신하지 않으면 정당정치의 회의론이 더욱 확산하여 미래는 정당의 기능을 대체하는 조직이나 집단들의 출현으로 더욱 정당이 국민으로부터

16 정당의 국민 정당성 지표로서 대체로 부동층 유권자의 증가 효율적 정당 수의 증가 투표율 감소 정당의 정체성 감소 절대 당원 수 감소 상대적 당원 수 감소 정당에 대한 불신의 증가 등 압도적 변화로 나타났다.

외면당할지 모른다.

정당정치 쇠퇴의 가장 큰 요인은 정당에 대한 국민 효능감이나 기대감의 상실이다. 주권자들이 선거를 통해 최고 권력인 주권을 위임해 준 이유는, 국민을 대신해 공익적 차원에서 정치를 잘해 달라는 것이었고, 비록 위임은 해주었지만, 주권자인 국민과 함께 국사를 함께 논의하고 해결해 나가기를 기대했기 때문이다. 그러나 현대 정당정치는 유럽권과 미국, 우리나라 등 아시아 국가마다 차이는 존재하더라도, 정당정치의 지나친 파당성과 공익기능의 마비 현상으로 인해 유권자의 정당에 대한 기대는 점점 축소되는 추세이다. 정당의 파당성은 정당이 주권을 주무르는 최고의 주권 기관이 되었다는 데 있다. 정당이 권력화되고 연속화되면서 당권을 잡으려는 당내 분파 세력 간의 혈투가 국민의 공익보다 우선시된다. 또한 국익과 보편적 공익성보다는 정당의 집권이 최우선시 되면서 집권 경쟁은 상호 경쟁을 통한 공익과 공동체의 발전이 아니라, 오히려 소모적이고 사회적 갈등을 극대화한다. 정치로 인해 주권자의 자유와 행복이 보장되는 것이 아니라, 주권자 미래의 희망적 삶이 정치로 인해 피폐해지고 불안과 불확실성의 소용돌이에 빠진다. 하버마스가 말하는 생활세계의 식민화가 나타나는 것이다. 이것은 정당이 주권자의 자유와 행복, 평등을 증진하기 위해 존재한다는 자유민주주의의 본질적 철학 원리와는 완전히 배치되는 것이다. 정당의 기능이 사회적 갈등을 대변함으로써 계급 계층 간 상호 이익의 조정과 타협을 통해 공동체의 공공선에 도달할 수 있다는 주장에 대한 회의론이 확산하고 있다. 오히려 정당의 권력 장악을 위해 사회적 갈등을 악용하고 증폭시키고 이러한 양극화된 극단적인 적대적 관계를 통해 정당 권력을 지속적으로 유지하려는 '정당 사유화' 현상이 기승을 부린다. 정당정치가 시민의 주권을 위임받았다는 사회계약론은 사라지고 정당이 주권자의 형식적 동의하에 오히려 주권자를 지배하면서 자생하는 자체 메커니즘에 의한 권력 기관이 되어버린 것이다.

이렇듯 정치가 일반인을 대변하지 못하고 상층 지도자들 간의 권력 게임의 틀로 귀속되어 버리는 현대 정당정치에 대해 슘페터는 적나라하게 묘사한다. 그에 의하면, 정당정치는 정치권력을 놓고 사회 엘리트 간의 경쟁하는 운동 경기 같은 것이다. 인민은 축구 경기나 풋볼 경기를 보면서 민주적이라고 포장되는 예의 바르고 격조 있게 환호하거나 슬퍼하는 '참여하는 관람객'에 불과하다.[17] 이는 대의제 정당정치가 선거로 선출된 대표자가 주권자의 권력을 위임받아 잘 대표할 수 있는 효율적 민주적 정치체제라는 논리를 불신하게 만든다. 대의제가 정당정치로 제도화되면서 대의제를 통해 위임된 민주주의 핵심인 주권은 온데간데없이 사라졌기 때문이다. 현대인은 없는 주권을 상상하면서 허상의 주권자에 불과하다. 결국 현대의 정당정치로서 대의제는 스스로 민주주의와는 상관없는 정치적 기술이나 방식에 불과하다. 그래서 민주주의란 엘리트 정치인들에 의해 권력 획득에 유리한 자기 정당화나 술책, 선전을 위한 그럴듯한 구호 이상이 아니다. 인민은 역시 자신의 권력을 그들에게 맡길 때, 그들이 자유와 평등, 정의라는 원래 민주주의 이상과 가치를 제대로 실현하리라는 믿음까지는 아니더라도,

---

17 민주주의 모델들, 데이비드 헬드, 박찬표 역, p453, 후마니타스

민주주의라고 선언되는 대의제 정당정치가 적어도 자신들의 열악한 경제적 · 사회적 지위를 올려주거나, 사회적 소외나 차별로부터 구원해 줄 것이라는 기대와는 별 관계가 없다는 것을 알게 되었다. 최근 주권자이지만 허상뿐인 주권의 실체를 알아차린 군중이 극우 포퓰리즘의 온상이 된다. 그래서 이제 정당정치에 대한 불신이 민주주의에 대한 불신으로 이어지게 되는 악순환에 빠진 것이다. 그러나 이것은 민주주의가 아니라 민주주의의 가면을 쓴 대역 민주주의인 대의제 정당정치의 위선과 속임수의 문제이다. 민주주의가 아닌 정당정치를 마치 민주주의의 정수인 것처럼 속이고 권력을 획득하고는 귀족정의 현대판인 과두제 권력체제를 유지하는 정당정치 계급의 문제이다.

즉, 이러한 정당의 사적 권력화 현상은 다음과 같은 문제점을 초래한다. 첫째, 대표성의 훼손이다. 정당정치의 정당성은 선거를 통해 주권자로부터 동의를 획득하고 대표성을 갖게 되면서 나온다. 그러나 이러한 정당이 사회적으로 소외된 사람들을 대상으로, 정치적으로 편향된 온라인 팬덤 지지층 조직을 통해 권력의 지속적 사유화를 추구하는 것은 극단적인 정치 양극화를 초래하면서 국민의 다양한 요구와 기대를 대표해야 하는 정당의 기능을 파괴한다. 그들은 이제 주권자를 대표하는 게 아니라, 오히려 그들을 대표할 편향된 팬덤을 이용해 낙엽처럼 굴러다니는 권력만을 탐닉할 뿐이다. 1987년 민주화 이후 정치사회와 시민사회의 꾸준한 발전에도 불구하고 한국의 민주주의는 현재 심각한 정치 양극화에 직면해 있다. 한국 정치에서 좌우에 대한 구분이 애매할 뿐 아니라, 상대를 정치적으로 공격하는 수단에 불과해 서구와 같이 정책과 이념에 관련된 좌 · 우파 구분은 존재하지 않는다. 반면, 진보와 보수 유권자들이 각각 지지 정당에 따라 결집하고, 상대 정당에 대한 비호감도도 극심하다. 대통령에 대한 여야 지지자 간 지지율 격차도 정치 양극화가 매우 심각한 미국 수준으로 확대되었다. 어느 정도의 정치 양극화는 정당 간 경쟁에 있어서 상호 정책경쟁의 선명성을 보여주고 유권자로 하여금 정책 선별을 통한 정당 선호를 쉽게 하며, 집권당의 실책이나 무능함에 대한 책임을 묻기도 용이하게 만드는 장점이 있다. 그러나 과도한 정치 양극화 상황에서는 당파심에 의한 왜곡으로 상대 정당에 대한 무조건적 비난 전략으로 인해 양당 간에 국가적 발전을 위한 공공선이란 존재하지 않게 되며, 자기편에게 도움이 된다면 능력이나 자질에 문제가 있는 후보조차도 무조건 지지하게 되므로 정당정치와 민주주의의 발전에 장애가 조성된다. 그리고 극단적 정치 양극화는 입법 교착 상태를 유발해 정치 과정을 마비시키는 등 민주적 정당정치 문화를 파행으로 이끌어 정당정치 자체가 정쟁화되면서 자신은 100% 옳고 상대는 100% 틀렸다는 흑백논리가 온 매스컴에 일상화된다. 온라인 SNS의 지속적 첨단화에 따라 유권자들이 인터넷을 통해 얻은 정보를 통해 정치적 관심과 이해력을 높일 수 있는 긍정적 효과도 있지만, 팬덤 정치 세력에 의한 가짜뉴스에 대한 노출도 늘어나면서 그로 인해 다른 정당, 특정 세대, 특정 지역, 여성 등에 대한 혐오감이 강화되고 정치 양극화가 증폭되는 문제가 나타나고 있다. 따라서 인터넷상의 정보를 비판적 시각과 합리적 사고력으로 판별할 수 있는 미디어 리터러시 능력과 더불어 전국적으로 민주시민교육과 시민공론장을 대대적으로 활성화하여 시민이 모여서 공론을 통해 담론을 형성함으로써 정치적 문해력으로서 균형 잡히고 합리적인 정치적 판단력을 훈련할 수 있도록 하는 것이 가짜뉴스로 인한 정치적 양극화 문제를 해결하는 중요한 방안이 되고 있다.

따라서 이러한 양극화 정당정치는 원래 시민의 정치참여를 차단해 온 정당정치가 더욱 시민으로부터 멀어지고 참여를 봉쇄하는 역할을 한다. 대의제 정당정치가 민주주의로 발전하고 대표성이 정당화되기 위해서는 주권자의 활발한 정치참여가 핵심이라는 점에서 정치적 양극화를 극복하는 것이 매우 중요하게 된다. 어떤 사람들은 팬덤 당원들이 정당을 좌지우지하므로 당원 민주주의가 확대되고 정당을 통한 시민 정치참여의 길이 활짝 열리게 되었다고 주장할 수도 있지만, 사실 정당정치는 정당 내 분파가 당권을 잡으면 그 분파에만 당직이 분배되고 공천이 결정되므로 1인 당 대표가 모든 것을 결정하고 그들만의 리그로 전락한다는 점에서 팬덤 정치는 시민정치 참여를 더 악화시킨다. 당원의 경우 선거 때 경선에 유리한 환경을 조성하기 위해 허수거나 한시적 당원이 많은 데다, 팬덤 당원은 지역 정치에는 무관심하고 오직 중앙의 정치권력 투쟁에만 익명으로 동원된다는 점에서 지역의 대면적 소통과 정책 결정을 통해 공적으로 단련되고 성장하는 진정한 참여와는 거리가 멀다. 특히 정당의 특징이 전문가와 엘리트를 중시할 때 대외 과시적 경쟁력이 높아지고, 국회나 언론에서 말싸움이나 법적 다툼에서 유리한 고지를 잡을 수 있다는 이유로 법률가, 학자, 고위직 공무원, 장성 등이 당을 주도하고 평당원이나 시민은 토론회나 행사에 좌석을 채우는 들러리 역할에 국한될 수밖에 없다는 점에서도 현대 정당에서 시민참여는 요원하다. 즉 시민참여는 전문가 중심의 당이 대중 여론전이나 선거전에 유리한 조건을 만들기 위한 보조적 이벤트에 불과하다는 점에서 정당이 시민의 정치참여를 촉진하는 것이 아니라 오히려 방해하거나 보조화한다는 것이다.

현대 정당이 당내 민주주의와 당원 중심의 정당을 선언한다고 대중정당이 되는 것도 아니다. 미헬스(Robert Michels, 1962)는 대중정당이 진정으로 대중을 대변하지 못한다고 지적한다. 그에 의하면 심지어 평등을 주요 가치로 삼는 좌파 정당인 계급정당에서조차 지도자와 평당원 사이의 차이는 심각하다. 정당의 지도자와 대의원들이 노동계급이라는 배경을 가질 수는 있지만, 실제에 있어서 그들은 노동자라기보다는 상층 중간계급으로서 생활한다. 정당은 일반 노동자들이 정치인이라는 사회적 신분 상승을 할 수 있는 출세 사다리로 역할을 한다. 자본주의 초기에는 이러한 더 똑똑하고, 더 야망을 품은 노동자들이 소 기업가가 되었던 반면, 지금은 정당의 관료가 된다. 노동계급 정당은 노동계급으로부터 뚜렷이 구별되는 '탈 노동자화'된 엘리트들이 지배할 뿐이다(미헬스, 1962: 34). 민주주의를 강조하는 좌파 정당조차도 과두제적 엘리트화되고 있는데, 하물며 자유주의 정당과 보수정당의 과두성과 반민주성은 말할 필요가 없다. 권력의 사적 · 지속적 유지를 추구하는 소수 관료적 정당정치가 낳은 정치적 양극화가 경제적 양극화를 초래하고, 심지어 정경유착이 일상화되면서, 정당정치가 사회적 부를 최대한 공평하게 분배하는 정치적 기능이 마비되면서 부자는 더 부자가 되고 가난한 자는 더 가난해지는 경제 양극화가 청년들의 희망과 미래를 암울하게 만든다.

그러나 이러한 정당정치를 민주주의에서 제거한다는 것은 불가능하거니와 제거한다고 민주주의가 더 발전한다고 보장할 수도 없는 것이 현실이다. 이미 정당정치는 역사적으로 수백 년 동안 자원분배와 사회적 지위를 놓고 발생하는 사회 갈등과 대립에 대한 무력 없는 권력투쟁의 기지로서 국가체제 내에서 유기적으로 작동해 왔기 때문이다. 따라서 정당이 없으면 평화로운 정권 교체를 할 수 있는 방안이 없어 무정부 상태가 되면서 정당정치를 통한 민주공화정의 헌법에 명시된 모든 권력기관의 작동이 혼란에 빠지면서 민주주의도 대혼란에 빠지게 된다. 따라서 민주주의를 발전시키기 위해서는 정당정치를 주권자인 국민이 요구하는 공공선을 실현하는 공적 체계로 재탄생하게 할 것인지를 고민해야 한다. 정당정치를 소수 책략가의 손으로부터 주권자인 국민의 손으로 들어올 수 있도록 시민사회의 다양한 운동이 필요한 이유이다. 양당이 적대적 공존 관계를 통해 정치권력을 독점하면서 국민의 상당수를 대표하지 못하는 현재의 정당정치를 유지하는 현행 선거법은 개정되어야 한다. 현존하는 소선거구제를 유지하면서도 합리적으로 비례대표제를 확대할 수 있는 선거법 개정(독일식 정당명부제 등)의 권한이 정치권에 있는 한, 우리나라에서 선진적 정당정치로의 변화를 기대하기는 어렵다. 역사적으로 분명한 것은 탐욕적인 정치권이 민주적으로 재편되는 유일한 길은 주권자가 가진 힘으로 결정된다는 점이다.

주권자의 힘은 개별적으로 표출되는 것이 아니라, 결사체가 모인 시민사회의 공론장을 통해 담론 형성으로 표출된다. 그래서 바버(Barber)가 그의 책에서 강조한 것처럼 강한 시민사회를 만드는 길이 바로 강한 민주주의를 만드는 길과 같다. 따라서 한국 정당정치를 개혁하는 길은 시민사회를 강화시키는 것이다. 시민의 정치참여를 통한 정책 의사 결정권을 정당과 정치인이 시민에게 제공해 줄 것이라고 기대하는 것은 낭만적이다. 강한 시민사회를 통해 정치참여가 가능한 여러 가지 방식을 만들어내야 한다. 이것은 시민사회가 정치권에 압력을 넣거나 민주적 정치권과 연대하여 힘을 최대한 모아내야 하는 것을 말한다. 그런데 나약한 시민사회로는 정치권이 압력을 받지 않으며, 민주적 정치권도 나약한 시민사회와의 연대를 통한 정치적 행위를 주저하게 된다. 코헨과 아라토는 공저인 『시민사회와 정치이론』에서 시민사회는 정당 등이 포함되는 정치사회와 긴밀하고 유기적 관계를 설정하고 공론장으로부터 표출된 시민의 의사를 정치권에 반영토록 해야 민주주의가 정당정치 속에서 원활하게 작동하게 된다고 주장했다. 따라서 시민사회의 공론장은 현재 정당정치가 처한 구조적인 위기를 극복하고 민주주의의 심화, 발전에 기여하는 핵심적인 기관으로 재탄생하게 되는 유력한 공간이 된다.

● 시민공론장에서 담론 형성이 가능한 주권자 정책결정 제도

- 국민발안제: 일정 국민의 동의 서명이 있으면 국민이 직접 투표하거나 국회에 회부함으로써 입법 권한을 주권자에게 돌려주는 것.
- 의원 소환제: 권력을 위임받은 정치인이 국민주권을 배반했을 경우 주권자가 위임을 철회하는 제도.
- 정책 투표제: 3개월마다 국가 정책에 대한 선호도를 유권자에게 우편 혹은 모바일로 물음으로써, 주권자의 정치참여와 정책 결정권을 높이는 제도.

- 시민의회: 무작위 추첨을 통해 선정된 시민의원이 지방자치단체의 주요 정책을 숙의토록 함으로써, 기존 지방의회를 보완하며 시민 정치참여 유도.
- 시민공론장 조례: 지역 현안에 대한 시민의 자발적 공론장에 대한 재정적 · 절차적 지원 조례.
- 주민자치법: 제한적이나마 예산편성권과 인사권을 주민총회에 줌으로써 명실상부 주민총회가 최종 정책 결정권을 갖도록 하는 것.

▶ 2007년 12월 14일 국회 본회에서의 여야 국회의원들의 의장석 점거 싸움

6) 선거

(1) 선거제도의 유형

▶ 출처: 경실련

세상에는 다양한 선거제도가 있다. 하지만, 이 제도들을 구별 짓는 차이점은 단 하나, 바로 '표를 의석으로 전환하는 방식'이다. 구체적으로는 선거구 크기, 당선자 결정 방식, 투표권 행사 방식 등이 여기에 영향을 미친다. 우선 당선자 결정 방식은 다수대표제와 비례대표제로 나눌 수 있다. 두 투표용지의 차이가 당선자 결정 방식의 차이를 만든다.

먼저 다수대표제는 후보자 중 '다수'의 표를 얻은 이가 당선되는 방식이다. 여기에는 '1위 투표제' '결선투표제' 등이 있다.

1위 투표제는 가장 많은 표를 얻은 후보자가 당선되는 제도로서 한 번의 투표로 모든 것이 결정된다. 우리나라와 미국 등이 채택하고 있다. 반면 결선투표제는 첫 투표에서 과반수를 득표한 후보가 없으면 결선투표(2차 투표)를 한 번 더 치러 가장 많은 표를 얻은 후보자가 선출된다. 대표적으로 프랑스가 채택하고 있다. 현재 우리 선거는 1위 투표제로 운영되고 있다. 지역과 연계되고 양당제가 확립되어 정국이 안정적으로 운영된다고 주장하고 있으나, 실제는 정치적 극단화로 정국이 경색되고 정치가 제로섬게임이 되는 문제가 있다. 낙선자에 투표하는 사표가 많이 발생해 대표성 문제가 생기고, 득표율과 의석 간의 비례성이 낮다는 점도 한계로 평가된다.

비례대표제는 정당 혹은 후보자가 득표한 비율에 따라 의석을 배분하는 제도이다. 정당에 투표하는 '정당명부식 비례대표제'와 후보자에게 투표하는 '단기이양식 비례대표제'가 있다. 비례대표제는 다수대표제에 비해 사표가 적어 유권자의 표심이 당선자 결정에 가장 밀접하게 연동된다는 장점이 있다. 또 군소정당의 의회 진출률도 높아 정치적 자유가 높아 의회가 다양한 의사를 담을 수 있기 때문에 정당정치가 보다 풍성해질 수 있다. 하지만 지역을 기반으로 한 다수대표제와 달리 지역 유권자와 당선자 간의 심리적 거리가 멀다는 단점이 있다. 선거구는 이론상으로야 선거구를 한없이 크게 할 수도 있겠으나, 일반적으로는 소선거구제, 중선거구제, 대선거구제로 구분한다. 3개의 제도 역시 어느 하나가 완벽하지 않고 각각 장단점을 갖고 있다. 소선거구제는 1개의 선거구에서 1명의 대표자를 선출하는 제도이다. 대개 1위 대표제와 함께 운영된다. 선거구가 작으므로 주로 해당 지역에 연고를 갖고 있거나 지역의 특성을 잘 파악하는 사람이 선출될 가능성이 크다. 따라서 후보자가 어떤 사람인지 알기 쉽고 선거 관리도 단순하다. 또 강한 단일 정당이 출현하기 쉬워 안정된 정부를 구성할 수 있다는 점도 장점이다. 반면 그만큼 소수당에 불리하다는 단점이 있다. 게다가 사표도

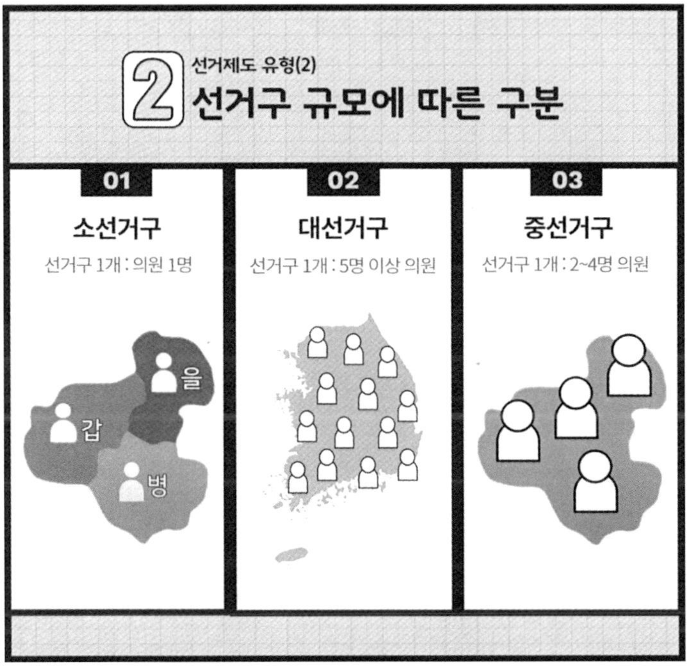

▶ 출처: 경실련

많이 발생하고, 선거구 획정 과정에서 '게리맨더링'의[18] 위협에 노출되기도 한다.

반대로 대선거구제는 1개의 지역구에서 5명 이상의 대표를 뽑는 제도이다. 대부분 비례대표제와 함께 운영된다. 소선거구 지역을 합친 지역을 선거구로 확정한 선거제도이다. 이 경우 전국적인 인지도를 가진 인물이 당선될 가능성이 높다. 대선거구제는 다른 제도에 비해 상대적으로 사표가 적다는 점과 새로운 인물이 선출될 가능성이 높다는 점이 장점으로 꼽힌다. 반면 그만큼 후보자가 낯설어 투표율이 저조할 수 있고, 선거비용 또한 만만치 않다는 점이 단점으로 꼽힌다.

중선거구제는 1개의 선거구에서 2~4명의 대표를 선출하는 제도이다. 실제로 중선거구제를 도입할 경우, 지지율을 기준으로 1위당 후보자의 당선은 확정적이고, 2위당 후보자의 당선 가능성 또한 높기 때문에 지역을 막론하고 거대 양당의 후보가 동반 당선될 가능성이 높다. 중선거구제는 소, 대선거구제의 장점을 극대화하기 위해 만들어진 제도이다. 하지만 그만큼 양 제도의 단점이 그대로 드러날 위험 역시 존재한다. 그래서 동일 정당 내 후보자 간 경쟁이 불가피하다는 점과 선거비용 부담이 크다는 점은 한계로 지적된다. 우리나라는 2020년 21대 국회의원 선거를 기점으로 '혼합형 비례대표제'를 채택하고 있다. 제도를

18 게리맨더링: 특정 정당이나 특정 후보에게 유리하도록 선거구를 획정하는 것. 과거 미국 매사추세츠 주지사였던 엘브리지 게리가 자기 당에 유리하도록 선거구를 획정한 데서 유래 〈선거 결과 공화당은 29석(5만 164표), 야당 11석(5만 1,766표) 획득〉.

설계하기에 따라 다양한 혼합 유형이 있을 텐데, 우리나라는 다수대표제와 준연동형 비례대표제를 혼합했다. 구체적으로 총 300명의 국회의원 중 253명의 지역구 의원은 다수대표제를 통해 선출하고, 47명의 비례대표 의원은 비례대표제를 통해 선출하고 있다.

현행 제도에서는 두 대표를 따로 뽑는 성격이 강하기 때문에 우리는 투표소에서 두 개의 투표용지를 받는다. 지역구 국회의원 선출을 위해 각 지역의 후보자에게 투표하고, 비례대표 의원 선출을 위해서는 지지

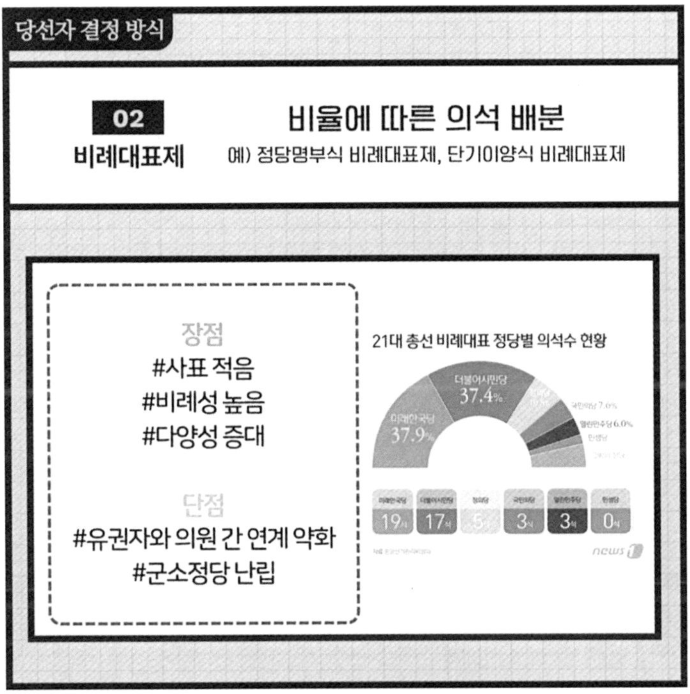

▶ 출처: 경실련 자료

하는 정당에 투표하게 된다. 지금까지 다양한 선거제도에 대해 살펴봤다. 모두 장단점을 함께 갖고 나라에 따라 정치 문화 등을 고려해 채택하고는 있지만, 양당제의 비민주적 정치적 격돌을 완화하고 다양성 정치 세력의 민주적 토론과 경쟁을 강화하기 위해서는 비례대표 수를 적어도 50%로 하는 것이 국민주권의 민주정치를 발전시키는 계기가 되면 세계적 추세라 할 수 있다.

(2) 선거의 본질

정당정치와 선거는 필수적인 관계이다. 정당정치의 대표자가 권력을 운영하기 위한 정당성은 바로 선거를 통해 확보되기 때문이다. 그래서 사람들은 선거를 민주주의와 동일한 것으로 배워왔다. 그러나 버나드 마넹은 『선거는 민주적인가』라는 책에서 민주주의의 꽃이라 불리는 선거가 가장 민주적인 제도라는 통념과는 달리 비민주적이고 귀족주의적 대표 선출 방식이라고 비판한다. 그는 "아리스토텔레스, 몽테스키외, 루소 모두 선거는 본질적으로 귀족주의적이라고 말했다"라며 "그들은 귀족주의적 결과가 선거가 상용되는 환경과 조건에서 파생된 것이 아니라 선거 그 자체의 속성에 기인한 것이라고 믿었다"라면서 다음 4가지 이유를 들었다.

▲ 후보에 대한 투표자들의 불평등한 대우

공직 입후보에는 아무런 제약이 없지만, 공직 분배 절차가 후보자에게 불평등할 수 있다. 재력과 사회적 지위를 타인보다 더 가지고 있거나 유명인일수록 후보자가 될 가능성이 크고, 선거 과정에서도 당선될 가능성이 더 많다는 점에서 투표자들의 후보에 대한 지지는 불평등적이다. 어느 당의 후보인지 상관없이, 선거에서 후보자가 되려면 정당의 주류 정파와 긴밀한 관계 속에서 사회적 지위가 높아야 유리하다는 측면에서 선거는 일반적인 평범한 시민이 공직자를 맡을 가능성을 갖는다는 민주주의 원칙과 맞지 않고 귀족적이라고 할 수 있다.

▲ 선택의 상황에서 요구되는 후보의 탁월성

선거는 유권자가 특정한 사람 중에서 선택하는 것이다. 그런데 사람들은 다른 후보보다 당시 대중적으로 인정되는 후보자의 탁월성을 보고 선택하는 경향이 있다. 즉, 전쟁이 빈번한 사회에서는 육체적 힘, 전략적 재능, 군사적 기술 등을 선거인들이 우호적으로 판단할 가능성이 높다. 잠재적 후보들은 주어진 상황에나 문화 속에서 이러저러한 탁월한 속성이 좋은 평가를 받는다는 점을 알고 있다는 점에서 선거는 당시 사회환경에서 그 사회가 필요로 하는 탁월한 사람을 선택하는 절차라는 점에서 귀족적이다. 경제가 어려울 땐 경제학자에게 좋은 평가를 내린다.

▲ 주의를 끄는 데 있어서 두드러짐이 가져다주는 이점들

선거는 알려진 개인을 선택하는 것이다. 선출되기 전에 후보는 유권자의 관심을 끌 필요가 있다. 두드러진 자극이 인간의 평가적 지각에 영향을 준다는 사실이 입증되었다. 두드러진 개인은 일상적인 사회관계 속에서 일종의 항시적인 선거운동하는 반면, 다른 후보의 뛰어난 특성은 실제 선거운동이 시작되기 전에는 주목을 끌지 못한다. 따라서 선거는 자신의 특성을 통해 유명해진 사람이 유리하다는 점에서 민주주의의 자연적 평등성과 배치되며 당선자에게 특권적 영역을 제공하는 불평등성을 나타낸다.

▲ 정보 선전 비용

후보들은 자신을 알릴 필요가 있다. 그리고 자신을 알리는 데 무시할 수 없는 비용이 든다. 후보들은 자신의 선거비용을 충당하기 위해 가난한 사람보다는 부유한 사람에게 호소하려는 경향이 더 강하며, 돈을 대주는 사람한테 선거 이후에도 우호적이다. 우리나라는 음성적이지만, 미국은 거대기업에서 유력 후보에게 공개적으로 자금을 지원하고 이후 경제정책을 기업에 유리하도록 주무른다. 따라서 본래부터 선거 자체는 전체 인구 중에서 부유한 계층에 유리하다고 할 수 있다.

☑ 요점 학습

◎ 정당은 주권자의 권력을 대신 사용할 대리인들이 모여 그 권력을 획득하기 위해 모인 정치집단이다. 중세에는 왕이나 사병이 많은 강한 가문이 무력으로 권력을 장악하고 독점했으나, 근대 시민혁명 이후 칼이나 무력 대신 언어를 통한 선거 경쟁으로 권력을 획득하기 위한 집단으로 변화하였다.

◎ 의원내각제는 국가원수와 행정부 수반이 분리되어 있다. 즉, 국가원수의 권한은 대통령(공화제) 또는 군주(군주제)가 가지고, 행정부 수반의 권한은 총리가 가진다. 반면 대통령중심제는 대통령이 국가 원수이자 행정부 수반이기 때문에 국가원수의 권한과 행정부 수반의 권한을 대통령 1인이 모두 가진다. 이 점에서 의원내각제는 대통령중심제에 비해 권력이 분산되어 있다.[19]

◎ 한국 정치에서 좌우에 대한 구분이 애매할 뿐 아니라, 상대를 정치적으로 공격하는 수단에 불과해 서구와 같이 정책과 이념에 관련된 좌·우파 구분은 존재하지 않는다. 반면, 진보와 보수 유권자들이 각각 지지 정당에 따라 결집하고, 상대 정당에 대한 비호감도도 극심하다. 대통령에 대한 여야 지지자 간 지지율 격차도 정치 양극화가 매우 심각한 미국 수준으로 확대되었다.

☑ 숙의 토론

1. 선거의 민주성과 비민주성에 대해 얘기해 봅시다.

2. 대의제가 진짜 민주주의로 발전할 수 있는 다양한 시민의 정책결정 제도에 대해 이야기해 봅시다.

19 신태훈, 『비교정부론』, 학림, pp.110-115.

참고문헌

강대현. 2006. 『한국 시민사회와 시민교육』. 한국학술정보.

강정인. 2009. "루소의 정치사상에 나타난 정치참여에 대한 고찰". 시민의 정치참여에 공적인 토론이나 논쟁이 허용되는가?. 한국정치학회보.

강정인. 1997. 『대안민주주의: 참여민주주의를 중심으로』 참여사회연구소 편. 『참여민주주의와 한국 사회』. 서울: 창작과비평사.

고길섶. 2006. "자치민주주의 모델로서 부안적 정치구성의 실험". 『시민과 세계』(9). 133-148(16 pages). 참여연대 참여사회연구소.

곽현근. 2015. "읍면동 주민자치회 제도화 및 실행모형 제안". 자치분권 정책토론회.

______. 2014. "미국 포틀랜드시의 '동네자치회': 마을 및 삶의 질 향상을 위한 주민자율조직". 『월간주민자치』 29, pp.14-17.

김대환. 1997. "참여의 철학과 참여민주주의". 『참여민주주의와 한국 사회』. 서울: 창작과 비평사.

김동춘. 1997. "신자유주의의 세계화와 참여민주주의". 『참여민주주의와 한국 사회』. 서울: 창작과 비평사.

______. 2006. "'민주화' 이후 지구화 국면에서 한국의 계급구조화 - 비대칭적인 계급구조화". 학술진흥재단 지원 민주주의와 사회운동연구소.

______. 2020. "4 · 15 총선, 코로나19 재난 속 한국 민주주의: 국가와 정당, 그리고 시민사회". 『기억과 전망』. 2020년 여름호(통권 42호).

김만흠. 1997. "지방자치와 참여민주주의". 『참여민주주의와 한국 사회』. 서울: 창작과 비평사.

송재영. 2022. 『대역민주주의 대 자치민주주의』. 한국학술정보.

______. 2025. "대의제는 민주주의인가?". 『민주주의 이후의 민주주의』. 산지니.

______. 2020. “자치민주주의의 「인민의 자치력」에 의한 대의제 극복 방안 연구”. 『한국과 국제사회』, 한국정치사회연구소.

시민공론광장 · 군포시민주시민교육센터. 2022. 『민주시민교육 강사단교재』.

신태훈. 2005. 『비교정부론』. 학림.

이기우. 2016. 『모든 권력은 국민에게 속한다. 이제는 직접민주주의다』. 서울: 미래를 소유한 사람들.

이종수. 2015. 『공동체』. 박영사.

정해구. 2009. 『민주주의 강의 4』. 민주화운동기념사업회연구소.

주성수. 2005. “특집: 풀뿌리 민주주의에 대한 탐색; 풀뿌리 민주주의의 이론적 기초”.

______. 2009. 『직접민주주의: 풀뿌리로부터의 민주화』=Direct democracy. democratization from grassroot. 서울: 아르케.

주성수 · 정상호 편저. 2006. 『민주주의 대 민주주의』. 서울: 아르케.

하승우. 2007. 『지역, 지방자치, 그리고 민주주의』: 한국 풀뿌리민주주의의 현실과 전망. 서울: 후마니타스.

______. 2014. 『풀뿌리 민주주의와 아나키즘』. 이매진.

______. 2004. 『참여를 넘어서 직접행동』. 한양대학교출판부.

황만희. 2011. “대통령중심제와 내각제”. 『사회과학논총』.

달, 로버트(Dahl, R. A.). 2009. 『민주주의』. 김왕식 역.*(On Democracy. 1998).*

____________________. 1956. 『민주주의 이론 서설』. 김용호 역. 법문사.*(Preface to Democratic Theory 1990).*

____________________. 1987. 『다두제』. 최준호, 박신영 역. 포리아키.*(Polyarchy: Participation and Opposition. New Haven Yale University Press 1971).*

____________________. 1999. 『민주주의와 그 비판자들』. 조기제 역. 문학과 지성사.*(Democracy and its Critics. New Haven Yale University Press. 1989).*

데이비드 헬드(David Held). 2010. 『민주주의의 모델들』. 박찬표 역. 후마니타스.*(The Models of Democracy, Polity Ltd.,Cambridge, UK).*

드라이젝, 던레이비(Dryzek, J. S.: Dunleavy, P.). 2009. 『민주주의 국가론』. 김욱 역. *(Theories of The Democratic States).*

라보르드, 세실 · 메이너, 존(Laborde, C. · Maynor, J.). 2009. 『공화주의와 정치 이론들』. 곽준혁, 조계원, 홍승헌 역. 까치글방. *(Republicanism and political theory. Balckwell Publishing Ltd. 2008).*

루소, 장자크(Rousseau, J. J.). 2018. 『사회계약론』. 김영욱 역. 후마니타스(주). *(Du Contract social on Principles du droit politique, ed. Simone Goyard-Fabrie, Paris, Honore Champion, 2010).*

______. 2005. 『사회계약론』. 정영하 역. 교양사상서*(The social contract).*

마넹(Manin, B.). 2004. 『선거는 민주적인가』. 현대 대의민주주의의 원칙에 대한 비판적 고찰. 곽준혁 역. 서울: 후마니타스.*(The Principles of Representative Government.:Cambridge University press 1997).*

맥퍼슨(Macpherson, C. B.). 1992. 『자유민주주의에 희망은 있는가』. 이상두 역. 발행: 범우사.*(The Life and Times of Liberal Democracy. Oxford University Press, 1977.).*

몽테스키외(Montesquieu). 2007. 『법의 정신』. 하재홍 역. 동서문화사. *(The Spirit Laws. Chicago: William Benton. 1952).*

밀, 존 스튜어트(Mill, J. S.). 2012. 『대의정부론』. 서병훈 역. 아카넷.*(Considerations on Representative Government, 1861).*

바버(Barber, B.). 1992. 『강한 민주주의: 새 시대를 위한 참여적 정치』. 박재주 역. 인간사랑.*(Strong Democracy: Participation Politics for a New Age. Barkeley: University of California Press 1983).*

부르노 카우프만, 롤프 뷔치, 나드야 브라운. 2008. 『직접민주주의로의 초대』. 이정옥 역. 출판사: 리북.*(The IRI guidebook to direct democracy. 2007).*

스키너(Siknner, Q.). 2004. 『근대 정치사상의 토대』. 박동천 역. 한길사.*(The Foundations of Modern Political Thought. Cambridge University Press, 1978).*

스티븐 레비츠키 · 대니얼 지블랫(Steven Levitsky · Daniel Ziblatt). 2018. 박세연 역. 어크로스. 『어떻게 민주주의는 무너지는가?』.*(How Democracies Die)*.

우드러프(Woodruff, P.). 2017. 『최초의 민주주의: 오래된 이상과 도전』. 이윤철 역. 돌베개.*(First Democracy: the Challenge of an Ancient Idea, Oxford University Press. 2005)*.

위르겐 하버마스(Jurgen Habermas). 2015. 『공론장의 구조변동』. 한승완 역. 나남.*(Untersuchung zu einer Kategorie der burgerlichen Gesellschaft, 1961)*.

장 자크 루소(Jean-Jacques Rousseau). 2018. 『사회계약론』. 김영욱 역. 박영사.*(Social Contract 1762)*.

존 키언(John Keane). 2009. 『민주주의의 탄생과 소멸』. 양현수 역. 교양인.*(The Life and Death of Democracy, by Simon & Schuster. 2009)*.

진 L. 코헨 · 앤드루 아라토(Jean L. Cohen · Andrew Arato). 2013. 『시민사회와 정치 이론』. 박형신 · 이혜경 역. 한길사.*(Civil Socity and Political Theory, MIT Press)*.

크로포트킨(Kropotkin). 2009. 『만물은 서로 돕는다』. 김영범 역. 르네상스*(Mutal Aid, by The Nineteenth Century 1902)*.

부록

민주시민교육 해외 사례

국가 차원에서 공적이고 체계적인 민주시민교육이 부재한 현실에서 그동안 시민사회를 중심으로 민주시민교육이 진행됐다. 행정안전부 산하 민주화운동기념사업회 안에 경기도에서는 평생교육진흥원에 민주시민교육센터(본부)를 두거나 공모사업 형태로 시민교육 프로그램 운영을 지원하는 등 지금까지의 수준은 매우 초보적이다. 예산이나 체계면에서 열악할 뿐 아니라, 타 기관 하위 기관으로 있으면서 수준이나 내용도 매우 빈약하고 비체계적이다. 특히 그동안 보면 민주시민교육에 대한 정치권의 무지와 억지로 인하여 민주주의와 헌법, 정치적 문해력 등 민주공화정의 주권자로서 절대적으로 필요한 시민교육이 방치되면서, 우리나라가 세계 선진 민주 국가의 대열에서 점점 뒤처지지 않을지 우려스러운 실정이다. 국가 백년대계의 토대인 공교육인 민주시민교육이 계속 부재하다면, 민주주의 지수의 하락은 계속될 것이고 대한민국 국민의 수준은 21세기 세계 민주 문명으로부터 멀어질 것이기 때문이다. 이에 이미 수십 년에서 백 년 이상 전부터 시민교육을 국가교육으로 실기해 온 국가들의 사례를 통해 앞으로 우리 민주시민교육의 방향과 과제를 준비할 수 있을 것이다.

1) 영국

● 역사

영국 '시민교육'(civic education) 또는 '시민성 교육'(citizenship education)은 예상과는 달리 상대적으로 역사가 길지 않다. 영국 정치권이나 국민은 스스로가 세계 민주주의(의회민주주의)의 본산이고 자국민이 세계적인 민주시민이라는 자부심이 강하기 때문에 시민교육에 대한 큰 필요성을 못 느끼고 있었다. 1960년대 후반 선거연령이 18세로 인하되어 청소년들이 정치참여에 대한 기회가 확대되었는데도 자유주의 및 개인주의 현상으로 인해 투표 및 사회 참여율이 낮아지자 비로소 정치 교육의 중요성이 재인식되었다. 당시 주요 정당에서는 '민주시민 양성을 위한 정치 교육'(political education for democratic citizenship)과 관련하여 학교 민주시민교육의 실시에 대해서는 모두 찬성하였지만, 실시 방식에 대해서는 차이를 보였다.

보수당은 1988년에 처음으로 '국가교육 과정'(National Curriculum)을 도입하면서 시민교육을 별도의 독립적 과목이 아닌, 다른 사회과목의 한 부분으로 실시하게 하였다.[1] 그러나 1997년에 집권한 노동당은 영국의 민주화와 사회통합을 주요 정책으로 내세우며 민주시민을 위

1 즉 '개인 · 사회 · 보건'(Personal Social Health Education, PSHE) 과목의 일부로 실시되었다. 그 주요 내용은 지역사회의 본질, 다원주의 사회에서의 역할과 관계, 시민으로서 의무, 책임과 권리, 가족, 행동하는 민주주의, 시민과 법률, 일 · 고용과 여가, 공공서비스 등이었다.

한 기존보다 더욱 적극적인 개념인 '시민교육' 내지 '시민성 교육'을 학교에서 실시할 것을 주장하였다. 그러한 점에서 시민교육의 본격적인 시작은 1998년 Crick 보고서(Education for Democratic Citizenship and the Teaching of Democracy in Schools: Final Report of the Advisory Group on Citizenship)[2]부터라고 하겠다. 1987년 Crick 교수를 중심으로 구성된 국가시민교육자문위원회의 결정으로 시민교육이 2002년부터 중등학교부터 필수교과로 채택되기 시작하였다. 이 위원회에서 발표한 Crick 보고서는 시민교육의 주요 영역으로 사회적 · 도덕적 책임감(social and moral responsibility), 공동체 참여(community involvement), 정치적 문해력(political literacy)을 내세우면서 오늘날 영국 민주시민교육의 틀을 제공하였다. '정치 문해력'을 통해 정치 관련 지식을 쌓고 '참여하는 시민'으로서 사회 변화를 위해 적극적으로 실천하는 '적극적 시민성'(active citizenship)을 지향하였다. 교과서 목차 제목 가운데 '정체성', '사회에 변화 만들기', '정치적 권력은 어디에서 나오는가?', '정치적 변화 만들기', '시민성 행동에 옮기기' 등은 모두 〈적극적 시민〉을 만들기 위한 학습 주제이다. 따라서 2002년부터 시민교육이 국가 공통 교육과정에 필수과목으로 채택되면서 이에 대한 구체적 지침이 제시되었다. 그 지침에는 종래 중시되었던 '좋은 시민'(good citizenship)뿐만 아니라 '적극적 시민'(active citizenship)의

2 1997년 이 위원회에서 발표한 Crick 보고서는 시민교육의 주요 영역으로 사회적 · 도덕적 책임감(social and moral responsibility), 공동체 참여(community involvement), 정치적 문해력(political literacy)을 내세웠다.

개념이 강조되고 있다.[3]

● Crick 보고서와 교육 내용

영국 시민교육이 본격화된 것은, 위에서 언급한 바와 같이, 11~16세 학생을 대상으로 시민교육을 필수화하기 시작한 2002년부터이다. 그런데 시민교육의 내용과 구조는 1998년 Crick 보고서에 의하여 토대가 마련되었다. 아래 〈표 1〉이 이를 잘 보여준다.

〈표 1〉 영국 시민교육의 목적, 학습 상황과 교육결과

목적 (Aims)	학습상황 (Learning contexts)	교육결과 (Educational outcomes)
사회적 · 도덕적 책임 (social and moral responsibility)	교과과정	지식 있는 시민이 되기 위한 지식과 이해력
공동체 참여 (community involvement)	문화 (학교 내외)	조사와 접근의 기술 (skill of enquiry and approach)
정치적 소양 (political literacy)	공동체 (지역 포함)	참여와 책임 있는 행동의 기술

출처: A. Keating et al.(2010), p.3

① '사회적 · 도덕적 책임'(social and moral responsibility): 자기가 속한 공동체에 개인적으로 책임지는 시민성(personal citizenship)으로

3 기존 학교 교육은 비판적인 사고나 시민성(시민적 자질, citizenship)보다는 리더십을 바탕으로 하는 준법정신과 공공정신 함양을 강조하였다. 즉 시민의 시민권과 주권자로서 입장보다는 시민을 통치하는 국가의 입장에서 국가가 필요로 하는 시민의 양성을 더 중시하였다.

서 개인의 도덕적 책임, 인격, 정직, 성실, 자제력, 근면 등의 가치를 추구한다. 아이들이 어릴 때부터 자기 신뢰, 교실 안과 밖에서, 권위 있는 사람을 향해, 그리고 서로를 향해 사회적 · 도덕적으로 책임 있는 행동을 학습하도록 하는 것이다. 시장적 개인주의로 인해 상실된 공동체 정신을 회복하기 위한 것이다.

② '지역사회 참여'(community involvement): 참여하는 시민성으로서 지역사회 참여, 공적 문제와 지역사회의 사회적 삶에 적극적으로 참여함, 관계성, 공동의 이해, 신뢰와 집단적 헌신, 그리고 특정의 공동체 문제나 기회를 넘어서려고 한다. 아이들은 지역사회 참여와 봉사를 통한 학습을 포함하여 생활에 참여하고 이웃과 지역사회의 관심에 도움이 되는 방법을 배우도록 하는 것이다. 투표율 저하에 대한 대책, 박탈된 공동체의 갱생 프로젝트, 지역사회 참여와 봉사를 포함하여 참여민주주의를 구현하고자 하는 지역사회의 민주적 실천으로서 이웃과 시민사회의 작은 결사체에 참여하도록 하기 위한 것이다.

③ '정치적 문해력'(political literacy): 정의를 추구하는 시민성으로서 사회적 이슈에 대한 비판적 분석, 사회적 불의의 해소, 구조적 비판, 자선과 자원봉사를 넘어서는 사회운동을 통한 체제의 변화 등을 시도한다. 아이들에게 시민을 위한 지식은 물론이고 기법을 통해 공적 생활에 지역적으로, 권역별로, 국가적으로, 스스로 효과적으로 살도록 민주주의 제도, 이슈, 문제, 실천을 배우도록 하는 것이다. 정치적 개념, 절차적 기술, 행위를 통한 학습, 정치적 참여 등 지식, 기술 그리고 가치를

통해 공적 생활을 하는 데 효과적인 정치적 소양으로서 관용, 공정성, 진리 존중, 이유 있는 논변, 차이 존중 등을 중시하도록 하는 것이다.

위 표에서 알 수 있듯이, 영국 시민교육의 지향점은 사회적 · 도덕적 책임, 공동체 참여, 정치적 문해력의 증진이라 할 수 있다. 사회적 · 도덕적 책임과 관련하여, 학생들은 어릴 적부터 시민으로서 자부심을 기르면서 교실 내외를 막론하고 상호 간에 사회적으로나 도덕적으로 책임 있게 행동하는 것을 배워야 한다. 공동체 참여와 관련하여, 학생들은 이웃과 공동체의 생활 및 현안에 협동과 단결을 통한 참여 방법을 배운다. 정치적 문해력과 관련하여, 영국 의회민주주의의 역사와 원리에 토대로 작동 방식과 정치적 현안을 이해하고 배움으로써, 주권자로서 영국 정치체제에 적극적이고 능동적으로 참여하고 결정하는 '적극적 시민'의 양성이 목표이다. 즉 지식 이상의 정치적 기술과 가치의 습득을 통해 자신이 지역이나 국가 차원의 공적 생활에 영향을 미칠 수 있는 시민의 정치적 능력을 중시하였다.

'활동적 시민'상은 국가는 학교 교육의 정책을 통해 정체성, 다양성, 공동체 단결을 강조하며 또한 청소년들이 학교와 지역 공동체에 적극 참여할 것을 권장하였다. 이러한 정책은 2008년 새로운 국가교육 과정의 시민교육 기준에 반영되었다. 또한 공동체 단결을 권장하는 의무를 학교에 부과하게 되었다. 위와 같은 영국 시민교육의 내용에서 특히 주목할 것은 정치적 문해력이다. 정치적 문해력은 사람들이 공동생활에 유용한 지식, 기술과 가치를 갖추도록 하고 또한 시민적 덕성(civic virtue)을 키워줌으로써 일상생활에서 부딪히는 많은 문제를 책임 있게 대처할 수 있게 하는 것으로 다른 시민성의 기초적 토대라고 설정한다. 영국에서 시민교육이 학교 교육에 들어오게 된 주된 계기의 하나가 바로 젊은 세대의 투표율 감소였기 때문에, 영국은 어릴 적부터 공동체 의식을 강조하고 이에 참여하는 태도와 기술의 함양을 시민교육의 주된 내용으로 삼게 되었다.

2014년부터 개정 · 적용되고 있는 영국의 국가 교육과정 체계에 따르면 현재 시민교육(Citizenship) 과목은 key stage 1(초등학교, 1~2학년)과 key stage 2(초등학교, 3~6학년) 단계에서 의무 교과는 아니지만 학교들이 일반적으로 많이 가르치는 세 가지 교과 중 하나로 제시되고 있다. 이후의 key stage 3(중등학교, 7~9학년)에서는 의무 교과목으로 지정되어 있으며, 중등교육자격검정시험(GCSE)을 준비하고 응시하는 key stage 4(중등학교, 10~11학년) 단계에서도 핵심 교과목(Core Subjects)은 아니지만 의무적으로 학교가 가르쳐야 하는 기본 교과목(Foundation Subjects) 세 가지 중의 하나로 명시되어 있다.

2014년 개정된 국가교육 과정이 적용되기 전까지 '국제적 영역'(global dimension)과 '지속 가능한 개발'(sustainable development)은 중등교육 과정의 범교과적인 핵심 개념 중의 하나였다. 이는 모든 교과에서 연계적으로 다루어야 할 개념으로서 많은 교과의 국가교육과정에 국제 현안들을 다루도록 하는 명시적인 언급이 있었다. 특히, 지리와 과학 교과에는 국제 현안들과 지속 가능한 개발을 정규교육 과정 내용으로 다루도록 명시하였다. 또한, 초등학교 국가교육 과정에서도 다수의 교과목에 국제적 현안들과 지속 가능한 개발에 관한 내용이

〈표 2〉 중등교육 단계별 교수학습의 초점과 내용

구분	교수학습의 초점과 내용
핵심 단계 (Key Stage) 3	[교수 초점] 핵심 단계 3에서는 민주주의, 정부, 시민의 권리와 책임에 대한 이해를 습득하도록 한다. 학생은 증거를 조사하고 탐구하며, 서로 다른 관점에 대해 논쟁·평가하고, 합리적인 주장을 제시하며 정보에 기반하여 행동하는 기능(skills)을 함양하면서, 자신의 지식과 이해를 활용하고 적용해야 한다. • 시민, 의회, 군주 역할을 포함하여 영국의 민주적 정부 정치 체제의 발전 • 의회의 운영(투표 및 선거 포함)과 정당의 역할 • 영국 시민이 누리는 중요한 자유 • 경찰의 역할, 법원과 재판소의 운영을 포함한 규칙과 법률, 사법제도의 특성 • 사회에서 공공기관과 봉사단체가 수행하는 역할, 학교 기반 활동에 참여하는 기회를 포함해 지역사회를 개선하기 위해 시민들이 협력하는 방식 • 화폐의 기능과 사용, 예산 작성의 중요성과 화폐의 사용과 기능, 예산 작성의 중요성과 위험 관리
핵심 단계 (Key Stage) 4	[교수 초점] 핵심 단계 4에서는 이전의 학습을 바탕으로 민주주의, 정부, 시민의 권리와 책임에 대한 이해를 심화하도록 한다. 학생은 여러 조사 전략을 사용하고 증거를 평가하며 설득력 있는 주장을 제기하고 자신의 주장을 뒷받침할 수 있는 근거를 제시하는 기능을 개발해야 한다. 학생은 시민들이 문제를 해결하고 사회에 기여하기 위해 함께 행동하는 다양한 방식을 경험하고 평가해야 한다. • 정부의 권력, 권력을 보유한 정부에 책무성을 요구하는 시민과 의회의 역할, 입법·사법·행정과 언론의 서로 다른 역할을 포함하여, 의회 민주주의와 영국 헌법의 주요 요소 • 영국(UK)을 포함한 여러 나라들의 다양한 선거제도와 지역, 국가, 혹은 그 이상의 수준에서 민주적 선거 절차를 통한 시민의 정치 참여 방법 • 민주 정부 및 비민주적 정부를 포함한 다른 나라의 정부 체계와 형태 • 지역사회·지방·국제 거버넌스, 영국과 유럽, 영연방, 유엔 및 세계와의 관계 • 인권과 국제법 • 영국 법제도, 법률의 다양한 연원, 법률이 사회의 복잡한 문제를 다루는 방식 • 영국에 존재하는 다양한 국가적·지역적·종교적 정체성과 상호 존중 및 이해의 필요성 • 지역사회 봉사 및 책임 있는 행동에 참여할 기회를 포함하여, 지역사회 발전을 위한 다양한 시민 참여 방법 • 수입과 지출, 신용과 부채, 보험, 저축, 연금, 재정 관련 상품과 서비스, 공적 자금의 조달과 지출 방식

* 자료: Department for Education(2013: 2-3)

포함되도록 하였으며, 전 교과에서 이 내용을 연계하여 학습하는 방법을 권장하였다.

전반적으로 통합 교과적인 수준에서 국제적 상호 연관성을 이해하고 시민으로서 미래 사회를 위한 발전적 기여의 필요성이라는 공통적인 개념을 바탕으로 하면서 각 교과의 학습자들에게 토론에 적극적으로 참여하게 함으로써 미래 시민으로서의 적극적인 역할을 준비하도록 하는 특징을 나타낸다. 이후 2014년부터 새로이 적용되기 시작한 국가교육 과정은 일선 학교에 교육과정을 개발하고 적용할 수 있는 강화된 재량권을 부여함으로써 각 학교가 지역의 상황과 학생의 수요에 맞는 세계 시민교육 내용을 개발하고 이를 위해 지역사회 및 해당 지자체와 긴밀히 협의할 책임과 필요성이 높아지게 되었다.

이를 위해 일선 학교들이 세계 시민교육과 관련된 학교 교육 과정을 개발하고 학습 내용을 준비할 때 적용할 수 있는 내용들을 제공하는 단체들이 있다. 우선, 시민교육 연합(Association for Citizenship Teaching, ACT)에서 시민교육 과목 전반에 대한 자료를 교사들에게 제공하고 있다. 그리고 국제개발부의 '국제 학습 프로그램' 프로젝트와 관련하여 국제 학습(Global Learning) 홈페이지에서는 교육과정 개발에 필요한 안내서 및 자료를 공유하고 사례 연구 결과를 제공하고 있다. 또한, 영국문화원은 Schools Online 웹페이지에 교실 연계(Connecting Classrooms)와 관련된 다양한 학습 자료나 사례 연구 및 다른 학교 우수사례 등을 공유하여 일선 학교들이 적용하도록 돕고 있다. 이뿐만 아니라 '국제적 영역: 교실 안의 세계'(Global Dimension: the world in your classroom) 홈페이지에서도 교사들을 위한 국제적 영역과 관련된 학습 자료 및 사례 연구 결과를 제공하고 있으며, 영국의 국제구호단체인 옥스팜(Oxfam)에서도 세계시민(Global Citizenship) 교육을 위한 안내서를 제공하여 관련 내용을 개발하고 적용하는 교사들을 지원하고 있다.

● 교육 방법

영국에서 시민교육은 여러 기관이나 단체에 의하여 다양한 형태로 이뤄지고 있다. 그러나 주된 교육은 학교를 통하여 실시되고 있다. 1998년 Crick 보고서 이후 학교에서 시민교육이 필수가 되었기 때문이다. 학교의 시민교육에 대한 구체적인 가이드라인이 교육기술부(Department of Education and Skills)에 의하여 정해졌다. 1998년에 선정된 시민교육 가이드라인에 나오는 교육 방법은 ① 시민 덕목의 교육, ② 학교와 학교 위원회 정책 결정에 대한 학생의 자발적인 참여, ③ 시민교육을 담당하는 전문 교사의 확보, ④ 이웃 학교 및 지역사회와 연대, ⑤ 학습자 자신들의 직접적인 참여 · 비판적 사고 · 투표 · 모의국회 · 선거 활동 등을 통한 시민 덕목의 이해, ⑥ 학습자에 의한 이슈와 관심거리의 제기, ⑦ 다른 교과목과의 연계, ⑧ 다른 문화와 인종적 배경을 가진 학습자의 영국 시민과 세계시민으로서의 정체성 확립 등이다.

영국 시민교육이 청소년에게 과연 어떠한 영향을 끼쳤을까? 이에 관해서는 지난 2001년부터 2010년까지 실시된 영국 시민교육에 대한 평가보고서[4]가 좋은 정보를 제공하고 있다. 이에 의하면, 청소년에 대한 시민교육은 장기간에 걸쳐 그들의 태도, 애착심, 효능감을 변화시켰다. 그런데 그러한 변화는 다르게 나타났다. 청소년의 시민 활동 · 정치 활동에 대한 참여도는 증가하였으며, 또한 장차 성인이 된 이후에도 적

4 정치참여도는 선거에서 투표율로 측정할 수 있다. 영국 2010년 선거에서 18~25세의 투표율은 49%였는데, 이는 이전 2005년 선거에서 같은 연령대의 투표율 약 37%에 비하여 현저히 증가한 것이었다. A. Keating et al.(2010), p.4.

극적으로 참여하고자 하는 의사를 나타냈다.

현재 영국 시민교육의 기본 토대가 되었던 Crick 보고서의 한 구절은 우리의 현실과 관련하여 성찰하고 시사하는 바가 크다.

> "우리는 시민교육의 결과, 지방 및 중앙 정치무대에서 정치 문화 자체가 변화되기를 기대한다. 정책 결정 과정에 의견을 개진하고 정책의 흐름을 바꿀 수 있는 시민, 토론과 행동에 있어서 합리적이고 비판적인 사고를 할 줄 아는 시민, 즉 적극적 시민의식[5]으로 무장한 시민의 모습을 청소년들에게 제시할 것이고, 사회참여와 사회봉사의 가장 바람직한 형태를 보여줄 것이며, 청소년들 스스로 새로운 정치참여의 방법을 모색하는 기회를 줄 것이다. 사실 그동안은 청소년들 사이에 정치에 대한 무관심, 무지, 냉소가 팽배했었다. 이런 상황을 그대로 내버려 두면, 우리가 지향하는 복지 국가로의 이행 및 발전에 심각한 장애가 될 수 있다. 올해 초 대법원장이 언급했던 글귀를 여기에 인용해 본다. '우리는 영국의 건강한 미래에 대해 낙관할 수도 없고, 낙관할 이유도 없고, 낙관할 자신도 없다. 무엇보다 시민들이 참여하는 민주주의가 되어야 한다. 그것 없는 민주주의는 사상누각일 뿐이다.'"[6]

국가시민서비스(National Citizen Service, NCS)는 만 15~17세 잉글랜드 및 북아일랜드 청소년들을 대상으로 운영되며 1년에 세 차례

---

5 '좋은 시민'(good citizen)과 '적극적인 시민'(active citizen)은 마셜(T. H. Marshall)의 책 『시민의식』(1950)에서 인용하고 있듯이 3가지 요소, 즉 시민성(the civil), 정치성(the political), 사회성(the social) 모두가 담겨 있다.

6 민주화운동기념사업회, 1988, Crick 보고서, p.21(1 · 5).

(봄, 여름, 가을) 민주시민교육 프로그램을 진행하고 있는데, 학생들은 이 교육과정을 통하여 새로운 관계망을 형성하고 지역사회 발전에 기여하는 방법을 모색하는 동시에 문제해결 능력을 습득하게 된다. NCS 프로그램은 정규학기 이외의 기간을 활용해 구성되는데 졸업시험의 일환으로 중등 과정 자격시험인 GCSE(General Certificate of Secondary Education)에서 요구하는 조건들에 부합하는 요건들로 구성되며 단계별 핵심 사항은 아래의 〈표 3〉과 같다.

〈표 3〉 NCS 단계별 주요 프로그램

단계		주요 프로그램	주차
1	소개활동 및 조직 안내	- 청소년 모집 및 식전행사 - 참가자 및 NCS 조직 스태프 간 관계형성	1
2	야외활동	- 야외활동 중심 팀 빌딩(개별과제 포함) 활동 - 암벽등반, 도보여행, 카누, 양궁 등	1
3	지역사회 기반활동	- 지역사회 지원과 관련한 이해 및 경험 증진 활동 - 공공기관 등에서 숙식하며 예산편성 방법 등 지식 습득, 지역현안에 대한 이해 증진	2
4	사회활동 프로젝트 개발	- 3단계에서 확인된 지역현안 및 문제 해결을 위한 프로젝트 기안 및 개발, 지역사회와 협조	3
5	사회활동 프로젝트 및 수료	- 사회활동 프로젝트 수행을 통해 지역사회 현안 해결에 실질적 기여 - 참가자들의 지속적인 활동 및 지역사회 기여를 목표로 수료식 실시	3
6	수료 이후 활동	- 참가자들의 수료 이후 다양한 사회활동 및 네트워킹 형성 지원	-

민주시민교육재단(Citizenship Foundation)은 민주시민 육성을 목적으로 하는 민간단체로 특히 관련분야에 종사하는 교사 및 학생 대표들과의 긴밀한 소통을 추구하고 있는데 재정 · 경제, 정치적 판단 능력, 사법제도, 사회활동 등 주제별 교육프로그램을 운영하고 있다.

〈표 4〉 시민교육재단의 교육 · 훈련 프로그램

구 분	과정명	주요내용	대 상
재정·경제	Boom, Bust and Crunch	재정위기원인 및 극복방안	Key Stage 4
	My Money My Rights	재정관리와 관련된 법적지식 습득	Key Stage 4
	Paying For It	경제의 작동원리, 기업 및 금융서비스의 역할 등	14-18세
정치적 판단능력	Make It Our Neighbourhood	학생들이 지역현안 해결 과정에 직접 참여, 관련 조직 구성원들과 협의	중등학교
사법제도	Lawyers in Schools	40여개의 로펌 및 자체 법무팀의 협조로 학생들의 법적 지식 제고	-
	Bar National Mock Trial Competition	전국적으로 300명의 변호인과 90명의 재판관들이 협조, 학생들의 모의재판을 평가하고, 지역예선에서 승리한 팀은 전국대회 출전	10학년 -13학년
	Magistrates' Court Mock Trial Competition	변호인, 증인, 재판관, 검찰 등으로 역할을 나누어 실제 법원에서 치안재판관의 참관 하에 지역예선 및 전국대회 개최	8학년 -9학년
	Young Citizen's Passport	참정권, 피선거권, 노동권 등 기본적 권리 습득	-
사회활동	Go-Givers	지역사회에 기여하는 데 필요한 기본적 지식 및 자신감 배양	초등학교
	Giving Nation	사회기여 프로그램 설립을 위한 펀딩자금 조성 등 사회 내 자선단체 역할 습득	중등학교

2) 독일

● 역사

독일의 정치 교육은 1918년 3월 독일제국이 제1차 세계대전 중 패색이 짙어지자, 독일 국민에 대해 조국에 대한 충성심과 항전을 독려하기 위해 국가 차원에서 조직된 "고향봉사단"(Heimatdienst)으로부터 시작된다고 할 수 있다. 그리고 바이마르 공화국이 성립되면서 근대공화국에 걸맞은 국민 의식을 고취시키기 위해 일종의 정치 교육을 실시하였다. 1933년 나치의 집권으로 이 국민교육은 폐지되었다. 그리고 제2차 세계대전 이후인 1946년에 구서독의 노르트라인베스트팔렌 주에 최초의 주정치교육원의 설립을 시작으로 1956년 베를린의 주정치교육원을 마지막으로 서독의 모든 연방 주에 주정치교육원이 설립되었다. 그리고 연방정치교육원은 1952년 당시 서독의 임시수도인 본에 설치되었다. 이 정치교육원은 독일 국민에게 근대 민주주의를 교육시키기 위한 목적으로 설립된 것이다. 과거 국민교육의 틀인 "고향봉사단"을 유지하면서 내용만 바꾼 정치 교육을 실시했으며 현재의 정치 교육은 1963년 "연방정치교육원"이 설립되면서 시작되었다고 할 수 있다.

독일은 제2차 세계대전 이후 정치 교육을 통해 나치와의 완벽한 결별을 시도하였다. 여기에 전쟁 전승국인 미국은 독일 점령 이후 최우선으로 학교 교육의 전면적 쇄신을 요구하였고, 그 핵심은 민주주의였다. 이와 함께 독일 내부에서도 전체주의와의 결별을 위해 교과 내용이 전면적으로 수정되어야 할 필요성을 인식하였고 미국식의 교과과정과 내용을 도입하기 위해 노력하였다. 50, 60년대의 경제 성장과 자본주의 발전 과정을 거치면서 사회 갈등, 특히 좌우의 이념 갈등이 폭발적으로 악화되면서 정치 교육의 방향과 내용도 변화하였다. 그럼에도 독일 정치 교육의 핵심은 나치와 같은 독재체제의 부활과 등장을 억지하는 것이며, 이는 민주주의의 공고화가 핵심이라는 인식이다. 이런 의미에서 하향식 독일의 정치 교육은 이때부터 자리 잡기 시작된 것이다.

● 독일 정치 교육의 주체

전 사회적으로 실시되고 있는 독일 정치 교육은 크게 공공 영역, 민간 영역, 정치 영역으로 나눌 수 있다.

- ○ 공공 영역: 연방 내무부 산하 연방정치교육원과 주정부의 주정치교육원이 중심이 되어 모든 학교와 시민대학을 통해 정치 교육을 하고 있다. 학교에서는 주로 5학년부터 10학년까지 정치 교과목을 통해 실시하고 있으며 고학년에서는 모든 학과 과정에 정치 교육적 요소가 녹여져 있다. 이와 함께 일반 성인들을 대상으로는 모든 도시에 설치되어 있는 1,000여 군데 시민(국민)대학(Volkshochschule)에서 정치 교육을 담당하고 있다.
- ○ 민간 영역: 교회, 노동조합, 시민단체들이 중심으로 회원이나 일반 시민들을 대상으로 정치 교육을 시행하고 있다. 이때 시민단체는 연방정치교육원으로부터 인증을 받고 지원을 받을 수 있는 단체들을 중심으로 정치 교육을 실시하고 있다. 현재 이 인증을 받은 NGO 수는 전 독일에 400여 개이다. 이 단체들은 공모사업을 통해 재정 지원을 받게 된다. 또한 주정치교육원도 이러한 공모사업을 실시하여 지역 NGO들의 활동을 지원하고 있다.
- ○ 정치 영역: 독일의 각 정당과 그들의 정치 이념과 정책들을 홍보하기 위해 설립한 정치재단이 이 영역에 속한다. 이 재단들은 해당 정당과 밀접한 관계를 유지하나 정당 소속의 기구는 아니다. 정당과는 일종의 수평적 관계를 형성하고 있다. 그러므로

이 정치재단들의 정식 명칭은 '정당과 가까운 재단'(parteinahe Stiftung)이라 한다. 특히 선거가 임박해서는 자기 정당에 대한 선거 활동이 금지된다. 이 정치재단들은 정기적으로 정당의 입장을 옹호하고 그 정당의 이념과 가치, 그리고 정책들을 소개하고 홍보하는 역할을 하며 또한 정당 지지자들을 양성/육성하기도 한다.

대표적인 정치재단으로는 기민련(CDU) 계열의 콘라드 아데나워(Konrad Adenauer) 재단, 사민당(SPD) 계열의 프리드리히 에버트(Friedrich Ebert) 재단, 기사련(CSU) 계열의 한스 자이델(Hans Seidel) 재단, 자유당(FDP) 계열의 프리드리히 나우만(Friedrich Naumann) 재단, 녹색당(die Grünen) 계열의 하인리히 뵐(Heinrich Boell) 재단, 좌파 정당(Die Linke)의 로자 룩셈부르크(Rosa Luxamburg) 재단 등이 있다. 이 재단들은 연방정치교육원의 지원을 받기 때문에 엄밀한 의미에서 정당에 소속된 재단은 아니다. 따라서 정당에 대한 직접적인 선전 활동이나 홍보는 허락되지 않는다.

정치 교육의 목표는 한마디로 성숙한 민주시민의 양성이다. "그 누구도 민주시민으로 태어나지 않는다"라는 전제하에 교육(Bildung)을 통한 성숙한 민주시민의 양성이 목표이다. 민주시민으로서 성장은 가정, 유아원과 유치원, 초등학교, 중등학교, 대학교 등의 전 과정을 통해 민주시민교육을 접하게 된다. 그리고 사회생활을 하게 되면 성인교육, 혹은 평생교육의 일환으로 직장과 시민사회, 당, 대중 매체, 종교단체

(교회) 등에서 민주시민교육을 배우거나 실천하게 된다.

● 독일 정치 교육의 지향점과 원칙

(1) 지향점

독일의 정치 교육은 국민이 올바른 정치적 판단을 할 수 있도록 정치적 다양성과 정치적 복잡성을 국민에게 전달한다. 한국에서는 흔히 정치 교육에서의 정치적 중립성을 거론하기도 하는데 이러한 해석은 오해의 여지가 있을 수 있다. 독일 정치 교육의 목적은 나치와 같은 전체주의 정치집단의 등장과 그 확산을 저지하는 데 있다. 그러므로 국민에게 다양한 정치적 가능성을 제시하고 전체주의의 문제점을 역사를 통해 분명하게 이해하도록 교육하고 있다. 이를 위해서는 단순히 교육만 시행하는 것이 아니라 국민으로 하여금 스스로 사고하고 판단하며 실천할 수 있는 정치적 역량을 발전시키는 것이다.

그러므로 독일 정치 교육의 지향점은 다음과 같다.

○ 정보 제공: 국민에게 사회현상에 대한 정확한 정보의 전달과 함께 국민이 정치에 참여할 방법과 내용 등을 소개해 준다. 예를 들어 선거가 어떻게 작동되는지, 기초와 광역 지자체(이 경우에는 연방 주), 정당제도, 연방정부와 의회, 유럽연합 등에 대한 설명 등이 여기에 포함된다. 이 단계에서 이미 국민이 정치에 참여할 가능성을 제공한다.

○ 정치 이해 능력 개발: 이렇게 습득된 지식을 통해 국민은 그들의 정치적 판단 능력을 촉진하게 된다. 어떤 정당을 선택할 것인지, 어떤 국가와 주 정책을 지지, 혹은 반대할 것인지 등이 그것이다. 그러므로 이런 국민은 극단적인 정치집단이나 개인의 등장이나 이들에 의한 선동적 공약이나 정책들을 견제하면서 평화로운 방법, 혹은 합법적 방식으로 자유민주주의의 보루 역할을 담당하게 되는 것이다.

○ 정치활동을 위한 역량 강화: 일반 국민의 정치활동은 매우 다양하다. 투표권 행사는 중요하지만 가장 기본적이라 할 수 있다. 자기의 의사 표명을 다양한 방법으로 하는 것, 예를 들어 서명, 공론화, 시위, 토론회나 공청회 등을 조직하는 것, 정치인들에게 청원하는 것, 정보 공개 요구, 시민운동을 조직하는 것, 광고하는 것 등 매우 다양하다. 이러한 정치적 의사 표명이나 정치참여의 다양한 방식들을 교육하고 지원한다.

○ 동기부여: 이런 정치적 참여와 활동 등이 점차 사회적으로 확대되고 확산되면 지금까지 정치에 무관심했거나 참여하지 못했던 다른 사회집단들도 점차 정치에 관심을 갖게 될 수가 있다. 그러므로 이런 정치활동들은 다른 이들에게 동기부여를 일으킬 수 있게 된다. 그러므로 독일에서의 정치 교육은 국민의 일반적인 정치 역량 강화에 초점을 두며 그 내용과 형식은 매우 다양하지만, 그 핵심은 기본법(Grundgesetz)에 규정되어 있는 자유민주주의적 기본 가치를 이해하고 공유할 수 있도록 하는 것이다.

● 정치 교육의 원칙: 보이텔스바흐 합의(Beutelsbach Konsensus)

한국에서는 독일 정치 교육의 원칙이 독일보다 더욱 활발하게 논의되고 있는 것 같은 인상을 받았다고 한 독일인 전문가가 말했을 정도로 이 원칙은 한국에서 자주 논의되고 있다. 한국의 민주시민교육이 아직 확실하게 정립되지 못한 데에서 그 원인을 찾을 수 있을 것 같다. 예를 들어 민주시민교육을 실시하는 다양한 주체들, 민주시민교육의 범위, 그 내용, 지향점 등이 다양하며, 방식과 체계에 대해서도 많은 이견이 존재한다. 그렇기 때문에 이런 원칙에 대해서 동의하는 것만이라도 다양성을 존중하고 민주시민교육을 함께 논의할 수 있는 근거가 될 수도 있다는 점에서 한편으로는 바람직한 현상이라 할 수도 있을 것이다.

보이텔스바흐 합의는 독일 정치 교육의 기본 원칙이라 할 수 있다. 이 원칙은 공공 영역에서 실시하는 정치 교육, 즉 학교, 연방과 주정치 교육원 등에서 실시하는 정치 교육의 지침으로 받아들여지고 있다. 이 원칙은 다음과 같다.

- ○ **강제성 금지**: 정보를 객관적으로 제공하되 특정 주장이나 이념의 강제 주입 금지
- ○ **논쟁의 원칙**: 논쟁적인 사회적 이슈들은 수업에서도 논쟁적으로 진행
- ○ **수요자 지향성 원칙**: 특정 사회 이슈가 개인에게 주는 영향을 추론할 능력 등이다.

이 합의는 일종의 프로세스라 할 수 있다. 다양한 사회현상이 있으며 이를 학생들에게 사실대로 전달해야 하며, 이 현상들에 대한 다양한 주장이나 관점들을 접할 수 있어야 한다. 그리고 이를 접한 학생들은 이 상황을 어떻게 이해하고 인식하는지, 그리고 이를 어떻게 판단하고 행동에 이르기까지의 일련의 과정인 것이다. 이 모든 과정에 정치 교육이 개입된다. 정치 교육은 여러 다양한 출판물을 매개로 사회적 현상에 대해 사실적으로 전달하고, 이에 대한 다양한 의견들도 소개한다. 그리고 수업이나 강의 시간에 토론식 수업을 통해 논쟁을 재현하고, 끝으로 개인이 정치활동에 참여할 수 있는 다양한 방법이나 통로를 안내한다. 이런 의미에서 이 원칙은 정치 교육 자체라 해도 과언이 아니다.

독일에서도 이 보이텔스바흐 합의에 이르기까지 1968년 학생운동과 70년대의 사회운동과 테러 광풍 등을 겪으면서 사회적 혼란이 극에 달했던 시기가 있었다. 또한 정치 교육도 특정 주에서 어떤 정당이 집권하느냐에 따라 그 내용과 방향도 주에 따라 각기 달랐다. 해당 정당의 이념과 노선이 주의 정치 교육에 강조되는 경우가 많았고 이에 대한 야당의 반발도 거셌다. 정치적 초당파성과 객관성을 유지하여야 할 정치 교육은 이제 정쟁의 대상이 된 것이다. 따라서 정치적 도구화로 전락할 위기를 감지한 연방과 주 정치교육원 관계자들은 1976년 11월 독일 남서부의 보이텔스바흐라는 작은 도시에 모여 "정치 교육에서의 합의 문제"라는 주제로 학술 대회를 개최하였다. 물론 이 자리에는 진보와 보수를 대표하는 저명한 학자들도 함께 초청되어 이들간의 열띤 토론이 있었지만, 합의점을 찾지 못한 채 종결되었다. 후일 이 대회에서의 발제문과 토론문을 요약 정리하여 책으로 출간되면서 보이텔스바흐 합의로 정리된 것이다.

따라서 이 합의는 학술 대회에서 결론으로 도출된 것이 아니라 발표된 논문들과 토론문에 나타난 전문가들의 주장을 이렇게 세 가지로 정리한 것이었다. 그리고 이 정리된 원칙을 그 자리에 참여했던 대다수의 전문가도 동의할 수 있었기에 향후 독일 정치 교육의 원칙으로 지켜질 수 있었고, 정치 교육이 독일에서 특정 정파와 정당의 도구화도 방지할 수 있었다.

● 연방정치교육원

(1) 역사와 과제

연방정치교육원은 독일 연방정부 내무부 산하 기관으로 출범했지만, 정치적으로나 학문적인 독립성을 유지하고 있다. 연방정치교육원은 1952년 11월 "연방향토봉사단"(Bundeszentrale für Heimatdiesnt)이라는 명칭으로 정치 교육을 시행하는 기관으로 출범했다. 이 봉사단이란 명칭은 1963년 현재의 "연방정치교육원"(Bundeszentrale für politische Bildung)으로 변경되었다. 설립 목표는 독일인의 정치 역량 강화로 민주의식 촉진과 국민에게 성숙하고 비판적이며 적극적인 정치적 삶의 실현이 가능하도록 지원하는 것이다. 과제는 정치적 사실 관계에 대한 이해를 증진하고 민주의식을 장려하며, 정치참여에 대한 동기부여를 촉진하는 것이다. 이를 위해 정치 교육 프로그램의 개발과 확산시키는 작업을 수행하게 된다.

이 프로그램에는 첫째, 국민에게 관용, 다원주의, 평화에 대한 인식과 이해력에 기초한 사회 건설의 필요성을 전달하고 둘째, 정치 · 경제 · 사회 현안에 대한 정확하고 객관적인 자료를 제공하여 셋째, 다른 정치, 사회, 문화, 학문적 입장에 대한 토론 문화를 활성화시키고 넷째, 결과적으로 국민에게 역사적이고 사회적인 인식과 이해 증진을 도모한다는 것이다.

(2) 연방정치교육원의 사업 원칙

연방정치교육원이 설립 이후부터 지금까지 지켜 온 가장 기본적인 원칙은 바로 독립성이다. 연방정부 내무부 산하에 자리매김한 것이 바로 이 기관의 성격을 상징적으로 나타내 준다. 정치 교육도 교육의 한 부분이지만 정치교육원이 교육부가 아닌 내무부에 속한 것은 이 교육이 여타의 교육과 달리 국민에게 민주의식을 갖게 하고 시민사회의 활성화를 통한 정치적 역량 강화가 그 목적이기 때문이다. 그다음으로는 정치적 초당파성과 다양성 그리고 정치적 균형성의 추구이다. 그리고 국민의 의견을 충분히 반영하여 프로그램을 기획하고 실시하는 것도 매우 중요한 원칙으로 자리 잡고 있다. 이는 국가 교육기관인 연방정치교육원이 공급자만이 아닌 수요자 중심의 교육이라는 측면에서 국가 중심의 하향식(top down) 운영 방식에서 흔히 발생하는 오류를 극복하겠다는 의지를 보여주는 것이라 할 수 있다.

(3) 연방정치교육원의 조직

독일 연방 내무부에 속한 기관인 연방정치교육원은 상급 기관에 의한 관리 · 감독을 받게 되지만 실제는 높은 독립성을 보장받고 있다. 내무부 장관이 원장을 임명하는 연방정치교육원은 행정부와 전문부 두 개의 부서로 구성되어 있다. 그리고 정치적 다양성과 균형성의 유지를 위해 연방의회 의원으로 구성되는 감독위원회와 학문적 형평성과 공정성을 담보하기 위한 학술자문위원회가 설치되어 정치와 학문의 균형성을 유지하게 된다. 감독위원회는 총 22명으로 현재 의회 의석수에 비례하여 구성되며, 의회가 새롭게 구성되면 이에 맞게 재조정된다. 최대 12명으로 구성되는 학술자문위원회는 각 분야의 전문가들이 참여하며 연방정치교육원의 정치 교육 활동과 관련한 기본적인 사안을 자

[그림 1] 독일연방정치교육원의 조직 구조

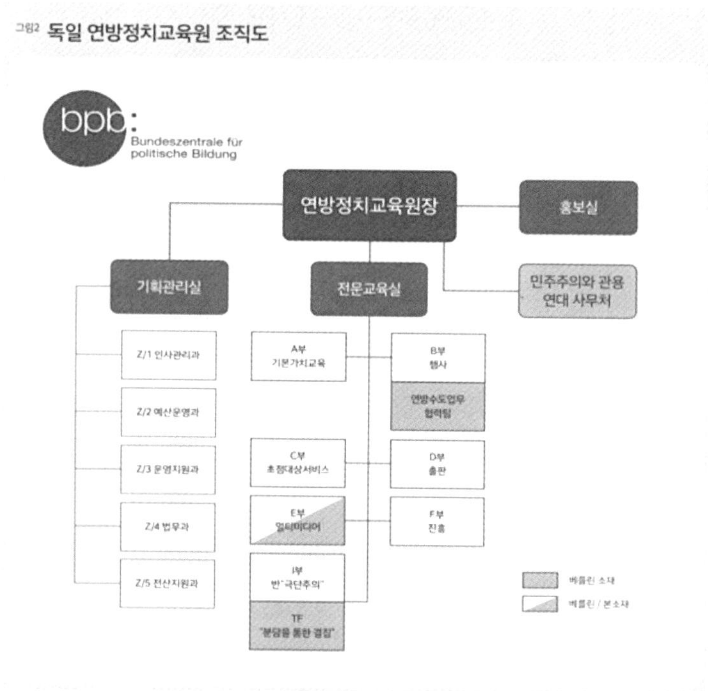

문한다. 4년 임기의 자문위원은 내무부 장관이 임명하며 1회에 한해 연임이 가능하다. 연방정치교육원에는 2017년 현재 총 250여 명이 근무하며 연 예산은 대략 6천만 유로(약 780억 원) 정도지만 점차 증액되는 추세라고 한다. 통일 이후 본에 본부가 있는 정치교육원은 베를린에도 미디어 센터를 개원하여 그곳에서는 50여 명가량이 근무하고 있다고 한다.

(4) 연방정치교육원의 주요 사업

정치교육원의 사업은 인권, 평화, 평등, 자유, 여성 등 민주주의 원칙에 대한 교육이 주요 내용이지만 시대별로 변화를 감지할 수 있다. 통일 이전에는 자유민주주의 체제, 이데올로기 문제, 동서 갈등과 분단 등이 주요 관심사로 다뤄졌지만, 통일 이후에는 동서 화합, 사회주의 청산, 폭력과 테러, 유럽연합, 다문화, 난민, 종교, 극우주의, 사회통합 등의 문제가 주로 다뤄지고 있다.

연방정치교육원에서 실시하고 있는 네 분야의 주요 사업은 다음과 같다.

○ 출판물 간행 · 보급 사업

정치 교육에 중요하고 필요한 서적이나 자료들을 발간하거나 구입하여 개인이나 학교 등의 기관에 배포하는 사업이다. 정치교육원에서 중요하다고 판단되지만 가격 등의 문제로 일반인들이 쉽게 구입하지 못하는 서적들을 구입하여 무료로 일반인들에게 배포한다. 그리고 연방정치교육원은 자체적으로 서적을 발간하기도 한다. 또 다양한 형태의 잡지나 소책자들도 발간하는데 대표적인 잡지로는 격월로 발간하는 성인 대상의 "Aus Politik und Zeitgeschichte"가 있으며 보다 대중적인 "Information"이란 잡지도 비정기적으로 발간한다. 그리고 어린이들을 대상으로도 만화나 그림책 등의 다양한 자료를 발간하여 배포한다. 이 자료들은 인터넷으로 손쉽게 접근된다. 이 외에도 시대적 · 사회적 주요 이슈에 대한 심층적 분석을 담은 소책자들도 발간한다. 또한 아카이브를 만들어 다양한 역사적 정보와 자료들을 수집 · 소장하여 일반 국민에게 언제든 접할 기회를 제공하기도 한다.

○ 자체 프로그램 진행

사회 특정 집단을 대상으로 프로그램을 개발하고 진행하기도 한다. 여기에는 교회, 군인, 언론인, 경찰과 소방관, 스포츠 단체 등과 같은 일반 시민사회단체들도 포함된다. 정치 교육 촉진자와 기획자들을 대상으로 전문가 프로그램을 진행하며, 청소년을 비롯한 연령대별로 적합한 주제와 프로그램을 개발하여 제공하고 있다. 또한 규모가 큰 세미나, 학생경연대회, 청소년 민주주의상을 시상하기도 한다. 전시회와 강연회도 개최하여 그때그때 사회의 주요 이슈들을 국민에게 알리는 등의 다양한 자체 프로그램을 진행하기도 한다.

○ 멀티미디어 콘텐츠 개발 · 보급 사업

연방정치교육원은 뉴미디어 환경이 급속하고도 광범위하게 조성됨에 따라 1984년 본에 미디어 부서를 신설하고 통일 후인 1992년에는 베를린에 미디어 센터를 설립하여 본격적인 활동을 하고 있다. 매체의 종류로는 영화, 오디오, 만화, 컴퓨터 게임, TV 시리즈, 인터넷을 통한 쌍방향 소통 등의 프로그램 등을 제공하고 있다. 특히 영상물들은 누구나 쉽게 접할 수 있도록 하고 동영상의 보급을 위해 팟캐스트나 유튜브 등을 적극 활용하고 있다.

또한 "정당 선택 안내"(발-오-맛, Wahl-O-Mat)라는 프로그램을 개발하여 유권자들로 하여금 정당 정책을 비교할 수 있게 하여 자기 정치적 취향에 가장 적합한 정당을 추천해 주기도 한다. 또 선거가 임박해서 선거권이 없는 청소년들이 실제 선거를 경험할 수 있는 프로그램을 마련하여 청소년들의 정치참여를 유도하기도 한다.

[그림 2] Wahl–O–Mat 선거 교육 사이트

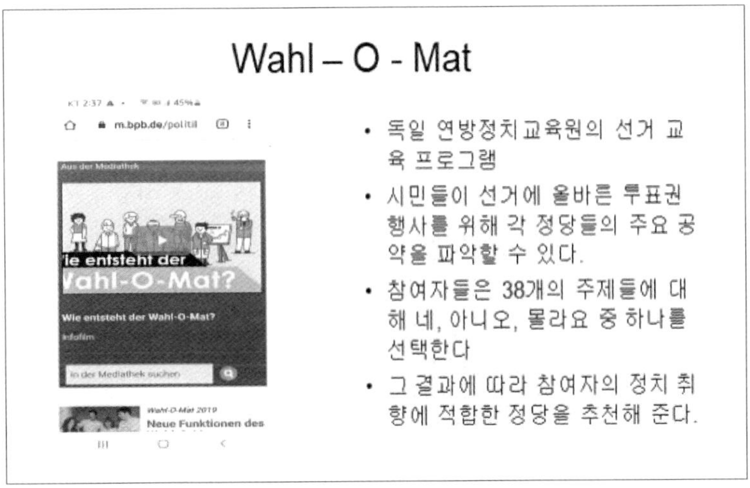

▶ 출처: 독일연방정치교육원의 정당 선택 사이트

○ 협력사업

연방정치교육원은 주정치교육원, 정치재단과 교육단체들과의 협력을 통해 다양한 형태의 정치 교육을 진행하고 있으며 400여 개의 다양한 사회단체들(NGO)의 사업을 지원한다. 이 400여 개의 단체들은 전문적인 정치 교육을 진행할 수 있는 기준을 충족시켰기 때문에 연방정치교육원 지원을 받을 수 있는 것이다. 또한 흔치는 않지만, 특정 집단들을 대상으로 국내외의 연수프로그램을 지원하기도 한다.

○ 독일 정치 교육의 특징

① 국가 주도

② 전국적인 조직화

③ 학교 교육과 성인교육으로 전 국민에게 기회 제공

④ 민주시민교육의 원칙(보이텔스바흐 협약) 체결

⑤ 대학에서 정치 교육 전문가 양성

⑥ 교육 주체의 다양성

⑦ 정치 교육과 관련된 다양한 전문 자료(활자매체, 영상매체, SNS 등) 발간과 지원

⑧ 민주시민교육에 대한 고도의 전문성 유지

⑨ 정치적 초당파성, 형평성 유지

3) 프랑스 시민교육(Education Civique)

프랑스 시민교육(Education Civique)의 정신적 기원은 18세기 계몽주의 철학에서 찾을 수 있다. 그런데 '민주시민의 육성'이 교육의 기본 목표로 설정되고 제도화되기에는 대혁명 이후에도 많은 시간이 지나야 했다. 비로소 제3공화국(1875~1940년) 이래 민주시민의 육성이 공교육의 지향점이 되었다. 그 이전에는 교회에 의한 사립학교(école privée) 체제에서 '훌륭한 기독교인의 양성'이 지향점이었다면, 이를 대신한 공화주의 학교(école républicaine)하에서는 '공화국 시민'의 육성이 새로운 지향점이 된 것이다. 제3공화국 시대의 초등학교에 도입된 '시민 · 도덕교육'(Instruction Civique et Morale)은 종전의 성경 수업을 대신하여 교육의 도덕 · 윤리적 차원을 담당하게 되었다. 그 이후 프랑스 시민교육은 현재에 이르기까지 줄곧 민주시민 양성의 기치 아래 모든 교과과정을 맞추어왔다고 할 수 있다.

물론 공교육에서 추구하는 '민주시민의 像'이 시대에 따라 달라짐으로써 교육의 강조점도 변하게 되었다. 제2차 세계대전 이후 종전의 도덕적 요소를 약화시키고 그 이름을 '시민교육'(Instruction Civique)으로 사용하게 되면서, 그 당시의 상황을 반영하여 경제 민주화, 사회 민주화 등의 개념을 강조하였다. 그러다가 1960년대 중반부터 1980년대 중반까지 시민교육의 정당성에 대한 근본적인 의문이 제기되면서 단일 교과로서 시민교육이 중등교육 과정에서 사라졌다. 그 후 1980년에 들어서 정치권, 언론계에서 시민교육의 부활을 요구하였다. 당시 마르크시즘을 비롯한 급진적 비판의식의 퇴조, 동구 사회주의권의 몰락, 특히 학교 폭력 현상의 사회문제화 등으로 인하여 시민교육의 필요성이 다시 강조된 까닭이었다. 1988년 교화적 색채가 풍기던 종전의 Instruction Civique라는 용어가 Education Civique라는 용어로 바뀌면서 중학교 필수과목으로 지정되었다. 그리고 1999년부터 고교과정에서 시민교육이 실시되었다. 그리하여 프랑스 중등교육 전 과정에서 시민교육이 자리를 잡게 되었다. 프랑스에서 시민교육의 부활은 종래의 과학적 합리주의와 개인주의적 행동 원리에 대한 반성과 국가부채 교육의 실패를 의미하며, 또한 21세기를 향한 국가 형성 및 국제 관계 형성을 위한 국민적 정체성을 확립하려는 정책적 판단이라고 본다. 특히 2002년 교과과정 개편 이후, 시민교육은 프랑스 공화국의 시민 이상으로 유럽, 나아가 전 세계적인 국제사회의 시민을 양성하는 것을 목표로 하고 있다.

〈표 5〉 프랑스 고등학교 시민교육의 내용

학 년	1년	2년	3년
대주제	사회생활과 시민성	제도와 시민성의 실천	현대사회의 변동과 시민성
기본주제	I. 시민성과 시민의식 (civilité) II. 시민성과 통합 III. 시민성과 노동 IV. 시민성과 가족 관계의 변화	I. 정치권력의 대표성과 정당성 II. 정치참여와 집단행동의 양식 III. 공화국과 개별성 IV. 시민성 실행과 시민의무	I. 시민성과 과학·기술의 발전 II. 시민성과 새로운 정의와 평등의 요구 III. 시민성과 유럽연합의 건설 IV. 시민성과 세계화의 양태
핵심개념	- 시민의식 - 통합	- 권력 - 대표성	- 자유 - 평등

프랑스 고등학교의 시민교육은 '시민 · 법 · 사회교육'(Education Civique, Juridique et Sociale, ECJS)이라는 교과명으로 실시되고 있다. 고교과정 시민교육의 특징은 시민성 함양을 위한 단순한 지식의 전수보다는 체계적인 토론수업을 통해 학생들에게 시민성을 몸소 체득하는데 중점을 두고 있다. 고교과정 시민교육의 원칙은 '시민의식의 교육은 다른 과목과 달리 지식의 전수로 되는 것이 아니다', '다른 과목의 지식을 활용하여 민주적 토론에 적극 참여한다', '스스로 정치적인 의견을 표명할 수 있는 적극적인 시민의식을 체득한다'로 요약할 수 있다.[7]

이것은 프랑스 고등학교 시민교육의 시민성 역시 개인적인 윤리나 품성에 대한 것이 아니라 사회적이고 정치적인 것과 직접 연결된 시민성을 말하고 있다. 1학년의 경우 〈사회생활과 시민성〉이란 대주제 아래 민주주의를 운용하는 시민의식으로서 법, 인권과 시민, 민권과 정치권, 사회권과 경제권의 개념을 다루고 있다. 1학년 차에 시민권의 범위를 법치주의와 인권을 넘어서 정치권, 사회권, 경제권까지 확장하고 있다는 점에서 시민성에는 민주주의가 가지는 사회 전반에 걸친 시민의 시민권 부분을 담고 있다. 2학년의 경우는 〈정치제도와 시민성〉을 통해 권력의 대표성과 정당성의 문제를 통해 대의제의 기원 및 의미와 집단행동과 정치참여를 통해 주권자인 시민이 어떻게 대의제를 운용해야 하는지에 대해 학습한다. 우리는 보통 현대의 대의제 민주주의가 시민혁명을 통해 이룩한 주권재민과 어떠한 관계에 있는지에 대한 이해 없이 민주시민교육을 함으로써, 민주주의의 원리와 철학에 대한 근

7 김태수(2007), p.146.

본적인 올바른 학습에 방해받는다. 대표성과 정당성의 문제는 동의를 통해 해결되는 과정을 의미하며, 동의가 부재할 때 민주주의 자체가 성립하지 않음을 이해하는 것을 시민교육의 중요한 과제로 제기하고 있다고 하겠다.

3학년은 〈현대 사회의 변동과 시민성〉에서 지구적 차원의 세계시민교육으로서 시민성의 의미와 역할을 학습한다. 유럽연합의 건설을 통해 유럽 전체가 한 식구가 된 상태에서 민족국가 단위에의 시민권 차원의 시민성을 가지고는 더 이상 공동체나 민주주의를 유지하기가 쉽지 않기 때문이다. 그래서 300년 전 루소가 얘기했던 일반의지(general will)에 입각한 일반이익(general interest)은 이제 민족국가의 범위를 넘어서 세계시민으로 확장된다. 시민성과 새로운 정의와 평등은 국가와 국가 간의 패권 경쟁에서 초래하는 양극화와 빈곤의 문제를 해결하지 않고서는 세계민주주의가 지속가능성이 없다는 것을 의미하며 민주주의의 발전도 이것과 긴밀히 연동되어 있다는 것을 학습한다.

4) 스웨덴

(1) 기원

○ 스웨덴에서 민주시민교육은 **'학습 서클 민주주의'**(study circle democracy)라 지칭될 만큼 공동체 시민교육과 정당 시민정치교육의 긴밀한 연계 속에 정치사회화가 진행되고 각종 사회운동에 기원을 둔 시민의 정치적 참여가 일상화되어 있는 스웨덴 민주주의의 역사적 산물이다. 성인(민중)교육은 스웨덴뿐 아니라 대부

분의 노르딕 국가에 있어 오랜 전통을 가지고 있다. 일찍이 17세기 대중운동에서 출발하여 제도화된 자유주의 혹은 대중적 성인교육은 특히 20세기 중반 이후 빠른 성장을 보인 직업 훈련 혹은 취업 관련 성인교육과 결합되어 있다.

- 성인교육에 대한 단일한 차원의 노르딕 모델이 존재한다고 볼 수는 없지만 다른 국가들과 비교했을 때 노르딕 국가들의 성인교육은 시민사회에서의 매우 높은 참여율과 정부 차원에서의 높은 공공 재정 비중, 공적 공급자(public suppliers)의 특징을 보이며 또한 자발적인 형태의 성인 자유교육에 높은 관심을 보인다는 데 공통점이 있다.
- 노르딕 국가 가운데에서도 스웨덴의 시민교육은 지역 공동체 기반의 학습동아리 활동부터 다양한 이익집단, 시민단체, 정당 등의 교육활동 공교육 체계에 이르기까지 중립적 연계를 특징으로 한다. 정부 차원에서도 폭넓은 정치적 합의에 기반을 두고 체계적 지원이 이루어져 왔다.
- 교육이 주목받았던 것은 지역 공동체에서 실시되는 다양한 학습동아리(study circle)를 통한 평생교육 활동임. 스웨덴 사람은 한 명당 보통 5~6개의 단체에 속해 있다고 이야기할 정도로 공동체 활동에 활발히 참여. 특히 높은 수준의 참여를 보이는 평생 교육 활동 프로그램에서 중요한 부분을 차지하는 부문이 시민정치교육. 이러한 맥락에서 스웨덴의 다양한 정치 · 사회 · 시민단체들은 민주주의가 제대로 작동하기 위한 "민주주의의 학교"의 역할을

충실히 해왔다.[8]

- 자유성인교육은 정부와 지자체의 지원으로 다수의 교육협회 및 지역 단체가 대학 등의 고등교육기관, 다양한 시민단체, 노동조합, 정당 등과 연계하여 실시된다. 자유성인교육은 스웨덴 특유의 지역 공동체의 자발적 시민교육 전통 속에서 이어져 왔다.
- 스웨덴 특유의 지역 생활 문화공동체 대표 사례로 손꼽히는 "민중의 집(Folkets Hus)"은 이러한 시대적 배경 속에서 등장하였다. '민중의 집'에서는 스웨덴 노동자교육협회(ABF)의 노동강좌뿐 아니라 자발적인 학습모임 및 영화관이나 도서관을 설치했고 문학 강좌 및 각종 문화행사와 이벤트를 주도한다.
- 이와 더불어 지역 주민들의 자발적 학습동아리 활동이 일상적으로 전개되고 있다. 스웨덴의 시민정치교육은 이런 학습동아리들을 사회 저변이 두툼하게 깔고, 주로 자유성인 교육체계 내에서 학습협회와 다양한 시민사회의 자발적 모임, 단체(비영리단체), 대중운동 조직, 노동조합, 정당들의 협력으로 진행되는 것이 특징이다.
- 18세기 중반까지 유럽에서 가장 가난한 나라 가운데 하나였던 스웨덴이 사회, 경제, 정치 분야의 조화를 이루고 최고의 복지 국가가 되기까지는 이런 스웨덴의 시민교육이 큰 몫을 했다고 평가받는다.

---

8 이상 장선화, "스웨덴의 시민정치교육과 정당의 역할", 한국유럽학회, 『유럽 연구』, 32(1), 2014, pp.274-275.

(2) 성인교육의 내용

- 시민의식을 위한 성인교육협회(Folkbildning, Learning for Active Citizenship, FOLAC) 같은 지원조직에서 말하는 '적극적 시민'이란 '비판적 시민'과 일맥상통. 이런 관점에 따르면 '시민'에는 그 어떤 고정된 행동상이 있는 것이 아니라, 사회가 변화함에 따라 사람들은 개인적으로 되었지만, 인터넷과 개인 미디어를 활용하는 등의 새로운 방식으로 정치에 참여하고 있다.
- 이런 점에 착안하여 스웨덴 교육의 최대 화두는 평등 교육으로서, 교육이 개인의 미래를 위한 발판이라는 점에서 개인 간 격차를 줄이는 것은 평등 가치를 높이고 누구든 세금으로 운영되는 무료교육을 통해 기회의 평등을 누릴 수 있게 해야 한다는 것이 스웨덴 성인교육의 기본 철학이다.
- 스웨덴의 성인교육지원 법령을 보면, 교육과정은 "민주주의를 강화, 발전시키며, 잠재력 개발 등 개인의 삶을 개선하며, 참여와 공동체 의식을 함양하고, 교육의 격차를 줄이며, 문화의 다양성에 기여"를 목적으로 한다. 다음은 스웨덴의 자유성인교육 협력체계를 그림으로 나타낸 것이다.

[그림 3] 스웨덴의 자유성인 민중교육 협력체제

○ 이처럼 풀뿌리에서 자생적으로 형성된 동아리학습 조직들이 사회 저변에서 엉켜 정당운동으로 발전하고, 이를 통해 생성된 정당들이 학습동아리들을 전국적으로 지원함으로써 스웨덴에서 민주주의 교육은 민주정치 과정과 밀접하게 맞물려 가동되었고, 이런 '정치-민주주의-교육'의 결속 관계의 장기화로 현재는 교육의 축이 이미 그 기반이 공고화된 시민정치에서 시민 생활 문화로 대폭 이동하였다.

- 성인교육 협회(FOLAC)는 대학 등의 고등교육 기관과 연계해 다양한 시민교육 프로그램을 제공한다. 역사, 철학 등 인문학부터 스포츠와 취미 활동에 이르기까지 다양하다. 사람들이 함께 모여 사회 문제를 놓고 자유롭게 토론하는 공론장을 제공하는 것도 큰 목적 가운데 하나이다. 민주적인 시민사회에서 열린 담론과 공론장으로서 프랑스에는 카페문화가 있지만, 스웨덴에는 성인교육 기관이 그 기능을 맡고 있다.
- 스웨덴의 시민교육 기관은 정부와 지방자치단체에서 재정 지원을 받더라도 법으로 운영의 독립성이 보장받고 있다. 따라서 성인에 적합한 프로그램의 개발과 진행은 시민교육 기관에서 수요자의 필요에 민감하게 반응하며 발전시킬 수 있는 조건을 가진다.

○ 시민정치 문화의 경지까지 간 스웨덴 시민정치의 가장 극적인 사례가 매년 열리는 스웨덴의 정치축제이다. 정치축제는 보통 알메달렌 주간, 혹은 알메달렌 정치축제라고도 불린다. 이 축제는 스웨덴의 남동부에 있는 섬인 휴가지 고틀란드섬의 주도인 비스뷔

시의 중심가에서 주로 개최된다.

- 신문 방송을 통해 전국적으로 보도되면서 일부 정당의 부정적인 시각도 점차 사라져 1982년부터는 스웨덴의 모든 정당이 참가하게 되었다. 1983년부터 모든 정당이 세미나를 개최하여 그들의 정책을 적극 홍보하기 시작하여 1991년부터 행사 기간도 하루에서 1주일로 연장되어 7월 첫째 주 일요일부터 둘째 일요일까지로 정해지게 되었다.
- 행사의 프로그램도 각 당의 경제, 정치, 외교, 군사, 안보 등과 같은 무거운 주제뿐만 아니라 생활 밀착형 주제인 노인, 복지, 청소년, 교육, 연금 등이 다뤄진다. 2018년에 다뤄진 주제는 보건과 건강, 지속가능성, 방송과 언론, 건설, 4차 산업혁명, 민주주의, 교육, 기후와 환경, 산업정책, 아동과 청소년, 인권, 고용과 노동, 다문화와 통합, 사법 정의 및 범죄, 경제, 정당, 안보 및 국방, 에너지, 성평등, 연구 및 학술, 국제문제, 문화, SOC, 기술혁신, 음식 및 영양, 유럽정치, 노인, 지역발전, 관광, 교통, 표현의 자유 등 매우 다양하여 참가자들이 자기가 선호하는 주제의 행사에 자유롭게 참여할 기회가 주어진다.
- 알메달렌 정치축제는 스웨덴 인근 7개국에도 수출되어 이들 나라에서도 활발하게 열리는데 덴마크의 보른홀름(Bornholm)섬에서 매년 6월에 5일간 열리는 정치축제는 세계적으로도 알메달렌 못지않게 유명하다.
- 한국에서는 경기도에서 시민단체 중심의 정치축제를 열었으나 많은 한계를 노정하였다. 이런 정치축제가 성공적으로 개최되려면

무엇보다 민주시민교육이 축제의 장이 될 필요가 있다. 북유럽에서와 같은 내용과 규모의 정치축제를 못 하더라도 민주시민교육 담당자, 활동가와 시민들이 모여 지역 현안, 풀뿌리 민주주의, 주민자치와 같은 것을 자유롭고 마음대로 논의할 수 있는 자리가 될 때, 우리의 정치축제의 장도 일부 성과를 거둘 수도 있을 것으로 기대된다.

5) 미국의 시민교육(Civic Education, Citizenship Education)

● 개념

미국에서 시민교육을 나타내는 두 개념이 있다. 하나는 Civic Education이고 다른 하나는 Citizenship Education이다. Civic Education은 공식적인 학교 교육에 치중하는 것이고 Citizenship Education은 시민들에게 민주주의 사회에서 그들의 역할에 충실하도록 강조한다는 점에서 교육 대상이 보다 광범위하고 다양한 방법을 적용하고 있다.

● 특징

미국의 시민교육은 식민지 독립국으로의 위상 확립을 위해 자유, 평등, 정의, 공공성 등 현재 인류의 보편적 가치관에 기초한 헌법을 최초로 제정하고 이를 교육을 통해 실현하고자 하였다. 이러한 가치를 문자해독, 지리, 역사, 정치 및 헌법 등의 공공교육의 교과과정에 접목시키려 하였다.

● 시민교육의 목표

미국 시민교육의 목표는 훌륭한 시민(a good citizen), 유능한 시민(effective citizen)의 양성이다.

〈표 6〉 미국 시민교육의 목표

시민적 지식 (civic knowledge)	- 시민으로의 삶, 정부, 법칙 - 미국 정치 체제에 대한 기초 지식 - 미국 민주주의의 목적, 가치, 원리 등에 기초한 미국의 정부 - 미국과 다른 국가와의 관계 및 국제 현안에 대한 미국의 이익 - 미국 민주주의에서의 시민의 역할
시민적 기술 (civic skills)	- 지적 기술: 비판적 사고(공공 이슈에 대한 서술, 설명, 분석, 평기 능력) - 참여 기술: 정치 과정에 영향을 미칠 수 있는 능력(상호 작용, 모니터링, 영향력 행사)
시민적 성향 (civic dispositions)	- 사회의 독립적 구성원 되기 - 시민으로서의 개인적, 정치적, 경제적 책임 - 개인의 가치 및 인간의 존엄성 존중 - 사려 깊고 효과적으로 사회 현안에 참가하기 - 입헌 민주정치의 지지

출처: 경기도 민주시민교육 종합계획 수립 연구 용역 보고서, 34쪽 참고

● 교육 내용과 정의

교육 내용으로는 기본권, (헌)법, 정치적 능력, 경제, 가족, 지역사회와 국제 관계 등이 포함되어 있으며, 1951년 미국 사회과목 교육협회의 정의에 따르면 다음과 같은 3가지 영역으로 나누어 교육 내용이 편성되어 있다.

- 인지 영역: 헌법 구조, 정부 기구와 조직, 정치 과정, 국제 관계, 문제해결 등 포함

- 정의적 영역: 권리와 의무, 민주적인 생활 태도, 도덕, 종교적 가치, 다양성 이해, 비판적 사고, 문제해결 방식, 다원성 등
- 행동 영역: 법의 준수, 납세, 의사결정에 참여, 타인의 존중, 문제해결 능력

● 미국 시민교육의 주체

미국 시민교육의 주체는 크게 학교와 학교 밖 시민사회로서 독일 연방정치교육원처럼 공식적 정부 기구는 없다.

○ 학교: 미국의 시민성을 함양하는 가장 중요한 기관. 역사와 사회과목이 시민교육의 기본, 전국적으로 통일된 시민교육은 없으며, 주마다 다름. 주 교육위원회와 학교별로도 다르다.

○ 학교 밖: 가정, 지역 사회단체, 정당, 종교단체, 대중매체, 노동단체, 군대 등을 통해 다양한 형태의 시민교육을 실시하고 있다. 대표적인 단체로는 미국법조인협회(American Bar Association), 시민교육센터(Center for Civic Education), 전국사회과학위원회(National Council for the Social Studies), 미국촛불재단(Points of Light Foundation) 등이 있다.

○ 정부: 시민교육을 관장하는 정부 기구는 없다. 다만 연방정부가 지원하는 교육 연구기관이나 주 교육위원회, 또는 전국사회교육협회 등에서 교육과정이나 교육프로그램을 연구 · 개발하여 각 학교의 역사와 사회과목의 방향과 지침을 제공한다.

● 프로젝트 시티즌(Project Citizen)

미국 지역(community)의 학생들이 교사와 학부모와 함께 행정과 의회를 상대로 자신들이 거주하는 지역을 위하여 정책들을 개발하여 제안하고, 상대인 행정과 의회가 그것을 시행하도록 설득하는 캠페인을 벌여 성공에 이르는 과정을 포트폴리오로 만들어 경연하도록 하는 프로그램이다. 이 프로그램의 근본 취지는 프로그램 참가자들에게 공공정책을 모니터링하고 거기에 영향을 미치는 방법을 배우도록 도와주는 것이다. 이 참여 과정에서 학습자들은 민주주의적 가치와 원칙들을 뒷받침하는 법, 관용, 그리고 정치적 효능성의 감각들을 발전시킨다.

○ 과정: 이 프로젝트 참여자들은 자신들이 거주하는 기초지자체(community)에서 특정한 공공정책을 수리하기 위해서 협력 작업을 하게 된다. 그들은 문제를 조사하고, 대안적 해결책을 평가하며, 공공정책의 형태로 그들 나름의 해결책을 개발하며, 자신들이 제안한 정책을 채택할 구역, 또는 주정부의 명단을 작성하여 정치적 행동계획을 수립한다. 이들은 그들 노력의 결과물로 포트폴리오를 제작하여 기초자치단체의 소속원들로 구성된 심사단 앞에 설치된 공공청문회 시사회 안에서 자신들의 프로젝트를 소개한다. 이 프로그램 참석자들의 다음 단계는 해당 공무원을 접촉하여 자신들의 정책 제안을 받아들이도록 영향력을 행사하려고 노력하며, 이 제안이 받아들여지지 않으면 시민사회 공론화와 시위 등을 통해 관철하려 한다.

〈표 7〉 프로젝트 시티즌 진행 과정

프로그램 참가자
- 중고등학교 학생, 성인, 청소년 단체나 시민단체의 회원들 - 해당 지자체(community), 또는 주(state)의 공무원이나 정치인
프로그램 취지
- 참여자들에게 공공정책을 모니터링하고 거기에 영향을 미칠 수 있는 방법을 배우도록 도와주고 - 참여 과정에서 학습자들은 민주주의적 가치와 원칙들을 뒷받침하는 법, 관용, 정치적 효능성의 감각을 발전시킴
프로그램 실행 매체
- 참여자들이 협력하여 해당 지자체에게 제안하는 공공정책 포트폴리오 작성 - 이를 관철시킬 실행계획 수립
프로그램 진행 방식: 프레젠테이션, 논변, 설득, 공론화와 시위
- 해당 기초자치단체 심사단 앞의 쇼케이스에서 정책 포트폴리오 소개 - 심사단의 문제제기에 대한 상호 논박 - 제안서에 부합되는 직위의 공무원 및 정치인들과 접촉과 설득 - 제안된 정책을 직접 시민들에게 호소하는 공론화와 시위

6) EU 민주시민성교육(EDC)

유럽연합(European Union, EU)의 민주시민교육은 민주시민성교육(Education for Democratic Citizenship), 약자로 EDC로 한국의 민주시민교육과 그 의미와 내용이 가장 유사하다.

● 특징

1990년대 유럽의 국가들에 의해 인위적으로 구성된 일종의 느슨한 형태의 국가 연합으로 27개국이 참여하고 있으나 최근 영국의 탈퇴로 26개 회원국으로 구성되어 있다. 이렇게 인위적으로 구성된 국가 연합은 유럽 공동의 가치를 추구하고 있으며 이러한 가치는 교육을 통해 실현하기 위해 교육, 특히 민주시민교육이 핵심적인 요인으로 작용하고 있다.

● EDC의 탄생

EU 이사회에서 유럽 공동의 가치를 실현하기 위해 민주시민교육 실시를 결의하고 그 내용으로는 인권, 다양성, 민주주의, 참여 등의 기본 가치를 실현하기 위해 1997년 EU 이사회에서 EDC를 각 회원국이 실시할 것에 대해 결의했다. 1999년 EU 집행부에서는 EDC가 EU 회원국의 평생교육을 포함한 모든 교과과정에 포함할 것을 권고하였다. 2005년을 교육을 통한 시민의 해로 정하여 적극적으로 이를 홍보했다.

● 2020년 EU의 교육 목표와 내용

"세계에서 가장 성공적인 지식 기반 사회 실현"을 위해 실천하는 시민(EDC)과 유능한 직업인(일반 교육)을 통해 실현하고자 하였다.

〈표 8〉 EDC의 내용

민주주의 가치	민주주의, 다문화 이해, 인권
대의제 민주주의	정당참여, 유권자 교육, 여성의 정치 참여,
공동체의 이해	스포츠, 문화, 종교 등 다양한 (지역)사회 CSO에의 참여
저항과 지역 변화	시민운동, 인권, 노동, 환경, 노동조합 등에서의 활동

출처: Sander, W.(hrsg), 2014, Handbuch - politisched Bildung, 566쪽 참조

● 평가 체계

CRELL은 비정기적으로 EU 회원국 국민을 대상으로 시민행동 지

표, 정치 지표, 민주주의 가치 지표에 대한 설문조사를 실시하여 각국 시민들의 민주주의 역량을 평가하고 있다.

● EDC 활동

EU에서는 (대)학생과 청년들의 교류 활성화를 위해 2007년부터 2013년 사이에 7억 유로(한화 약 9조 원)의 재정을 지원하여 코메니우스, 에라스뮈스, 레오나르도, 그룬트비, 모네 등의 프로그램을 운영하였다. EDC는 현재 NECE(Networking European Citizenship Education)에 의해 주도되고 있다. 2004년에 2005년 EU가 주관하는 "교육을 통한 시민의 해"를 성공적으로 치르기 위해 독일의 연방정치교육원의 주도로 설립되었다. NECE의 과제는 EU 회원국을 상대로 EDC를 지원하고 촉진시키기 위함이며, 이를 위해 회원국의 정부, NGO와 개인들을 지원한다. NECE의 재원은 많은 부분 독일연방정치교육원에서 부담하고 나머지는 오스트리아의 교육부와 네덜란드의 House of Democracy and the Rule of Law에서 지원하고 있으나 향후 EU 집행부로부터 지원받을 계획이다. EU는 현재 그 결속력이 상당히 약화되고 있어 EDC가 향후 더욱 강화될 것으로 예상되며 특히 독일 출신이 EU 집행부 사무총장을 맡고 있기 때문에 NECE가 독일의 연방정치교육원 수준으로 격상될 전망이다.

민주주의의 기본 정석

초판인쇄 2025년 10월 17일
초판발행 2025년 10월 17일

지 은 이 송재영
펴 낸 이 채종준
펴 낸 곳 한국학술정보(주)
주 소 경기도 파주시 회동길 230(문발동)
전 화 031-908-3181(대표)
팩 스 031-908-3189
투고문의 ksibook1@kstudy.com
등 록 제일산-115호(2000. 6. 19)

ISBN 979-11-7457-212-7 93340

책에 대한 더 나은 생각, 끊임없는 고민, 독자를 생각하는 마음으로 보다 좋은 책을 만들어갑니다.